Kombi BUCH 8 Deutsch

**Lese- und Sprachbuch für
den Sekundarunterricht
Ausgabe Luxemburg**

Erstellt auf der Basis von
Kombi-Buch Deutsch, Ausgabe N

Erarbeitet von
Tanja Klingbeil
Rolande Linden
Christiane Schmitz
Ursula Spichale
Mady Weydert

in Zusammenarbeit mit dem
Ministerium für Erziehung und
Berufsausbildung, Luxemburg

C.C.BUCHNER

Die 4 Lernbereiche im Kombi-Buch

Im Kombi-Buch sind in jedem Kapitel alle vier Lernbereiche grundsätzlich vernetzt → Integratives Prinzip.
Die Farbfelder markieren deshalb lediglich den Lernschwerpunkt in den Kapiteln bzw. auf der Seite:

Sprechen
und Zuhören

Schreiben

Sprachgebrauch und
Sprachreflexion

Umgang mit Texten
und Medien

1. Auflage, 5. Druck 2021

Alle Drucke dieser Auflage sind, weil untereinander unverändert, nebeneinander benutzbar.

Dieses Werk folgt der reformierten Rechtschreibung und Zeichensetzung.

Ausnahmen bilden Texte, bei denen künstlerische, philologische oder lizenzrechtliche
Gründe einer Änderung entgegenstehen.

© 2013 C.C.Buchner Verlag, Bamberg

www.ccbuchner.de

Grafik und Satz: Artbox, Bremen
Umschlag: tiff.any, Berlin
Druck: Firmengruppe Appl, aprinta Druck, Wemding
ISBN 978-3-7661-3668-8

Inhaltsverzeichnis

Schon gelesen?

O schaurig ist's ...

Überraschendes

Langeweile? Tu was!

In meiner Welt

Spiegelungen

Lasst uns reden!

Augenblicke

Fantastische Begegnungen

Friedensreich Hundertwasser, Irinaland über dem Balkan (1971/1972)

Tonke Dragt
Auf der anderen Seite der Tür

Jede Tür ist etwas Besonderes. Durch eine Tür gehst du von dem einen Raum in den anderen: Immer kommst du irgendwo anders hin. Denkst du manchmal nach, bevor du eine Tür aufmachst? Du weißt nie wirklich, was auf der anderen Seite ist. Du meinst, es zu wissen, aber mit Sicherheit weißt du es erst, wenn du
5 die Tür geöffnet hast.
Nimm die Tür deines eigenen Zimmers. Warum solltest du durch sie nicht ein-mal an einen anderen Ort kommen können – draußen oder drinnen, bekannt oder unbekannt? Warum immer derselbe Flur, dasselbe Treppenhaus? Geh ein-mal aus deinem Zimmer, indem du die Tür auf die richtige Art, zur rechten Zeit
10 öffnest, und sieh, wohin du dann kommst …

Aufgaben: Seite 12

1

Oscar Wilde

Das Gespenst von Canterville

Mr. Hiram B. Otis, ein amerikanischer Diplomat in England, hat Schloss Canterville gekauft, obwohl ihn jeder vor dem Spuk im Schloss gewarnt hat. Nun ist er dort mit seiner Frau, seinem ältesten Sohn Washington, seiner Tochter Virginia und den Zwillingen eingezogen. Am dritten Tag erscheint ihnen zum ersten Mal das Gespenst von Canterville.

¹ *spiritistisch:* den Glauben an Erscheinungen von Seelen Verstorbener betreffend

² *das Necessaire:* kleiner Behälter, Beutel

Der Tag war warm und sonnig gewesen und in der abendlichen Kühle unternahm die ganze Familie eine Ausfahrt. Sie kehrte erst um neun Uhr zurück und nahm ein leichtes Abendessen ein. Da in der Unterhaltung Gespenster überhaupt nicht erwähnt wurden, konnte jene erwartungsvolle Stimmung, die so oft dem Erscheinen spiritistischer¹ Phänomene vorausgeht, gar nicht erst ₅ aufkommen. [...]

Um elf Uhr zog sich die Familie zurück und um halb zwölf waren alle Lichter gelöscht. Etwas später wurde Mr. Otis durch ein seltsames Geräusch auf dem Korridor vor seinem Schlafzimmer geweckt. Es klang wie das Klirren von Metall und schien immer näher zu kommen. Er stand sofort auf, zündete ein ₁₀ Streichholz an und sah auf die Uhr. Es war Punkt eins. Er blieb ganz ruhig, fühlte seinen Puls und konnte nicht die mindeste Beschleunigung feststellen. Noch immer vernahm er das merkwürdige Geräusch und jetzt hörte er auch deutlich den Klang von Schritten. Er schlüpfte in die Pantoffeln, nahm ein längliches Fläschchen aus seinem Necessaire² und öffnete die Tür. Im fahlen ₁₅ Mondlicht sah er einen alten Mann vor sich, der einen schrecklichen Anblick bot: Seine Augen waren rot wie glühende Kohlen, das lange graue Haar fiel ihm in verfilzten Strähnen auf die Schultern, seine Kleidung, ein Gewand im Stil einer längst vergangenen Zeit, war verschmutzt und zerschlissen und an den Handgelenken und Fußknöcheln trug er schwere Fesseln, von denen ₂₀ rostige Ketten herabhingen.

„Verehrter Sir", sagte Mr. Otis, „ich muss Sie dringend bitten, Ihre Ketten zu ölen, und habe Ihnen zu diesem Zweck ein Fläschchen Tammanys Aurora-Schmieröl gebracht. Es ist bekannt für seine sofortige Wirkung und wie Sie den auf der Verpackung abgedruckten Empfehlungen entnehmen können, haben ₂₅ einige unserer prominentesten Geistlichen dies bestätigt. Ich stelle es hier neben die Nachtkerzen und werde Ihnen auf Wunsch gern mehr davon besorgen."

Mit diesen Worten stellte der Gesandte der Vereinigten Staaten die Flasche auf einen Marmortisch, zog sich wieder ins Schlafzimmer zurück und schloss die Tür.

₃₀

Einen Augenblick lang blieb das Gespenst von Canterville in verständlicher Entrüstung wie angewurzelt stehen. Dann schleuderte es die Flasche wütend auf den gebohnerten Fußboden und floh durch den Korridor, wobei es ein hohles Stöhnen von sich gab und ein geisterhaftes grünes Licht ausstrahlte. Es hatte gerade den oberen Absatz der großen Eichentreppe erreicht, als plötzlich eine Tür aufgerissen wurde, zwei kleine weiß gekleidete Gestalten erschienen und ein großes Kopfkissen dicht an seinem Kopf vorbeiflog! Da jetzt offenbar keine Zeit mehr zu verlieren war, flüchtete sich das Gespenst eilends in die vierte Dimension und verschwand durch die Wandtäfelung. Danach war es im Haus wieder ganz still.

Als es in einem kleinen Geheimgemach im rechten Flügel des Schlosses angelangt war, lehnte sich das Gespenst gegen einen Mondstrahl, um Atem zu schöpfen, und versuchte, sich über seine Situation klarzuwerden. Während seiner glänzenden Karriere, die im Verlauf von dreihundert Jahren keine einzige Unterbrechung erfahren hatte, war es noch nie so schmählich beleidigt worden. Es dachte an die Herzoginmutter, der es einen furchtbaren Schrecken eingejagt hatte, als sie gerade in ihrem Spitzenkleid und dem Diamantschmuck vor dem Spiegel stand; an die vier Hausmädchen, die einen hysterischen Anfall beka-

Zeichnung von Ronald Searle (geb. 1920)

men, nur weil es ihnen durch die Vorhänge eines unbenutzten Schlafzimmers zugegrinst hatte; an den Gemeindepfarrer, dessen Kerze es ausgeblasen hatte, als er eines Nachts zu später Stunde aus der Bibliothek kam, und der von diesem Tag an, von nervösen Störungen regelrecht gemartert, bei Sir William Gull in Behandlung gewesen war. [...] Alle seine großartigen Erfolge rief sich das Gespenst ins Gedächtnis zurück, beginnend bei dem Butler, der sich in der Speisekammer erschoss, weil er eine grüne Hand an die Fensterscheibe klopfen sah, bis hin zur schönen Lady Stutfield, die stets ein schwarzes Samtband um den Hals tragen musste, damit niemand die auf ihrer weißen Haut eingebrannten Male von fünf Fingern bemerkte, und die sich schließlich im Karpfenteich am Ende der Königspromenade ertränkte. Mit der leidenschaftlichen Egozentrik[1] des wahren Künstlers vergegenwärtigte sich das Gespenst seine berühmtesten Rollen und lächelte bitter, als es seines letzten Auftritts als „Roter Ruben oder Der erwürgte Säugling" gedachte [...] und des Aufsehens, das es eines stillen Juliabends erregt hatte, nur weil es auf dem Tennisplatz mit seinen eigenen Knochen Kegel spielte. Und nach alledem mussten ein paar erbärmliche moderne Amerikaner kommen, ihm Aurora-Schmieröl anbieten und Kissen an den Kopf werfen! Es war nicht zum Aushalten! Und zudem war noch nie in der Geschichte ein Gespenst so schlecht behandelt worden. So beschloss es denn, Rache zu nehmen, und blieb bis zum Morgengrauen in tiefes Nachdenken versunken.

[1] *die Egozentrik:* Verhaltensweise od. Einstellung, die die eigene Person als Zentrum allen Geschehens betrachtet

AUFGABEN

 Tonke Dragt, **Auf der anderen Seite der Tür** *(Seite 9)*

1. In vielen Kinderromanen geht eine Person durch eine Tür in eine Fantasiewelt. Welche Beispiele kennt ihr? Erzählt euch davon.

2. Schreibe eine fantastische Geschichte über die Welt hinter deiner Tür.

1 *Oscar Wilde,* **Das Gespenst von Canterville** *(Seite 10)*

1. Untersuche, wie die Familie Otis auf das Erscheinen des Gespenstes reagiert. Hätte es eine andere Reaktion geben können?

2. Stelle dar, wie sich das Gespenst nach dieser ungewöhnlichen Begegnung fühlt.

3. Bis zum Morgengrauen denkt das Gespenst darüber nach, wie es Rache an der Familie Otis nehmen könnte, die seine Gespenster-Ehre zutiefst verletzt hat. Notiere die Gedanken und Rachepläne, die ihm dabei durch den Kopf gehen.

Über Sprache nachdenken

1. Das Kapitel heißt „Fantastische Begegnungen". Erläutere, welche zwei Bedeutungen hier das Wort *fantastisch* haben könnte. Dabei hilft dir die Verwendung des Worts *fantastisch* in den beiden folgenden Sätzen:

- *Das Eis schmeckt* **fantastisch.**
- *Die Handlung des Films ist nicht realistisch, sondern* **fantastisch.**

2. Erkläre, was die fettgedruckten Wörter in den folgenden Sätzen bedeuten.

- *Man sieht an seinen Zeichnungen, dass dies ein* **fantasiebegabter** *Schüler ist.*
- *Was? Peter glaubt, ich hätte ihn beim Lehrer verpetzt? Der hat ja eine blühende* **Fantasie**!
- *Der Roman steht in der Bücherei bei „***Fantasy***".*
- *Wir üben für das Abschlusskonzert eine* **Fantasie** *für Klavier und Violine, die ein älterer Schüler komponiert hat.*
- *Sie nahm das Instrument und fing an zu* **fantasieren.**
- *Während des hohen Fiebers* **fantasierte** *er sogar.*

3. Mit dem Wort *wunderbar* verhält es sich so ähnlich wie mit *fantastisch*. Bilde zwei Sätze, die das Wort in unterschiedlichen Bedeutungen enthalten.

Erzählungen untersuchen und gestalten

Anfänge

Ingrid Law
Schimmer

In ihrem Jugendbuch „Schimmer" erzählt die amerikanische Schriftstellerin Ingrid Law von der 13-jährigen Mibs und ihrer ungewöhnlichen Familie. Die Geschichte beginnt folgendermaßen:

Als mein Bruder Fish dreizehn wurde, zogen wir so weit wie möglich ins Landesinnere, wegen dem Hurrikan und natürlich, weil Fish ihn verursacht hatte. Ich hatte gern im Süden am Rand des Landes gelebt, nah bei den Wellen, die kommen und gehen. Mächtig gern hatte ich dort gelebt, und wegzugehen war
5 hart – so hart wie die Straße beim ersten Sturz mit meinem rosa Fahrrad; meine Hände brannten wie Feuer von dem Schmerz unter der Haut. Aber es war klar, dass Fish auf keinen Fall in der Nähe irgendeines größeren Gewässers wohnen konnte und auch nicht daneben oder darauf oder darüber. Wasser löste bei meinem Bruder etwas aus, und dann nahm ganz normales, alltägliches Wet-
10 ter eine schreckliche Wendung.
Anders als gewöhnliche Hurrikane war Fishs Geburtstagssturm ohne Vorwarnung ausgebrochen. Eben noch hatte mein Bruder in unserem Garten nah am Strand Geschenke ausgepackt, als plötzlich sowohl Fish wie auch der Nachmittagshimmel eigentümlich und erschreckend grau aussahen. Mein Bruder hielt
15 sich am Rand des Picknicktisches fest, während der Wind
um ihn herum auffrischte, kräftiger wurde und ihm das
Geschenkpapier aus den Händen riss, es hoch in den Himmel segeln ließ, die farbigen Luftschlangen und Ballons zu
einem Knäuel zusammenfegte, bis sie in Fetzen rissen wie
20 eine Geburtstagsparty im Mixer. Es ächzte und knackte,
Bäume bebten und bogen sich, wurden entwurzelt und fielen wie Stöcke auf den nassen Sand. Regen prasselte auf uns
nieder, als würde ein ungezogener Junge auf dem Spielplatz
mit Kies werfen, Fenster zerbrachen, Schindeln fielen von
25 den Dächern. Als der Sturm anschwoll und der Ozean
wogte und schäumte und wütendes Wasser samt Treibgut
immer weiter auf den Strand spülte, packten Momma und
Poppa Fish und hielten ihn fest, während wir anderen
Schutz suchten. Momma und Poppa wussten, was los war.
30 Sie hatten mit so etwas gerechnet, sie wussten, dass sie meinen Bruder beruhigen und ihm helfen mussten, seinen
Sturm heil zu überstehen.

Es war der kürzeste Hurrikan, der je gemessen wurde, doch um die Küstenorte vor unserem Fish zu bewahren, packten wir alles zusammen und zogen tief ins Landesinnere, stießen regelrecht ins Herz des Landes vor und ließen uns erst 35 nieder, als wir richtig mittendrin waren. Dort, wo es keine größeren Gewässer gibt, die Stürme anfachen konnten, durfte Fish es ruhig wehen und regnen lassen.

Genau zwischen Nebraska und Kansas fanden wir einen kleinen Fleck ganz für uns allein nicht weit vom Highway 81, außer Rufweite vom nächsten Nach- 40 barn, und das war für eine Familie wie unsere auch besser so. Der nächste Ort war nur ein verschwommener Fleck in der Ferne, und er war nicht mal so groß, dass er eine Schule gehabt hätte oder einen Laden, eine Tankstelle oder einen Bürgermeister.

Von Montag bis Mittwoch nannten wir unser schmales Stück Land Kansaska. 45 Von Donnerstag bis Samstag nannten wir es Nebransas. Am Sonntag, der ja der Tag des Herrn ist, nannten wir es überhaupt nichts, aus Respekt davor, dass Gott unsere Welt ohne Grenzlinien geschaffen hat und sie nicht von Anbeginn aussah wie das zerfurchte Gesicht meines Opas.

Ohne den alten Opa Bomba gäbe es Kansaska-Nebransas überhaupt nicht, und 50 dann könnten wir auch nicht dort wohnen. Als Opa noch kein Opa war, son- dern ein Lausebengel, der dreizehn tropfende Kerzen auf einer windschiefen Geburtstagstorte auspustete, erwischte sein Schimmer ihn hart und heftig – genau wie es Fish später auf der Geburtstagsfeier im Garten mit dem Hurrikan ergehen sollte – und der ganze Staat Idaho entstand aus dem Nichts. So hat 55 Opa Bomba es jedenfalls erzählt. „Bevor ich dreizehn wurde“, sagte er immer, „stieß Montana direkt an Washington, und Wyoming und Oregon lagen kusch- lig beieinander.“ Die Geschichte von Opas dreizehntem Geburtstag war im Laufe der Jahre immer größer geworden, genau wie das Land, das er strecken und verrücken konnte, und Momma schüttelte nur den Kopf und lächelte, 60 wenn er seine Lügengeschichten erzählte. Aber tatsächlich hat dieser kleine Junge, der wuchs und alt wurde wie Wein und Dreck, neue Orte geschaffen, wo immer es ihm gefiel. Das ist Opas Schimmer.

Mein Schimmer hatte mich noch nicht erwischt. Aber es waren nur noch zwei Tage bis zu *meinen* dreizehn tropfenden Kerzen, – obwohl die Torten, die meine 65 Momma backt, niemals windschief sind. Mommas Torten sind vollkommen wie Momma selbst, denn das ist *ihr* Schimmer. Momma ist vollkommen. Alles, was sie macht, ist vollkommen. Selbst wenn sie etwas vermasselt, vermasselt sie es auf vollkommene Weise.

1. Schreibe heraus, was du am Anfang der Geschichte über die Familienmitglieder erfährst.

2. Skizziere, wie die Geschichte deinen Erwartungen nach weitergehen könnte.

Am **Anfang einer Geschichte** kann man

- entweder erklären, worum es in der Geschichte geht bzw. wer die Hauptpersonen sind, oder
- mitten in der Handlung einsetzen.

Der Anfang mitten in der Handlung wirkt besonders interessant. Aber auch wenn man diesen Einstieg wählt, muss der Anfang der Erzählung Informationen enthalten, und zwar

- über die Hauptpersonen und
- über die äußeren Umstände: Ort, Zeit, Situation.

Aus dem Anfang einer Erzählung entwickelt der Leser Vermutungen zu folgenden Fragen:

- Was wird mit diesen Personen geschehen?
- Wie sind die Personen in diese Situation geraten?

Der Anfang einer Erzählung enthält also den Keim der Geschichte.

3. Überprüfe mithilfe des Merkkastens, wie die folgenden Anfänge gestaltet sind.

„Ehrlich gesagt, so etwas hätte ich nicht vermutet. Die schienen so wie wir zu sein. Die passten scheinbar hierher. Ich habe mich natürlich gefragt, wie schaffen die das alles,
5 sie so allein. Also vom Finanziellen her gesehen. Ist ja eine gute Gegend hier. Aber jetzt im Rückblick, da sieht man natürlich einiges anders. So von heute aus gesagt, klar, da gab es verräterische Anzeichen. Irgendwie hatte
10 ich ein komisches Gefühl. Wissen Sie, ja wie soll ich das sagen, die waren zu sehr wie wir. Verstehen Sie, wie ich das meine?"

Eine Nachbarin

Thomas Fuchs:
Alleingelassen

Die Leute standen bis in den Flur. Paula Federikson, die Sprechstundenhilfe, hatte sogar die Küchenstühle rausgeholt, die Holzstühle, die Sofie bunt angemalt hatte, als Weih-
5 nachtsgeschenk für ihre Mutter. Vier Stühle, obwohl sie nur zu dritt waren, ihre Mutter, Timmi und sie. Aber manchmal kam ja auch Besuch. Und überhaupt hat ein Tisch vier Seiten und deshalb mussten es vier Holzstüh-
10 le sein, rot, grün, gelb und blau. Wie die Farben vom Mensch-ärgere-dich-nicht, hatte Timmi verächtlich gesagt. Aber ihrer Mutter hatten sie gefallen.

Brigitte Blobel:
Sofies Geheimnis

An einem Samstag Ende Mai kletterte das Thermometer auf 24 Grad. Der Frühlingssturm, der in der Nacht getobt hatte, verwandelte sich in eine sanfte Brise. Der tiefblaue Himmel über der Stadt war ein einziges großes Versprechen.
Ausgerechnet an diesem Tag stolperte Simon Laub über eine Leiche. Das heißt, eigentlich nur über
5 einen Teil davon. Oder noch genauer: Er fand eine Hand, eine sauber amputierte Hand.

Jürgen Banscherus:
Die Warnung

Zeitgestaltung

1. Lies den Anfang von „Schimmer" (☞ S. 13) noch einmal und markiere am Textrand mit unterschiedlichen Farben die vier verschiedenen Zeitabschnitte, über die berichtet wird. Gib an, über welche Zeitpunkte im Leben der Familie Beaumont – so heißt die Familie, von der erzählt wird, – du etwas erfährst.

2. Untersuche auch den Textausschnitt aus dem Roman „Das Gespenst von Canterville" (☞ S. 10) und stelle dar, wie der Erzähler die zeitlichen Abläufe gestaltet.

3. Überlege, warum sich das Gespenst an seine früheren Erfolge erinnert. Erläutere die Wirkung dieser Erinnerungen auf den Leser der Geschichte (☞ S. 11).

> **Erklärung**
>
> Unter Erzählerbericht versteht man die Darstellung der Ereignisse durch den Erzähler.

> Erzählende Texte bestehen aus Erzählerbericht und szenischer Darstellung. Im Erzählerbericht kann der Erzähler die Ereignisse eines längeren Zeitraums zusammenfassen. Dies nennt man **Zeitraffung**.
> Um Vergangenes darzustellen, das für das Verständnis des Geschehens wichtig ist, greift der Erzähler auch zu **Rückblenden**.

> **Den Wortschatz erweitern**
>
> - *die Action:* spannende, ereignisreiche Handlung; turbulente, oft gewaltbetonte Szenen in Filmen, Romanen usw.
> - *die Aktion:* gemeinsames gezieltes Vorgehen; planvolle Unternehmung

Schilderungen

1. Im Gedicht „Die Nacht streckt ihre Finger aus" (☞ S. 167) wird wenig „Action" dargestellt, sondern eine Situation, die das lyrische Ich intensiv erlebt. Erarbeite am Text,
- was du über die Umgebung des Ichs erfährst,
- welche Sinneseindrücke (sehen, hören, fühlen …) wiedergegeben werden,
- in welcher Stimmung sich das Ich befindet.

2. Textstellen, an denen wenig passiert, aber ein Ort oder eine Situation so beschrieben wird, dass man sich gut hineinversetzen kann, nennt man *Schilderungen*. Suche im Textausschnitt aus „Schimmer" (☞ S. 13) nach solchen Schilderungen.

> Schilderungen machen eine Geschichte anschaulich. Schildern bedeutet, nicht Handlung, sondern Umgebung, Atmosphäre, Sinneseindrücke und Gefühle darzustellen und zu beschreiben.

3. Schildere eine der folgenden Situationen auf etwa einer halben Heftseite: Frühlingsspaziergang im Wald • auf der Liegewiese im Freibad • ein leckeres Festmahl • nach einem Gewitter

Wiedergabe von Gedanken und Gefühlen

Ralf Isau
Der Schattendieb

In Osttarra, dem Reich der lebenden Schatten, herrscht König Saros. Er will die Schatten zu Menschen und die Menschen zu Schatten machen. Deshalb schwärmen bei Sonnen- und Mondfinsternissen die Schattendiebe aus und gehen auf der Erde auf Beutefang. Diesmal darf der junge Jäger Corvin seinen Ziehvater[1], den Schnitter[2] Maloron, und dessen Nachtfalken Tamaris begleiten. Dabei begegnet er zum ersten Mal den Menschen.

Die Menschen!

Corvin kannte sie nur aus den Berichten der Schattenjäger, wenn sie von ihren Streifzügen erzählten. Hier sah er die „Schnecken", wie nicht wenige Schnitter sie abfällig nannten, in ihrer ganzen Lebendigkeit.

5 Zugegeben, sie wirkten auf ihn tatsächlich ziemlich träge und eher wie schrill angemalte Figuren auf einem großen Spielbrett. Gleichwohl konnte er die Verachtung der Schattenjäger für diese Geschöpfe aus Fleisch und Blut nicht nachempfinden. Er meinte rund um das brennende Haus hinreichend viele Exemplare von ihnen zu sehen, um sich dieses Urteil erlauben zu können. Ja, trotz

10 aller Schrecklichkeit, die in dieser Momentaufnahme ihres sterblichen Daseins versammelt war, fand Corvin die Menschen unbeschreiblich schön.

[…]

Ein paar Schritte abseits stand ein Mann, der mit seinen Armen zwei Kinder umfangen hielt. Sie waren wohl den Flammen mit knapper Not entkommen.

15 Mit nichts als den Kleidern auf dem Leib standen sie jetzt da, die rußverschmutzten Gesichter von Tränen verschmiert, und starrten verzweifelt in die lodernden Fenster. Sie schienen etwas zu rufen, aber weil

20 die ganze Szene für Corvin wie erstarrt wirkte, konnte er sie nicht verstehen. Dieses „Gemälde" der vom Unglück heimgesuchten Familie drückte so viele Gefühle aus, dass ihm ganz mulmig wurde. Obwohl

25 die drei unbestreitbar Schreckliches durchlitten, beneidete er irrwitzigerweise[3] die Kinder, weil er zwischen ihnen und ihrem Vater eine Nähe wahrzunehmen glaubte, die er bei Maloron nie erfahren hatte. Was

30 sie wohl riefen …?

Plötzlich erschauderte er, nicht buchstäblich, nur sein Geist erbebte unter der

---

[1] *der Ziehvater:* jemand, der ein Kind aufzieht, ohne sein leiblicher Vater zu sein

[2] *der Schnitter:* der Sensenmann, der Tod

[3] *irrwitzigerweise:* absolut nicht nachzuvollziehen; völlig unverständlich

schrecklichen Erkenntnis: In dem brennenden Haus musste sich noch jemand befinden! Vermutlich die Mutter der weinenden Kinder, die Frau des ver- 35 zweifelten Mannes.

Ja, so musste es sein. Tamaris hätte ihren Falkner niemals in das Gebäude geführt, wenn sich darin nicht noch jemand aufhielte. Die Vögel wussten instinktiv, wo das 40 Risiko einer Entdeckung für die Jäger am geringsten war.

Mit einem Mal gab es für Corvin kein Halten mehr. Vielleicht konnte die Ärmste noch gerettet werden. Er 45 stürzte sich mitten in die gelbrote Lohe[4] hinein.

Auf dem Dachboden herrschte heilloses Durcheinander. Überall lagen brennende Balken und verkohltes Gerüm- 50 pel herum. Möglicherweise hatte ein Blitz das Feuer hier oben entfacht. Keine Menschenseele war zu sehen. Corvin meinte seinen Ziehvater irgendwo unter sich zu spüren. Die Decke zum nächsten 55 Geschoss war ebenfalls eingestürzt.

Er schwebte durch den halb eingestürzten Fußboden in eine kleine Kammer hinab, in der die zu Asche zerfallenen Überreste von vier Betten schwelten – vermutlich das Schlafzimmer der Familie. Ringsum 60 tobte noch das Feuer.

[4] *die Lohe:* das Flammenmeer

Auch hier hielt sich niemand auf. Corvin machte sich an die Durchsuchung der übrigen Räume des Obergeschosses.

Im rückwärtigen Teil des Gebäudes traf er auf eine geschlossene Eisentür. Als er sie durchdrang, spürte er einen Widerstand, so als tauche er durch eine zähe 65 Flüssigkeit. Hiernach fand er sich in einem großen, mit Regalen vollgestellten Raum wieder, in dem sich bis unter die Decke Stoffballen stapelten. Der Hausbesitzer musste wohl ein Tuchhändler oder Schneider sein. Aus den Ritzen zwischen den Deckenbalken quoll Rauch, aber noch hatte das Feuer den Raum nicht erobert. Im Boden war eine Falltür eingelassen, vermutlich ein Zugang 70 zum Untergeschoss. Weil sich auch in dem Lager niemand aufhielt, verließ es Corvin wieder.

Im letzten Raum wurde er schließlich fündig. Vor ihm strahlte ein weißes Licht, das sich deutlich vom übrigen Feuer abhob. Maloron hatte die Sen-

senklinge[5] also schon enthüllt. Abgesehen von dem Gleißen[6] konnte Corvin
nichts erkennen, weil ihm herabgestürzte Balken und lodernde[7] Flammen die
Sicht nahmen. Er schwebte näher an seinen Ziehvater heran.

Und dann sah er sie, den Schattenjäger und seine Beute.

Die Frau kauerte zusammengekrümmt an einer Wand, die von den Flammen
bisher verschont geblieben war. Ihr tränen- und rußverschmiertes Gesicht hatte
sie dem Boden zugewandt. Der Schemen[8] des Jägers schwebte vor ihr hin und
her, während er ruhig seinem Handwerk nachging. Auch das hatte Corvin
bereits gelernt: Solange der Schnitter sich bewegt, bleibt er für seine Beute so
gut wie unsichtbar. Meistens jedenfalls. Für einige wenige Menschen galt diese
Regel nicht, aber die verängstigte Frau gehörte offenbar nicht zu jenen besonders Begabten.

Maloron befestigte gerade die Schattenattrappe[9] am Verschnitt[10], welcher beim
Ernten gewöhnlich an den Füßen übrig gelassen wurde. Hierzu war kein Leim
oder Heftfaden nötig. Weil die Fälschung aus dem gleichen Grundstoff wie das
Original bestand, klebte sie ganz von allein.

[5] *die Sense:* ein Gerät mit langem Handgriff und gebogener scharfer Klinge zum Schneiden von Gras
[6] *das Gleißen:* das sehr helle Glänzen
[7] *lodern:* mit hohen Flammen brennen
[8] *der Schemen:* der Schatten
[9] *die Attrappe:* die täuschend echte Nachbildung
[10] *der Verschnitt:* der Abfall, der beim Zuschneiden von Materialien entsteht

1. In diesem Text erfährt man nicht nur, was geschieht, sondern auch, was Corvin
denkt. Schreibe die Sätze, die seine Gedanken wiedergeben, in zwei Spalten auf:

Gedanken werden vom Erzähler mitgeteilt:	Gedanken werden direkt wiedergegeben:
Corvin fand die Menschen unbeschreiblich schön. (Z. 11)	Was sie wohl riefen? (Z. 29 f.)
...	...
...	...

2. Untersuche, was diese Sätze unterscheidet.

3. Zeige, welche Informationen über die Situation und das Geschehen in den „Gedan-
ken-Sätzen", die du aufgeschrieben hast, enthalten sind.

In den meisten Erzählungen erfährt der Leser nicht nur, was geschieht und was die
Personen (Figuren) sprechen, sondern auch, was sie denken und fühlen bzw. wie sie
das Geschehen erleben. Das kann auf zweierlei Art geschehen:
- Der Erzähler berichtet von den Gedanken und Gefühlen; dieser Bericht gehört
  zur **Erzählerrede**.
- Die Gedanken der Personen oder Figuren werden unmittelbar wiedergegeben;
  das nennt man **Figurenrede**.

Szenisches Erzählen

Der Schattendieb

Der Jäger bemerkte, dass sein Schüler endlich eingetroffen war.

„Wo bist du so lange gewesen?"

„Ich ... ich habe die Menschen beobachtet", antwortete Corvin benommen. Er verstand nicht, wie sein Vater so ruhig an der Frau herumhantieren konnte, während sie um ihr Leben bangte.

Maloron klang jetzt streng und hart. „Die Menschen laufen dir nicht weg, Junker Corvin. Aber hier hättest du lernen können, wie man einen Schatten sauber abschneidet und ihn unbemerkt durch eine Imitation ersetzt." Schwungvoll entrollte sich am Boden die hauchzarte Attrappe der Frau.

Je länger Corvin seinen schemenhaften Lehrmeister anstarrte, desto deutlicher sah er dessen Konturen. Aber dies machte das Geschehen für ihn nur umso schrecklicher, erinnerte es ihn doch daran, wie ähnlich Osttarrer den Menschen waren.

„Wir müssen der Frau helfen, Vater!"

„Wieso?"

„Weil sie sonst sterben wird."

„Das ist nicht unsere Sache."

„Du hast mich gelehrt, Schatten zu sammeln, Vater. Von Töten war nie die Rede." In Corvins Stimme mischte sich zunehmend Verzweiflung, während diejenige Malorons immer kälter wurde.

„Deine Ausbildung ist noch nicht beendet, Junker Corvin. Das eherne[1] Gesetz des Schweigens verlangt uns manchmal Härte ab. Würden wir dieser Frau helfen, könnte sie uns entdecken."

„Sie ist viel zu verwirrt, um sich einen Reim darauf zu machen. Nur *ein* Wort von dir würde genügen, um ihr den Weg nach draußen zu zeigen, Vater."

„Wir spielen nicht Schicksal, Corvin. Merke dir das. Und jetzt komm. Die Finsternis schreitet voran." Maloron wandte sich von der Entschatteten ab und bewegte sich auf seinen Schüler zu. Als er an diesem vorbeischwebte, zischte er: „Was zögerst du noch? Hier gibt es nichts mehr für uns zu tun." Ohne innezuhalten, setzte er seinen Weg in Richtung Fenster fort.

[1] *ehern:* eisern; das eherne Gesetz = das unumstößliche Gesetz

1. Zeige auf, welche Wendung die Geschichte an dieser Stelle nimmt.

2. Der Text zeigt dir, wie Corvin und Maloron miteinander sprechen und wie sie sich während der Unterhaltung fühlen. Suche die entsprechenden Textstellen heraus.

3. Ihr sollt diese Geschichte auf die Bühne bringen. Schreibt dazu ein Drehbuch mit Regieanweisungen (S. 232).

Wenn eine Geschichte spannend und lebendig wirken soll, sollte man die **wörtliche Rede** verwenden und eine Art Szene gestalten.
Als Szene bezeichnet man eigentlich das, was auf einer Bühne geschieht. Wenn du ein Buch liest, stellst du dir das, was geschieht, bildlich, also in Szenen, vor. In deinem Kopf läuft sozusagen ein Film ab.

Wer erzählt die Geschichte?

Suzanne Collins
Die Tribute von Panem

In einer fernen Zukunft wird die Bevölkerung Panems von einer eisernen Regierung unterdrückt. Die 16-jährige Katniss Everdeen geht illegal auf die Jagd, um das Überleben ihrer kleinen Schwester Primrose und ihrer Mutter zu sichern. Alljährlich finden in Panem die „Hungerspiele" statt, bei denen vierundzwanzig Tribute in einer Arena gegeneinander antreten. Die Regeln sind einfach und grausam: Es darf nur einen Überlebenden geben. Jeder der zwölf Distrikte Panems muss für die Spiele zwei Jugendliche zwischen zwölf und achtzehn Jahren stellen, die während einer feierlichen Versammlung ausgelost werden.

Die Zeit der Ziehung ist gekommen. Effie Trinket sagt, was sie immer sagt: „Ladies first!", und geht hinüber zu der Glaskugel mit den Mädchennamen. Sie greift hinein, taucht ihre Hand tief in die Kugel und zieht einen Zettel heraus. Die Menge hält den
5 Atem an, man könnte eine Stecknadel fallen hören, und ich fühle mich elend und hoffe inbrünstig, dass es nicht mein Name ist, nicht mein Name, nicht mein Name.
Effie Trinket geht zurück zum Podest, streicht den Zettel glatt und verliest mit klarer Stimme den Namen. Es ist nicht mein
10 Name.
Es ist Primrose Everdeen.
Einmal, als ich reglos in einem Baumversteck darauf wartete, dass Wild vorbeikam, bin ich eingenickt. Ich fiel drei Meter tief und landete auf dem Rücken. Es war, als hätte der Aufprall das
15 letzte bisschen Luft aus meiner Lunge gepresst, und ich lag dort und kämpfte verzweifelt darum, einzuatmen, auszuatmen, irgendwas zu tun.
Genauso geht es mir jetzt. Ich versuche mich daran zu erinnern, wie man atmet, bin unfähig zu sprechen, vollkommen fassungslos, während der Name in meinem Schädel herumspringt. Jemand fasst mich am Arm, ein Junge aus dem
20 Saum, vielleicht war ich drauf und dran umzufallen und er hat mich aufgefangen.

Es muss sich um einen Irrtum handeln. Das kann nicht wahr sein. Prim war ein Zettel unter Tausenden! Die Wahrscheinlichkeit, dass sie gezogen würde, war so gering, dass ich mir überhaupt keine Sorgen um sie gemacht habe. [...] Ein Zettel. Ein Zettel unter Tausenden. Sie hatte so gute Chancen. Aber es hat nichts 25 genützt.

Irgendwo aus der Ferne höre ich die Menge unglücklich flüstern, wie immer, wenn eine Zwölfjährige ausgewählt wird, denn das findet keiner gerecht. Plötzlich sehe ich sie, alles Blut ist aus ihrem Gesicht gewichen, sie hat die Hände zu Fäusten geballt und geht mit steifen, kleinen Schritten zur Bühne, an mir vor- 30 bei. Ich sehe, dass ihre Bluse am Rücken aus dem Rock gerutscht ist und über den Rock hängt, und dieses Detail, die herausgerutschte Bluse, die aussieht wie ein Entenschwanz, bringt mich zurück in die Gegenwart.

„Prim!" Ein erstickter Schrei aus meiner Kehle, meine Muskeln werden wieder aktiv. „Prim!" Ich muss mir nicht erst einen Weg durch die Menge bahnen. Die 35 anderen Kinder machen sofort Platz und räumen den Durchgang zur Bühne. Genau in dem Augenblick, als sie die Stufen erklimmen will, bin ich bei ihr. Mit einer Armbewegung schiebe ich sie hinter mich.

„Ich gehe freiwillig!", keuche ich. „Ich gehe freiwillig als Tribut."

1. Unterstreiche die Sätze, die Katniss' Gedanken und Gefühle wiedergeben, und zeige, welche Informationen über die Situation und das Geschehen sie enthalten.

2. Stelle fest, aus welcher Perspektive das Geschehen geschildert wird. Notiere, welche Informationen der Leser erhält und welche ihm nicht vermittelt werden können. Nenne die Gründe dafür.

3. Untersuche in gleicher Weise den Auszug aus „Der Schattendieb" (☞ S. 17).

Erzählungen können aus verschiedener Sicht, d.h. aus verschiedenen **Perspektiven** geschrieben sein:
- In der Außenperspektive kennt der Erzähler die Gedanken der Personen nicht.
- Wenn der Erzähler von den Gedanken und Gefühlen der Personen berichtet, schreibt er aus der Innenperspektive. Dabei kann er die Figurenrede anwenden.
- In manchen Erzählungen steht die Figurenrede im Präsens und in der Ich-Form. Oft handelt es sich dann um einen inneren Monolog.

Achtung:
- Der Erzähler sollte nicht zwischen Ich- und Er-Form wechseln.
- Wer in der Außenperspektive beschreibt, kennt die Gedanken der Personen nicht.
- Wer aus der Perspektive einer Person schreibt, kann nicht etwas beschreiben, was diese Person gar nicht weiß oder sieht.

Eigene Geschichten schreiben

Parallelgeschichten

Bei einer Parallelgeschichte geht es darum, das Muster einer Erzählung zu übernehmen und mit eigenen Ideen auszugestalten. In der Geschichte über die erste Erscheinung des Gespenstes von Canterville (☞ S. 10) kannst du ein Muster erkennen:
Der Geist macht einen Plan, er tritt in einer bestimmten Rolle auf, die Familie Otis durchkreuzt diesen Plan, das Gespenst zieht sich beleidigt zurück.

1. Vervollständige das Muster für die Erscheinungen des Geistes: Zeige, wo Schilderungen notwendig sind, wo Gedanken oder Gefühle ausgedrückt werden und wo du wörtliche Rede und Dialoge verwenden solltest. Zeige auch, an welchen Stellen du typische Gruselelemente einbauen kannst.

2. Der nächste Auftritt des Gespenstes kann z. B. am Teich, im Park oder in der Küche stattfinden. Überlege dir noch weitere Situationen, in denen der Geist spuken könnte.

3. Du musst überlegen, wie und als was er auftritt, wem er begegnet und was ihm zustößt. Lege dar, aus wessen Perspektive du die Geschichte erzählen willst. Schreibe diese Geschichte.

Fantasiegeschichten

Das Kapitel „Fantastische Begegnungen" bietet viele Anregungen für eigene Geschichten. Die folgende Geschichte hat ein Schüler einer achten Klasse zum Thema „Ich wache auf und bin in ein Tier verwandelt" geschrieben.

Ich hatte so ein ungutes Gefühl

Alles fing damit an, dass ich wie jeden Morgen den Wecker ausschalten wollte. Mein Wecker klingelt immer um fünf Minuten vor sechs und zwanzig Minuten später noch einmal;
5 dann stehe ich wirklich auf. An diesem Morgen drehte ich mich auf dem Rücken hin und her, aber ich konnte mich einfach nicht aufsetzen. Ich drehte mich mithilfe meiner Pfoten auf
10 den Bauch – was heißt hier „Pfoten", ich habe doch keine Pfoten! Ungläubig schaute ich an die Stelle, wo bis vor kurzem noch meine Hände waren,

jetzt waren dort – nein, keine Pfoten – aber Schweineklauen. Das konnte nicht wahr sein! Ich beschloss, die Klauen zu ignorieren und weiterzuschlafen. Da 15 klingelte mein Wecker das zweite Mal. Auf allen vieren kroch ich zur Hochbettleiter, die ich sofort hinunterfiel. Schon wieder war so etwas Ungewöhnliches geschehen. Erst konnte ich mich im Bett nicht aufsetzen und jetzt fiel ich auch noch die Leiter hinunter, die ich mehrmals täglich benutze. Benommen 20 stand ich auf, um meine Schulsachen zu packen. Aber auch das fiel mir heute gewaltig schwer. Ich musste die Bücher mit dem Maul greifen und sie dann in die Tasche fallen lassen. Ich lief auf allen vieren ins Badezimmer, um mir die Zähne zu putzen. Aber wieso auf allen vieren? Ein Mensch kriecht doch nicht durchs Haus! Im Badezimmer wollte ich mich eigentlich im Spiegel beschauen, aber zu meiner Erleichterung bemerkte ich, dass der Spiegel viel zu hoch hing. 25 Denn auf einmal hatte ich Angst vor meinem Spiegelbild. Ich hatte Angst, ich könnte ein haariges Tier mit Klauen und einem Maul sein. Anzuziehen brauchte ich mich wohl heute nicht, da ich ja ein wunderschönes Haarkleid besaß. Ich lief in die Küche, schon wieder auf allen vieren. Ich hatte so ein ungutes Gefühl, dass ich gestörte Empfindungen habe. Soll ja vorkommen. Ich 30 sprang auf einen Küchenstuhl und wartete auf meinen Vater. Er trat ein, starrte mich an, packte mich am Nacken und warf mich aus dem Fenster. In diesem Moment konnte ich auch verstehen, warum er mich hinauswarf. Ich hatte nämlich mein Spiegelbild in der Fensterscheibe gesehen. Ich war ein hässliches, behaartes Etwas: ein Wildschwein. Ich beschloss, heute lieber nicht zur Schule 35 zu gehen, denn ich wollte mir das Gelächter meiner Mitschüler ersparen. Traurig, weil mein Vater mich einfach aus dem Fenster geworfen hatte, schlich ich ums Haus. Da die Terrassentür zu meinem Zimmer offen stand, lief ich hinein und legte mich auf dem Teppichboden schlafen, doch kurze Zeit später wurde ich von meinen Wecker geweckt, der schon das dritte Mal klingelte. Ich merkte 40 sofort, dass ich wieder ich war. Glücklich fuhr ich zur Schule.

1. Untersuche, wie der Ich-Erzähler auf die Verwandlung reagiert und wie lange es dauert, bis er wirklich erkannt hat, was mit ihm geschehen ist.

2. Gib dem Autor Tipps, wie er die Geschichte noch verbessern könnte. Halte dich an die Regeln, die du im Methoden-Tipp über die Schreibkonferenz (☞ S. 127) nachlesen kannst.

3. Der Ich-Erzähler hat sich „über Nacht" in eine Schlange/ein niedliches kleines Hündchen/einen Märchen-Drachen verwandelt. Beschreibe anschaulich, was passiert und wie unterschiedlich die Familienmitglieder auf ihn reagieren.

4. Weitere Themen für Fantasie-Erzählungen:
- Als ich die Zeitung von morgen fand.
- Plötzlich konnte ich verstehen, was mein Hund (meine Katze, mein Kaninchen, mein Pferd ...) mir erzählte.

Anders als in der Erlebniserzählung ist der Erzählstoff in der **Fantasie-Erzählung** frei erfunden. Ob das Geschehen sich tatsächlich je so zutragen könnte, spielt keine Rolle. Im Gegenteil: Je fantastischer die Ereignisse erscheinen, desto besser.
- Naturgesetze können außer Kraft gesetzt werden.
- Fantasie-Welten dürfen geschaffen werden.
- Fabelgestalten und erfundene Wesen haben ihren Platz in einer solchen Geschichte.
- Tiere und Pflanzen können reden.
- Allerdings gelten auch für die Fantasie-Erzählung die allgemeinen Regeln des Erzählens.

Ein Ereignis zu einer Fantasiegeschichte ausgestalten

Beim Ausgestalten eines Ereignisses zu einer Erzählung geht es darum, aus einem kleinen Vorfall eine ausgebaute Geschichte zu gestalten.

1. Lies den folgenden Text.

Der verlorene Zug

Zu der Zeit, als es noch Dampfmaschinen gab, ereignete sich auf der Zuglinie Bordeaux-Lyon eine ebenso fantastische wie wahre Geschichte. Um acht Uhr abends dampfte der Schnellzug fahrplanmäßig von der Station Mont de Marsan ab. Das Wetter war kalt und neblig. Der Zug fuhr mit voller Geschwindigkeit,
5 sodass die schläfrigen Passagiere hin und her gerüttelt wurden. Plötzlich verlangsamte der Zug seine Fahrt und blieb schließlich auf offenem Felde stehen.

Rain, Steam and Speed - The Great Western Railway, William Turner 1844

Es vergingen zehn, zwanzig Minuten, ohne dass etwas geschah. Endlich stiegen ein paar der beunruhigten Passagiere aus einem der Wagen. Sie marschierten am Zug entlang nach vorne, um sich beim Lokomotivführer zu erkundigen, warum es nicht weiterging. Doch zu ihrem grenzenlosen Erstaunen stellte sich 10 heraus: Da war überhaupt keine Lokomotive.

Unterdessen fuhr im nächsten Bahnhof stolz und fauchend eine einsame Lokomotive vor. Sie bremste. Der Lokführer sprang heraus und machte sich an den Rädern zu schaffen. Mit lautem Geschrei kam der Bahnhofsvorsteher auf ihn zugelaufen. 15

„Wo ist der Zug?", fragte er aufgeregt. „Welcher Zug?", entgegnete der Lokführer und wandte sich um. Dabei stellte er zu seinem Entsetzen fest, dass er seine Waggons verloren hatte.

Langsam und unter fortwährendem Pfeifen der Lokomotive fuhr er rückwärts in den Nebel hinein, um seinen Zug wiederzufinden. Im Morgengrauen gab 20 es ein freudiges Wiedersehen. Die Passagiere hatten auf freiem Feld in den Waggons übernachtet.

2. Überlege, wie du aus diesem Vorfall eine ausführliche Fantasie-Erzählung in der Ich-Form machen kannst. Schreibe sie auf.

Beachte dabei folgende Ratschläge:

➡ Entscheide, aus wessen Perspektive du deine Geschichte erzählen möchtest: Passagier, Lokführer oder Bahnhofsvorsteher?

➡ Notiere, welche Elemente aus dem „Erzählkern" für deine Geschichte wichtig sind: Was kann der Passagier, der Lokführer bzw. der Bahnhofsvorsteher wissen?

➡ Überlege, an welcher Stelle deine Geschichte aus der Realität in die Fantasiewelt wechselt.

➡ Entscheide, was in der fantastischen Welt passieren soll. Bedenke dabei: Weniger ist mehr! Reihe nicht unzählige fantastische Ereignisse aneinander, sondern beschränke dich auf ein Hauptgeschehen, das du spannend ausgestaltest.

➡ Überlege, wie du am Schluss den Weg zurück aus der fantastischen Welt findest.

➡ Entwirf einen Erzählplan: kurze Einleitung – Hauptteil mit mehreren Erzählschritten, die zum Höhepunkt der Geschichte führen – kurzer Schluss.

➡ Gestalte deine Geschichte anschaulich und spannend. Baue Beschreibungen der Fantasiewelt und ihrer Bewohner ein. Schildere deine Begegnung mit fantastischen Wesen. Gib deine Eindrücke, Gedanken und Gefühle wieder.

➡ Vergiss nicht: Erzähl-Tempus ist das Präteritum.

Verben

Zeitstufen und Zeitformen

1. Lies den folgenden Text über den Autor von „Eragon" und setze die Verben in der richtigen Zeit ein. Begründe deine Tempuswahl.

Christopher Paolini, ein literarisches Wunderkind

Christopher Paolini, der Erfinder von „Eragon", _____ (haben) viele Fans, nicht nur in Fantasy-Kreisen. Mit fünfzehn, in einem Alter also, in dem andere Jungen Fußball oder Computer _____ (spielen), _____ (beginnen) der junge US-Schriftsteller ohne fremde Hilfe
5 seine ganz eigene magische Welt zu erschaffen. Was bei Tolkien „Mittelerde" _____ (sein), _____ (heißen) bei Paolini Alagaësia und _____ (sein) die Welt von Eragon, seinem Drachen Saphira und allerlei anderen fantastischen Figuren.

Paolinis Entwicklung _____ (sein) umso erstaunlicher, als er nie
10 eine öffentliche Schule _____ (besuchen). Als ihre Kinder das schulpflichtige Alter _____ (erreichen), _____ (übernehmen) seine Mutter, selbst Lehrerin, den Unterricht für Christopher und seine Schwester. Abgelegen im Staat Montana, nahe der kanadischen Grenze, _____ der Junge _____ (aufwachsen): ohne Fernseher,
15 mit einem Haufen Bücher und inmitten einer mystischen[1] Landschaft, die ihn später beim Schreiben _____ (inspirieren).

Dabei _____ (zählen) Lesen für den kleinen Christopher anfangs gar nicht zu seinen Lieblingsbeschäftigungen. Erst nachdem er die Kinderecke der Bibliothek _____ (entdecken), _____
20 (sich öffnen) ihm die Augen für die Faszination von Geschichten. Von da ab _____ (verschlingen) er alles, was seine Fantasie _____ _____ (beflügeln): Märchen, Legenden und nordische Sagen ebenso wie Tolkien & Co.

Christopher Paolini, geb. 1983

[1] *mystisch: geheimnisvoll, unergründlich*

2. a) Ordne die einzelnen Zeitformen (Tempora, Sg. Tempus) den Zeitstufen Gegenwart, Vergangenheit und Zukunft zu.

b) Gib an, welche Tempora du jeweils kombinieren kannst, um die Vorzeitigkeit einer Handlung darzustellen.

> Konjunktionen geben einen Hinweis darauf, ob zwei Ereignisse gleichzeitig stattfinden oder nicht.
> Auf **Gleichzeitigkeit** weisen die Konjunktionen *als, wenn, während, bis, seit, seitdem* hin. Das Tempus stimmt hier im Hauptsatz und im Nebensatz überein.
> Auf **Vorzeitigkeit bzw. Nachzeitigkeit** weisen die Konjunktionen *bevor, ehe, nachdem* und *sobald* hin. Bei *bevor, ehe* liegt die Handlung im Hauptsatz zeitlich vor der Handlung im Nebensatz. Trotzdem sind die verwendeten Tempora in beiden Sätzen meist gleich.
> Die Handlung in einem durch *nachdem* eingeleiteten Satz liegt vor der Handlung des Hauptsatzes. Dies muss durch die Wahl der Tempora verdeutlicht werden: Perfekt (Nebensatz) + Präsens (Hauptsatz); Plusquamperfekt (NS) + Präteritum (HS).
> Auch die Konjunktion *sobald* weist darauf hin, dass die Handlung des Nebensatzes unmittelbar vor jener des Hauptsatzes passiert. Hier ist die Tempusfolge entweder die gleiche wie in den *nachdem*-Sätzen oder das Tempus im Nebensatz ist identisch mit demjenigen des Hauptsatzes.

3. Suche im Text 1 (☞ S. 27) nach Beispielen für Vorzeitigkeit und Nachzeitigkeit.

Infinite Verbformen

1. a) Gib an, um welche Verbformen es sich im folgenden Textausschnitt 2 bei den grün unterlegten Verben handelt.
b) Untersuche, wie sie verwendet werden.

2 Dass Lesen eine schöne Sache ist, Schreiben aber eine sehr viel kompliziertere, musste dann der Teenager Paolini erkennen. Nur mit eiserner Disziplin gelang ihm in zwei Jahren die Rohfassung seines „Eragon". Erst als die Geschichte wirklich Hand und Fuß hatte, offenbarte sich Paolini seinen Eltern. Bis dahin hatte kein Mensch das Manuskript zu Gesicht bekommen.

5

Christophers Eltern zeigten sich einerseits erstaunt, andererseits begeistert vom Talent ihres Jungen. Ein Jahr nahmen sie sich Zeit, um das Buch mit ihm gemeinsam **durchzugehen**, den Text **zu formatieren**, Entwürfe für Umschlag und Innengestaltung **zu machen** und den Druck im Eigenverlag **vorzubereiten**.

Neben dem **Infinitiv** gibt es andere **infinite** (d.h. nicht gebeugte) Verbformen, die sogenannten **Partizipien**.

Das **Partizip I** (Partizip Präsens) bezeichnet einen Vorgang, der gleichzeitig mit der Satzaussage verläuft (*Zitternd vor Angst blickte sie sich um:* Sie zittert und blickt sich um).

Das **Partizip II** (Partizip Perfekt) bezeichnet einen Vorgang, der vorzeitig zur Satzaussage verläuft (*Kahl geschoren wirkte er richtig unheimlich:* Die Haare wurden bereits in der Vergangenheit geschoren).

Beide Partizipformen können auch adjektivisch gebraucht werden. Dann passen sie sich in Numerus, Kasus und Genus dem Nomen an: *die lernenden Schüler, die heiß ersehnten Ferien.*

2. Bestimme die folgenden Partizipien und forme sie wie im Beispiel um. Erläutere, worin der Vorteil der Partizipien besteht.
Beispiel: *der höhnisch lachende Zauberer* (Partizip I) → *der Zauberer, der höhnisch lacht*
der gefangene Kobold • ein vergoldeter Ring • eine flüsternde Fee • ein gefürchteter Ritter • der gehütete Schatz • einstürzende Wände

3. Gib an, um welche Verbform es sich bei den blau geschriebenen Wörtern in Textausschnitt 2 oben handelt. Begründe, warum *zu* einmal vor dem Verb steht und einmal ins Verb eingefügt ist.

Bei **Verben mit trennbaren Präfixen** wird das *zu* beim Infinitiv zwischen der Vorsilbe und dem Verb eingeschoben. Dabei wird das Verb zusammengeschrieben: *aufzufangen, aufzutun, anzufangen, zuzugeben.*

Bei **Verben mit untrennbaren Präfixen** steht *zu* beim Infinitiv getrennt vor dem Verb: *zu vertun, zu empfangen, zu vergeben.*

4. Formuliere die folgenden Sätze ins Perfekt um. Was passiert mit den hervorgehobenen Verben?
- Paolini **lernte** bei seiner Mutter lesen und schreiben.
- Paolini **blieb** lange in der Kinderecke der Bibliothek sitzen.
- Paolini **ging** gerne stundenlang in den Wäldern Montanas spazieren.
- Paolini **ließ** sich von der mystischen Landschaft seiner Heimat inspirieren.
- Paolinis Eltern **sahen** ihren Sohn nie an seinem Roman schreiben.
- Die Fans **hörten** Paolini gerne vorlesen.

Die Verben *lassen, hören, sehen, bleiben, gehen, fahren, lernen* können als **Verben mit Infinitiv** zusammen mit einem anderen Verb stehen. Sie verhalten sich in diesem Fall wie Modalverben: *Ich lasse mir Tee bringen. Claudia lernt Flöte spielen.* Im Perfekt und Plusquamperfekt stehen die Verben *lassen, hören, sehen* im Infinitiv: *Ich hatte dich rufen hören.* Die Verben *bleiben, gehen, fahren, lernen* bilden das Perfekt und das Plusquamperfekt mit dem Partizip II: *Meine Mutter ist einkaufen gefahren.*

Aktiv und Passiv

1. Unterstreiche im folgenden Textauszug Subjekt und Prädikat. Gib an, welche Verben im Aktiv stehen und welche im Passiv.

2. Markiere im zweiten Absatz die Sätze, die ins Passiv umgewandelt werden können und formuliere sie um.

Der Rest ist Geschichte: Ebenso wie sein Held Eragon – ein armer Bauernjunge, der durch den Fund eines Dracheneis zu Höherem berufen wird und in nur kurzer Zeit zum mutigen Krieger heranreift – wird Paolini quasi über Nacht berühmt. Anfangs stellt er sein Buch nur bei Lesungen in der näheren Umgebung vor. Doch schon bald wird er von einem New Yorker Verlag entdeckt. ₅

Wovon andere Schriftsteller ihr Leben lang träumen, schafft Paolini bereits mit 18 Jahren: Er bekommt einen Verlagsvertrag, einen hoch dotierten noch dazu! Kein Wunder, dass sich die Medien um das literarische Wunderkind nur so reißen. Im Herbst 2003 stürmt „Eragon" die Bestsellerliste der New York ₁₀ Times. Das Buch hält seitdem einen Spitzenplatz.

ERINNERT EUCH!

Der Autor schreibt den Roman. (Handelnder)	Der Roman wird vom Autor geschrieben. (Gegenstand der Handlung)
Das Geschehen wird vom Handelnden aus dargestellt. (Aktiv)	Das Geschehen wird vom Betroffenen aus dargestellt. (Passiv)

Aus dem Akkusativobjekt des Aktivsatzes *den Roman* wird das Subjekt des Passivsatzes *der Roman.*

Die **Passivformen** (Vorgangspassiv) werden mit dem Hilfsverb *werden* und mit dem Partizip II des jeweiligen Vollverbs gebildet *(wird ... entdeckt)*. Das Passiv lässt sich in allen Zeitformen verwenden:

- Präsens: *er wird entdeckt*
- Präteritum: *er wurde entdeckt*
- Perfekt: *er ist entdeckt worden*
- Plusquamperfekt: *er war entdeckt worden*
- Futur I: *er wird entdeckt werden*
- Futur II: *er wird entdeckt worden sein*

3. Unterstreiche im folgenden Text die Sätze, die ins Passiv umgewandelt werden können. Bestimme das Tempus der Verben und notiere die Sätze im Passiv in dein Heft.

Der Ursprung der Fantasy

Schon immer haben die Menschen Sagen und Heldenepen erzählt. Darin griffen Götter mit übernatürlichen Kräften in die Geschicke der Menschen ein. Tapfere Helden bewahrten Jungfrauen vor Drachen und anderen Ungeheuern. Noch heute sind die Götter- und Heldensagen der alten Griechen beliebt.
5 Moderne Fantasy-Autoren greifen sie entweder direkt oder in Teilen in ihren Werken auf. Das Gleiche gilt für andere berühmte Stoffe wie die Nibelungensage oder die Sage von König Artus.
Besonders wichtig für die Entwicklung der Fantasy als Genre[1] war das 19. Jahrhundert. Berühmte Autoren wie der deutsche Romantiker E.T.A. Hoffmann
10 und der amerikanische Schriftsteller Edgar Allan Poe banden fantastische Elemente in ihre Erzählungen und Romane ein. Sie hatten damit großen Erfolg. So entstanden in der folgenden Zeit viele fantastische Erzählungen. Diese Geschichten haben die Fantasy-, Science-Fiction- und auch die Horrorliteratur sehr stark beeinflusst. Besonders viel Erfolg hatten in dieser Zeit Schauer-
15 romane. Damals entstanden zum Beispiel bis heute bekannte Werke wie „Dracula" von Bram Stoker, „Frankenstein" von Mary Shelley oder auch „Der seltsame Fall des Dr. Jeckyll und Mr. Hyde" von Robert Louis Stevenson.

[1] *das Genre:* Begriff aus der Literatur, der Musik, der Kunst oder des Films, mit dem Werke bezeichnet werden, die ein ähnliches Thema oder eine ähnliche Form haben

> Neben dem Vorgangspassiv gibt es das **Zustandspassiv**, das aus dem Hilfsverb *sein* + Partizip II des Verbs gebildet wird: *Das Buch ist gedruckt.*  ERINNERT EUCH!

4. Markiere im folgenden Text alle Passivformen. Gib an, ob es sich um Vorgangs- oder Zustandspassiv handelt.

Avatar – Die Entstehung eines Films

„Avatar – Aufbruch nach Pandora" ist ein Science-Fiction-Film des Regisseurs James Cameron, der weltweit am 17. und 18. Dezember 2009 gestartet wurde. Der Film, dessen Handlung im Jahr 2154 angesiedelt ist, vermischt real gedrehte und computeranimierte Szenen. Große Teile des Films wurden in einem virtu-
5 ellen Studio mit neu entwickelten digitalen 3D-Kameras gedreht.
Im August 1996 kündigte Cameron das erste Mal offiziell an, dass er „Avatar" mit einer Mischung von computeranimierten und echten Darstellern verfilmen werde. Das Projekt werde rund 100 Millionen Dollar kosten. Das endgültige, 152 Seiten umfassende Drehbuch entstand von Januar bis April 2006. Im
10 August 2006 wurde die neuseeländische Special-Effect-Firma Weta Digital engagiert, um „Avatar" mit zu realisieren.

[1] der US-Marine: amerikanischer Soldat

Im Mittelpunkt des Geschehens steht der frühere US-Marine[1] Jake Sully, der seit einem Kampfeinsatz von der Hüfte abwärts gelähmt ist. Er wird nach Pandora, einem fernen, erdähnlichen Mond, geschickt, um seinen verstorbenen Zwillingsbruder bei einer diplomatischen Mission zu ersetzen. Mithilfe künstlich hergestellter Na'vi-Körper, sogenannter Avatare, die dank Gedankenübertragung gesteuert werden können, soll er Kontakt zu den Ureinwohnern herstellen.

Bei einer Expedition in seinem Avatar wird Jake von der Gruppe getrennt und ist im dichten Dschungel Pandoras auf sich allein gestellt. Dort wird er von Raubtieren angegriffen. Gerettet wird er von der Na'vi Neytiri, die ihn zu ihrem Stamm, den Omaticaya, führt. Nach anfänglichen Bedenken beschließen die Anführer des Clans, dass Sully mit der Lebensweise und Kultur der Na'vi vertraut gemacht werden soll, auch um über ihn die Menschen besser kennenzulernen.

James Cameron mit den Schauspielern am Set

Damit die Schauspieler bestmöglich auf ihre Rolle vorbereitet werden konnten, nahm Cameron sie mit nach Hawaii, wo tagsüber Wandertouren durch die örtlichen Wälder unternommen wurden. Die Schauspieler sollten sich wie Eingeborene verhalten, um eine Vorstellung für das Leben in den Wäldern Pandoras zu erhalten. Die Kultur und Sprache der Na'vi wurde eigens für die Produktion vom Sprachwissenschaftler[2] Paul Frommer entwickelt.

[2] der Sprachwissenschaftler: ein Wissenschaftler, der sich mit der menschlichen Sprache befasst und ergründet, wie die menschliche Sprache entstanden ist und wie sie sich verändert

5. Markiere in den folgenden Sätzen die Passivformen. Welche Unterschiede kannst du feststellen?
- Der Name des Mondes Pandora stammt aus dem Griechischen. Er kann mit „die, die alles hervorbringt" übersetzt werden.
- „Avatar" soll ursprünglich im Sommer 2008 in die Kinos gebracht werden.
- Der Kinostart wird dann aber auf Sommer 2009 verschoben.

6. a) Unterstreiche und bestimme die Verbformen in folgenden Sätzen.
- Die Vermarktungsfirma durfte den ersten Teaser-Trailer[3] am 20. August 2009 online stellen.
- Der Server-Betreiber musste die Seite wegen Überlastung zeitweise schließen.
- Am 21. August 2009 konnten Kinos weltweit etwa 16 Minuten aus dem Film präsentieren.
- Die Zuschauer durften sich Szenen aus der ersten Hälfte des Films ansehen.
- Die Website, auf der es die Tickets für die Vorstellungen in den Vereinigten Staaten gab, konnte den Ansturm nicht verkraften.

b) Wandle die Sätze ins Passiv um. Erkläre, wie du dabei vorgehst.

[3] der Teaser-Trailer: ein Werbefilm für einen Film, der bereits zuvor aus dessen Bildmaterial erstellt wird

Wenn ein Aktivsatz mit einem Modalverb in einen Passivsatz umgewandelt wird, wird das Tempus des Modalverbs übernommen. Statt Partizip Perfekt des Vollverbs wird der Infinitiv Passiv (= Partizip Perfekt + *werden*) des Vollverbs benutzt: *Jodie Forster sollte ursprünglich die Rolle von Dr. Grace Augustine spielen.* → *Die Rolle von Dr. Grace Augustine **sollte** ursprünglich von Jodie Forster **gespielt werden**.* Achte auf die Stellung der Prädikatteile im Nebensatz: *Die Presse kritisierte, dass der Filmstart **hatte verschoben werden müssen**.*

7. Suche im Text „Avatar – Die Entstehung eines Filmes" (S. 31) nach Beispielen für das Passiv mit Modalverben.

8. Formuliere Hinweise für die Autoren von Fantasy-Geschichten. Verwende dabei Modalverben und Passivformen.

- Im Kampf / Schwerter, Äxte oder andere Waffen und Magie einsetzen / können (Präsens)
  Im Kampf können ...
- Probleme / auch mit List, Schlagfertigkeit oder Herzensgüte lösen / dürfen (Präteritum)
- Aufgaben / übernehmen, auch wenn sie gefährlich erscheinen / müssen (Präsens)
- Der Held / mit magischen Gegenständen ausstatten /dürfen (Perfekt)
- Helden / durch ein außergewöhnliches Schicksal, ein Orakel oder eine Personengruppe auserwählen / können (Präsens)
- Die fantastische Welt / vor der Bedrohung des Bösen retten / müssen (Plusquamperfekt)
- Das erfundene Reich / von vielen verschiedenen Gruppen besiedeln / sollen (Präteritum)
- Der Übergang in die magische Welt / anstandslos bewältigen / können (Perfekt)
- Die magische Welt / vom Leser mit dem Helden am Anfang des Buches betreten / sollen (Präsens)
- Zahlreiche Abenteuer / erfolgreich bestehen / müssen (Präteritum)
- Die Fantasy-Welt / von erfundenen Wesen wie Hexen, Zauberern, Vampiren, Dementoren / bevölkern / können (Präsens)

Szenenausschnitt: Avatar – Aufbruch nach Pandora (2009)

Land in Sicht!

Bertolt Brecht[1]

Herr Keuner ging durch ein Tal, als er plötzlich bemerkte, daß
seine Füße in Wasser gingen. Da erkannte er, daß sein Tal in
Wirklichkeit ein Meeresarm war und daß die Zeit der Flut
herannahte. Er blieb sofort stehen, um sich nach einem Kahn
5 umzusehen, und solange er auf einen Kahn hoffte, blieb er stehen. Als aber kein Kahn in Sicht kam, gab er diese Hoffnung
auf und hoffte, daß das Wasser nicht mehr steigen möchte. Erst
als ihm das Wasser bis ans Kinn ging, gab er auch diese Hoffnung auf und schwamm. Er hatte erkannt, daß er selber ein
10 Kahn war.

[1] Texte von Bertolt Brecht dürfen aus urheberrechtlichen Gründen nur in alter Rechtschreibung abgedruckt werden.

Aufgaben: Seite 44

Kirsten Boie

Schließlich ist letztes Mal auch nichts passiert

Zum Beispiel könnte er das Fahrrad nehmen. Man kann auch im Regen Rad fahren, zwölf Kilometer sind schließlich nicht die Welt. Oder wenn er das Geld für ein Taxi hätte. „Manu?", ruft Hilde aus dem Wohnzimmer. „Musst du 5 nicht los?" Und außerdem ist es unwahrscheinlich, dass etwas passiert. Beim letzten Mal ist ja auch nichts passiert. Und all die tausend Male davor. Beim letzten Mal nur beinahe. Oder eigentlich nur: vielleicht beinahe. „Manu?", ruft Hilde. „Gleich ist es vier!" Auf der Hinfahrt hat er sowieso keine Angst. Solange es hell ist. 10 Obwohl das natürlich überhaupt nichts damit zu tun hat, aber trotzdem. Auf der Hinfahrt hat er keine Angst. Eher dann schon auf der Rückfahrt. Das weiß man doch, wie die Leute sind. Bis da einer aufsteht. Bis da einer was sagt. Bis da einer, das schon überhaupt nicht, dazwischen geht. „Manu?", ruft Hilde. „Um zwölf nach geht die Bahn!" Aber es muss ja auch keiner gleich zuschla- 15 gen. Natürlich, reden, das tun sie. Aber das haben sie schließlich schon immer getan. „Manu?", sagt Hilde. Sie steht in der Zimmertür, die Lesebrille verrutscht. „Ich dachte, es ist so wichtig heute? Ich dachte, weil es das letzte Training ist…" „Wir hatten Mathe auf", sagt Manu. Er schlägt den Ordner zu und steckt ihn in den Rucksack. Langsam. „Wenn du dich beeilst, kriegst du die U- 20 Bahn noch", sagt Hilde. Sie sieht ihn misstrauisch an. „Oder ist irgendwas los?" Manu schiebt den Stuhl unter den Schreibtisch. „Nee, nee, alles okay", sagt er. Wenn Hilde sich nicht immer so einmischen würde. Fragen und kontrollieren und aufpassen, dass er nicht zu spät kommt. „Ja, dann beeil dich aber auch mal!", sagt Hilde, und allmählich klingt ihre Stimme ungeduldig. „Manchmal 25 versteh' ich dich wirklich nicht!" Musst du ja auch gar nicht, denkt Manu. Verlangt kein Mensch von dir. Könntest du auch gar nicht. Meine Güte, was weißt denn du! „Ich nehm' sowieso das Rad", sagt Manu und schnürt sich die Stiefel zu. „Nur keine Hektik." Hilde zuckt die Achseln und geht zurück ins Wohnzim- 30 mer. „Viel Spaß jedenfalls", sagt sie und guckt noch einmal über die Schulter zurück. „Aber irgendwas ist los, ich bin doch nicht blöd." Nee, bist du vielleicht nicht, denkt Manu. Blöd seid ihr ja alle 35 nicht. Aber Ahnung habt ihr trotzdem keine.

Der Regen schlägt vor der Haustür auf die Steine. Wenn er läuft, kriegt er die U-Bahn noch leicht. Er müsste ja verrückt 40 sein, jetzt mit dem Rad zu fahren. Bei diesem Wetter ausgerechnet. Manu zieht

Schlage nach:
- die Springerstiefel
- die Dachpappe
- der Kaffer
- der Zulu
- der Kanake

den Kopf zwischen die Schultern und läuft. Er ist gut im Training. Die Strecke schafft er in drei Minuten. Höchstens. Und schließlich, denkt Manu, was ist

45 schon gewesen. Ihre Bierdosen haben sie aufgerissen, ihre Mäuler auch. Noch nicht mal Glatzen haben sie gehabt, noch nicht mal Springerstiefel, irgendwie völlig normal. Müsste einem fast peinlich sein, dass man sich da gleich so aufregt. Schließlich haben sie früher auch schon geredet. Solange er denken kann schon. Aber früher haben sie eben noch keine Menschen angezündet, das

50 macht einen Unterschied. Jetzt kann man ihnen glauben, was sie sagen.

„Ey, guck mal, die Dachpappe", hat einer gesagt. Offene Jacke, Pickel rechts am Kinn. Da saßen sie schon lange mit ihm im Abteil, zu dritt, hatten längst ihre Bierdosen geöffnet. Hatten gerülpst und die Beine von sich gespreizt, hatten sich über die missbilligenden Blicke der Alten gefreut und über die Jungen, die

55 taten, als sähen sie nichts. Angestrengt. Und plötzlich war Rülpsen nicht mehr genug. „Ey, guck mal, die Dachpappe! Darf der seinen schwarzen Arsch auf deutsche Bänke setzen?" „Genau!", sagte der Nächste; klein, ein bisschen dick, ein deutscher Mann. Sah in die Richtung, in der Manu saß und tat, als läse er Stephen King. „Und später setzen sich da wieder deutsche Frauen hin, was? Wo

60 der mit seinem Kaffernarsch …" Zwei Männer mit Aktenkoffern und Gesichtern von Taubblinden drängten sich an den dreien vorbei und stiegen aus der Bahn. Noch zwei Haltestellen bis zu Hause. „He, Dachpappe! Arsch hoch, aber bisschen rucki, zucki!" Manu sah erstaunt, wie weiß seine Fingerknöchel waren, so fest hielt er jetzt das Buch. Bisher war noch alles ganz harmlos. Bei

65 Stephen King kam das Grauen immer erst langsam. „Du nix deutsch, oder was? Du nur Uga-Uga, bum-bu?"

Wenn sie lachten, war es erst mal gut. Wenn sie sich auf die Schenkel schlugen, war es gut, so lange waren sie zufrieden. So lange mussten sie nicht zu ihm kommen und tun, was sie nun tun wollten und wovon sie vielleicht noch nicht

70 einmal wussten, was es sein würde. Das würde sich dann schon ergeben.

„Nächste Haltestelle …", sagte der Lautsprecher. Wenn er hier ausstieg, war er in Sicherheit. Er konnte die nächste Bahn abwarten und das letzte Stück zwanzig Minuten später fahren. Aber wenn er hier ausstieg, war er vielleicht mit den dreien auf dem dunklen Bahnsteig allein. Eine alte Frau ging langsam zur Tür.

75 Stieg über die weit in den Gang gestreckten Beine, sah niemanden an, hielt krampfhaft ihre Tasche. In der offenen Tür drehte sie sich noch einmal um. „Schämen solltet ihr euch, schämen!", rief sie. Ihre Stimme war klein und dünn, und die drei schlugen sich auf die Schenkel. „Tun wir ja, Oma, tun wir ja!", schrie der mit der offenen Jacke. Um sie herum starrten die Leute aus dem

80 Fenster. Manche hatten das Glück, in ihre Zeitung sehen zu können. „Ich hab' gehört, Dachpappe brennt gut", sagte der mit der Jacke und rülpste wieder. „Was? Brennt tierisch gut, der Scheiß!" Manu stand langsam auf. Der Lautsprecher sagte die Station an, gleich war er angekommen. „Guck mal, kann doch deutsch, der Kaffer", sagte der Kleine. „Und jetzt putz die Bank mal schön sau-

ber, Zuluhäuptling! Bevor sich da der nächste Weiße hinsetzt!" Drei Meter nur 85
bis zur Tür, er war gut im Training. „Hast du nicht gehört, Kanake?", brüllte der
Kleine. „Abputzen sollst du!" Da war der Bahnsteig, und die Tür war offen, und
Manu rannte, rannte am Kiosk vorbei und die Treppe nach oben, horchte nicht,
ob Schritte hinter ihm waren. Erst zu Hause merkte er, dass er das Buch in der
Bahn gelassen hatte. Es war aus der Bücherei gewesen. Bestimmt musste er es 90
bezahlen.

Arschlöcher, denkt Manu. Die Bahn fährt noch nicht einmal ein, als er auf den
Bahnsteig kommt. Er hat doch gewusst, dass er es schaffen kann. – Bestimmt
hatten die nur geredet. Die hätten mir nie was getan. Aber ich bin ja immer
gleich in Panik. Er geht ein paar Schritte zu einer Frau, die einen kleinen Jun- 95
gen an der Hand hält. Und wenn sie was versucht hätten, wäre auch bestimmt
jemand gekommen, bestimmt. Man darf nicht danach gehen, wie die Leute sich
verhalten, solange nichts passiert. Es ist doch schließlich nichts passiert. Vielleicht haben sie alle nur gewartet. Vielleicht haben sie dagesessen mit ihren starren Gesichtern, die Fäuste in den Taschen. Vielleicht wären sie aufgesprungen, 100
alle zusammen. Es ist nicht nötig, Angst zu haben.

Die Bahn fährt ein. Die Türen öffnen sich. Wenn er ganz nahe bei der Frau
bleibt, was soll schon passieren. Schließlich ist letztes Mal auch nichts passiert.

2 Zivilcourage

Aufgaben: Seite 44

Bei Zivilcourage denken sicher die meisten an bedrohliche Situationen wie Schlägereien,
Belästigungen usw. Das liegt daran, dass solche Fälle besonders spektakulär und oft genug
auch besonders entsetzlich sind. Aber Zivilcourage fängt schon viel früher und im Kleinen an. Beispiele für weniger ernste Situationen, in denen etwas ungerecht ist oder falsch
läuft, gibt es unzählige. In den meisten dieser Fälle kannst du helfen. 5

Denn Zivilcourage bedeutet nicht, den Helden zu spielen, sondern erst einmal auf die
innere Stimme zu hören, die einem sagt: Was da passiert, ist nicht in Ordnung und ich sollte
etwas tun. Wie du reagierst, hängt von der jeweiligen
Situation ab.

Abgesehen davon, dass es völlig richtig ist, sich gegen 10
„kleine" Ungerechtigkeiten zu wehren, gibt es dabei
noch einen anderen Vorteil. Wenn du das einmal getan
hast, kannst du das ruhig als Erfolg sehen. Es geht
auch darum, anderen Solidarität zu signalisieren, und
um das Gefühl, sich nicht alles gefallen zu lassen. 15

William M. Harg

Der Retter

Aufgaben: Seite 44

Der Schoner[1] „Christoph" ging so sanft unter, dass Senter, der einzige Mann am Ausguck, nichts empfand als Staunen über das Meer, das zu ihm emporstieg. Im nächsten Augenblick war er klatschnass, das Wasser schlug über
5 ihm zusammen, und die Takelage[2], an die er sich klammerte, zog ihn in die Tiefe. Also ließ er los.

Senter schwamm benommen und verwirrt, wie ein Mensch, dessen Welt plötzlich versunken ist. Mit einem Mal hob sich, wie aus der Kanone geschossen, eine Planke mit einem Ende aus dem Wasser und fiel mit Dröhnen zurück. Er
10 schwamm darauf zu und ergriff sie. Er sah, dass noch etwas auftauchte, und das musste einer seiner acht Kameraden sein. Als aber der Kopf sichtbar wurde, war es nur der Hund. Senter mochte den Hund nicht, und da er erst so kurze Zeit zur Besatzung gehörte, erwiderte das Tier seine Abneigung. Aber jetzt hatte es die Planke erblickt. Es mühte sich ab, sie zu erreichen, und legte die Vorderpfo-
15 ten darauf. Dadurch sank das eine Ende tiefer ins Wasser. Senter überkam eine furchtbare Angst, sie könnte untergehen. Er zog verzweifelt an seinem Ende: Die Pfoten des Hundes rutschten ab, und er versank. Aber der Hund kam wieder hoch, und wieder schwamm er schweigend, ohne Hass oder Nachträglichkeit, zur Planke zurück und legte seine Pfoten darauf. Wieder zog Senter an sei-
20 nem Ende, und wieder versank der Hund. Das wiederholte sich ein dutzend Mal, bis Senter, vom Ziehen ermüdet, mit Entsetzen und Verzweiflung erkannte, dass der Hund es länger aushalten konnte als er. Senter wollte nicht mehr an das Tier denken. Er stützte die Ellenbogen auf die Planke und hob sich, soweit es ging, aus dem Wasser empor, um sich umzusehen. Der Schrecken
25 seiner Lage überwältigte ihn. Er war Hunderte von Meilen vom Land entfernt. Selbst unter den günstigsten Umständen konnte er kaum hoffen, aufgefischt zu werden. Mit Verzweiflung sah er, was ihm bevorstand. Er würde sich einige Stunden lang an der Planke festhalten können – nur wenige Stunden. Dann würde sich sein Griff vor Erschöpfung lösen, und er würde versinken. Dann fiel
30 sein Blick auf die geduldigen Augen des Hundes. Wut erfüllte ihn, weil der Hund offenbar nicht begriff, dass sie beide sterben mussten. Seine Pfoten lagen am Rande der Planke. Dazwischen hatte er die Schnauze gestützt, so dass die Nase aus dem Wasser ragte und er atmen konnte. Sein Körper war nicht angespannt, sondern trieb ohne Anstrengung auf dem Wasser. Er war nicht aufgeregt
35 wie Senter. Er spähte nicht nach einem Schiff, dachte nicht daran, dass sie kein Wasser hatten, machte sich nicht klar, dass sie bald in ein nasses Grab versinken mussten. Er tat ganz einfach, was im Augenblick getan werden musste.

In der halben Stunde, seit sie sich beide an der Planke festhielten, war Senter bereits ein dutzend Mal gestorben. Aber der Hund würde nur einmal sterben.
40 Plötzlich war es Senter klar, wenn er selbst zum letzten Mal ins Wasser rutschte, würde der Hund noch immer oben liegen. Er wurde böse, als er das begriff, und er zog sich die Hosen aus und band sie zu einer Schlinge um die Planke.

[1] *der Schoner:* ein Segelschiff mit mehreren Masten

[2] *die Takelage:* die gesamte Segeleinrichtung eines Schiffes einschließlich der Masten

Dann streckte er den Arm durch und legte den Kopf auf die Planke, genau wie der Hund. Und er triumphierte, denn er wusste: So konnte er es länger aushalten. Dann aber warf er einen Blick auf die See, und Entsetzen erfasste ihn aufs Neue. Schnell sah er den Hund an und versuchte, so wenig an die Zukunft zu denken wie das Tier.

Am Nachmittag des zweiten Tages fingen die Pfoten des Hundes an, von der Planke abzurutschen. Mehrere Male schwamm er mit Anstrengung zurück, aber jedes Mal war er schwächer. Und jetzt wusste Senter, dass der Hund ertrinken musste, obwohl er selbst es noch nicht ahnte. Aber er wusste, dass er ihn nicht entbehren konnte. – Ohne diese Augen, in die er blicken konnte, würde er an die Zukunft denken und den Verstand verlieren. Er zog sich das Hemd aus, schob sich vorsichtig auf der Planke vorwärts und band die Pfoten des Tieres fest.

Am vierten Abend kam ein Frachter vorüber. Seine Lichter waren abgeblendet. Senter schrie mit heiserer, sich überschlagender Stimme, so laut er konnte. Der Hund bellte schwach. Aber auf dem Dampfer bemerkte man sie nicht. Als er vorüber war, ließ Senter in seiner Verzweiflung und Enttäuschung nicht ab zu rufen. Danach wusste er nicht mehr, was geschah, ob er lebendig war oder tot. Aber immer suchten seine Augen die Augen des Hundes … .

Der Arzt des Zerstörers³ „Vermont", der zur Freude und Aufregung der Mannschaft einen jungen Kameraden und einen Hund auf der See entdeckt und auffischen hatte lassen, schenkte den abgerissenen Fieberphantasien des jungen Menschen keinen Glauben. Denn danach hätten die beiden sechs Tage lang auf dem Wasser getrieben, und das war offensichtlich unmöglich. Er stand an der Koje und betrachtete den jungen Seemann, der den zitternden Hund in den Armen hielt, so dass eine Decke sie beide wärmte. Man hatte ihn erst beruhigen können, als der Hund gerettet war. Jetzt schliefen beide friedlich. „Können Sie das verstehen", fragte der Arzt einen neben ihm stehenden Offizier, „warum in aller Welt ein junger Bursche, der den gewissen Tod vor Augen sah, sich solche Mühe gab, das Leben eines Hundes zu retten?"

³ *der Zerstörer:* ein
leichtes, schnelles
Kriegsschiff

Aufgaben: Seite 44

Günther Weisenborn
Zwei Männer

Als der Wolkenbruch, den sich der argentinische Himmel damals im Februar leistete, ein Ende gefunden hatte, stand das ganze Land unter Wasser. Und unter Wasser standen die Hoffnungen des Pflanzers

5 von Santa Sabina. Wo ein saftgrünes Vermögen in Gestalt von endlosen Teefeldern mit mannshohen Yerbabüschen[1] gestanden hatte, dehnte sich morgens ein endloses Meer. Der Farmer war vernichtet, das wusste er. Er saß auf einer Maiskiste neben seinem Haus und zählte die fetten Blasen, die an seine Schuhe trieben und dort zerplatzten. Das Maisfeld glich einem See. Der Rancho[2] des

10 Peóns[3] war darin verschwunden. Sein Schilfdach trieb im Strom davon, eine nickende Straußenleiche vor sich herschiebend. Der Peón hatte sich zu seinem Herrn geflüchtet und saß neben ihm. Er war ein Indio, der mit breitem, eisernem Gesicht ins Leere starrte. Seine Frau war ertrunken, als sie sich losließ, um ihre Hände zur Madonna zu erheben. Der Peón hatte drei Blasen gezählt. Ihre

15 Hand hatte die letzte Blase zerschlagen.

Der Farmer hatte seine Frau in der Stadt. Sie würde vergeblich auf seinen Schritt vor der Tür warten. Denn der Farmer gab sich noch eine Nacht. Es ist unter Männern Brauch, dass man sich in gewissen Lagen die letzte Zigarette teilt. Der Farmer, im Begriff nach Mannesart zu handeln, wurde von seinem

20 Peón unterbrochen. „Herr!", rief der Indio, „der Párana! Der Strom kommt …!" Er hatte Recht. Man hörte in der Ferne ein furchtbares Donnern. Der Párana, angeschwollen von Wasser und Wind, brach in die Teeprovinzen ein. Párana, das heißt der größte Strom Argentiniens. Dieses Donnern war das Todesurteil für die Männer von Santa Sabina. Sie verstanden sich auf diese Sprache, die Män-

25 ner. Sie hatten tausendmal dem Tod ins Auge gesehen. Sie hatten das Weiße im Auge des Pumas gesehen und der Korallenschlange ins kaltstrahlende Gesicht. Sie hatten dem Jaguar gegenübergestanden und der großen Kobra, die sich blähte. Sie hatten alle diese Begegnungen für sich entschieden, denn ihr Auge war kalt und gelassen ihre Hand.

30 Jetzt aber halfen keine Patronen und kein scharfes Auge. Dieser Feind hier, das Wasser, war bösartig wie hundert Schlangen, die heranzischten, und todesdurstig wie der größte Puma auf dem Ast. Man konnte das Wasser schlagen, es wuchs. Man konnte hineinschießen, es griff an. Es biss nicht, es stach nicht, das Wasser, es suchte sich nur mit kalten Fingern eine Stelle am Mann, seinen

35 Mund, um ihn auszufüllen, bis Blasen in die Lunge quollen. Das Wasser war gelb und lautlos. Und man sah vor Regen den Himmel nicht. Auf einer kleinen Insel, halb unsichtbar in der triefenden Finsternis, saß der Farmer mit seinem Peón vor seinem Haus. Dann kam der große Párana. Er kam nicht mit Pauken und Posaunen. Nein, man merkte ihn gar nicht. Aber plötzlich stand der Schuh

40 des Farmers im Wasser. Er zog ihn zurück. Aber nach einer Weile stand der Schuh wieder im Wasser, weiß der Teufel … Und wenn man die Maiskiste

[1] *der Yerbabusch:* eine Teepflanze

[2] *der Rancho:* ein kleiner Wohnplatz, eine Hütte

[3] *der Peón:* ein südamerikanische Tagelöhner, ein Viehhüter

zurücksetzte, so musste man sie bald noch ein wenig zurücksetzen, denn kein Mann sitzt gern im Wasser. Das war alles, aber das war der Párana.

Gegen Abend fiel das Hühnerhaus um. Man hörte das halb erstickte Kreischen der Vögel, dann wieder war es still. Später zischte es plötzlich im Wohnhaus auf, 45 denn das Wasser war in den Herd gedrungen. Als es dunkel wurde, standen der Farmer und sein Peón bereits bis zum Bauch im Wasser. Sie kletterten auf das Schilfdach. Dort auf dem Gipfel saßen sie schweigend, dunkle Schatten in der dunkelsten aller Nächte, indes Töpfe und Kästen aus den Häusern hinausschwammen. Ein Stuhl stieß unten das Glasfenster in Scherben. Das Wasser 50 rauschte. Die Blasen platzten. Ein totes Huhn schwamm im Kreise vor der Haustür. Als das Wasser das Dach erreicht hatte, stieß es die Hausmauern nachlässig um. Das Dach stürzte von den gebrochenen Pfosten, schaukelte und krachte, dann drehte es sich um sich selbst und trieb in die rauschende Finsternis hinaus. Das Dach ging einen langen Weg. Es fuhr kreisend zu Tal. Es trieb 55 am Rande der großen Urwälder vorbei. Es segelte durch eine Herde von Rindern, die mit himmelwärts gestreckten Beinen totenstill auf dem wirbelnden Wasser trieben. Glotzäugige Fische schossen vor dem Schatten des Daches davon. Schwarze Aasgeier trieben, traubenweise an ein Pferd gekrallt, den Strom hinab. Sie blickten mordlustigen Auges herüber ... Blüten, Möbel und Leichen 60 vereinigten sich zu einem Zug des Todes, der talwärts fuhr, einem undurchsichtigen Ende entgegen.

Gegen Morgen richtete sich der Farmer auf und befahl seinem Peón nicht einzuschlafen. Der Indio verwunderte sich über die harte Stimme seines Herrn. Er wäre bedenkenlos dem Farmer um die Erde gefolgt. Er war Indio und wusste, 65 was ein Mann ist. Aber er wusste auch, dass ein Mann ein schweres Gewicht hat. Wenn nur ein Mann auf dem Dach sitzt, so hält es 70 natürlich länger, nicht wahr, als wenn es unter dem Gewicht zweier Männer auseinanderbricht und versinkt. Und dann gute Nacht 75 …

Er glaubte nicht, dass der Farmer gutwillig das Dach verlassen würde, aber man konnte ihn hinunterkippen, 80 denn es ging hier um Leben und Tod. Das dachte der Indio und rückte näher.

Sein Gesicht war steinern, es troff[4] von Regen. Das Dach würde auf keinen Fall mehr bis zum Morgen schwimmen. Jetzt schon brachen einzelne Bündel ab und schwammen nebenher. Die Männer mitten auf dem furchtbaren Strom wussten nicht, wo sie waren. Dichter Nebel fuhr mit ihnen. Ringsum das Wasser schien stillzustehen. Fuhren sie im Kreis? Sie wussten es nicht. Sie sahen sich an. Da folgte der Farmer dem Brauch aller Männer, zog seine letzte Zigarette, brach sie in zwei Teile und bot dem Indio eines an. Sie rissen das Papier ab und kauten den Tabak, da sie kein Feuer hatten.

Er ist ein guter Kamerad, dachte der Peón. Es hat keinen Zweck. Es soll alles seinen Weg gehen. Als er den würzigen Geschmack des Tabaks fühlte, wurde aus der Feindschaft langsam ein Gefühl der Treue. Was willst du? Der Peón hatte seine Frau verloren und sein Kind. Sie hatte die letzte Blase ihres Atems mit ihrer Hand zerschlagen. Er hatte nichts mehr, was ihn zu leben verlockte. Das Schilfdach sank immer tiefer. Wenn er selbst ins Wasser sprang, hielt das Dach vielleicht noch und trug seinen Herrn bis zum Morgen.

Der Dienst ist aus, adios Señor! Der Peón kletterte über den Giebel[5] bis an den Rand des Daches, als er plötzlich im dunklen Wasser Kaimane rauschen sah, Jaquares[6], die ihn aufmerksam anstarrten. Zum ersten Mal verzog der Indio sein Gesicht, dann hielt er den Atem an und sprang. Aber er wurde im selben Moment von seinem Herrn gehalten, der ihn wieder aus dem Wasser zog und seinen Peón zornglühend anschrie. Kreideweiß, mit rotgeränderten Augen und triefenden Haaren beugte sich der Farmer über ihn, nannte ihn den Vater allen Unsinns und rüttelte ihn. Dann befahl er ihm, seinen Platz einzunehmen und den Mut nicht zu verlieren, verdammt noch mal …!

Gegen Morgen trieben sie an Land, sprangen über Baumäste und wateten stundenlang, bis sie ins Trockene kamen. Sie klopften den Boden mit Stöcken nach Schlangen ab, und ehe sie sich zum Schlafen ins Maisfeld legten, sagte der Farmer: „Morgen gehen wir zurück und fangen wieder an."

„Bueno", sagte der Indio. Der Regen hörte auf.

[4] *es troff:* Präteritum des Verbs *triefen* (= in zahlreichen, großen Tropfen fließen)

[5] *der Giebel:* der dreieckige obere Teil einer Hausseite unter dem Dach

[6] *der Kaiman, der Jaquar:* verschiedene Arten von Alligatoren

Bertolt Brecht, **Herr Keuner ging durch ein Tal ...** *(Seite 35)*

„Er hatte erkannt, daß er selber ein Kahn war." (Z. 9 f.) – Erweitere den Text, indem du Herrn Keuners Gedanken einfügst, die ihn zu dieser Erkenntnis bringen.

 Kirsten Boie, **Schließlich ist letztes Mal auch nichts passiert** *(Seite 36)*

1. Beschreibe das Auftreten der Männer in der Bahn und erkläre, warum sie sich Manu gegenüber so verhalten.
2. Arbeite am Text heraus, wie sich die anderen Leute in der Bahn verhalten.
3. Untersuche, wie Manu in dieser Situation reagiert.
4. „Schließlich ist letztes Mal auch nichts passiert ..." (Z. 103): Erarbeite, wie sich dieses Erlebnis auf Manus gegenwärtiges Denken und Handeln auswirkt.
5. „Es ist nicht nötig, Angst zu haben." (Z. 101): Diskutiert diese Aussage ausgehend vom Text und berücksichtigt dabei auch eigene Erfahrungen.

 Zivilcourage *(Seite 38)*

1. Erläutere mit eigenen Worten, was unter „Zivilcourage" zu verstehen ist.
2. Sammelt Beispiele aus eurem Alltag, in denen es wichtig ist, Zivilcourage zu zeigen. Überlegt, wie ihr am besten reagieren könnt.

 William M. Harg, **Der Retter** *(Seite 39)*

1. Erstelle ein Flussdiagramm, in dem du Senters Verhalten, seine Gedanken und Gefühle vom Untergang des Schiffes bis zur Rettung notierst.
2. Halte ebenfalls das Verhalten des Hundes im Flussdiagramm fest und beschreibe, inwiefern Senter und der Hund in dieser Notsituation unterschiedlich reagieren.
3. Erläutere den Titel und überlege dabei, wer wen rettet.
4. Schreibe einen Zeitungsbericht (☞ S. 100), der über die ungewöhnliche Rettung Senters informiert.

 Günter Weisenborn, **Zwei Männer** *(41)*

1. Beschreibe ausgehend vom Text, wie die Überschwemmung dargestellt wird.
2. Untersuche die Überlegungen des Peón und kläre, inwiefern sich seine Haltung im Laufe der Geschichte ändert.
3. Erkläre, welche Bedeutung das Teilen der Zigarette in dieser Situation gewinnt.
4. „Der Regen hörte auf." (Z. 120) Überlege, wie der Schluss im Zusammenhang mit dem Handeln des Farmers zu verstehen ist.

Literarische Texte erschließen

In Band 7 hast du verschiedene Strategien kennengelernt, mit deren Hilfe du eine Erzählung erschließen kannst:

Strategien zum besseren Textverständnis
- ➜ Ausgehend vom Titel Vermutungen zum Inhalt des Textes anstellen
- ➜ Beim Lesen Vermutungen über den weiteren Handlungsverlauf anstellen
- ➜ Unbekannte Wörter aus dem Textzusammenhang erschließen oder im Wörterbuch nachschlagen
- ➜ Fragen an den Text stellen und das Gelesene zusammenfassen
- ➜ W-Fragen (*Wer? Wann? Wo? Was? Wie? Warum? Mit welchen Folgen?*) an den Text stellen und beantworten
- ➜ Informationen zu Personen, Orten usw. sammeln und wichtige Aussagen im Text unterstreichen
- ➜ Den Text als Ganzes betrachten und das Thema bestimmen (*Worum geht es in der Geschichte?*)
- ➜ Anfang und Schluss der Geschichte vergleichen
- ➜ Den Aufbau der Geschichte untersuchen; dazu den Text in Sinnabschnitte einteilen und den Inhalt dieser Abschnitte kurz zusammenfassen
- ➜ Das Verhältnis der Figuren zueinander untersuchen und ihre Entwicklung darstellen
- ➜ Den Titel und die Handlung aufeinander beziehen
- ➜ Schlussfolgerungen in Bezug auf die Aussageabsicht des Textes ziehen

1. Wende die Strategien bei der Erschließung des folgenden Textes an.

Wolfgang Borchert
Nachts schlafen die Ratten doch

Das hohle Fenster in der vereinsamten Mauer gähnte blaurot voll früher Abendsonne. Staubgewölke flimmerte zwischen den steilgereckten Schornsteinresten. Die Schuttwüste döste.

Er hatte die Augen zu. Mit einmal wurde es noch dunkler. Er merkte, dass
5 jemand gekommen war und nun vor ihm stand, dunkel, leise. Jetzt haben sie mich!, dachte er. Aber als er ein bisschen blinzelte, sah er nur zwei etwas ärmlich behoste Beine. Die standen ziemlich krumm vor ihm, dass er zwischen ihnen hindurchsehen konnte. Er riskierte ein kleines Geblinzel an den Hosenbeinen hoch und erkannte einen älteren Mann. Der hatte ein Messer und einen
10 Korb in der Hand. Und etwas Erde an den Fingerspitzen.

Du schläfst hier wohl, was?, fragte der Mann und sah von oben auf das Haargestrüpp herunter. Jürgen blinzelte zwischen den Beinen des Mannes hindurch in
die Sonne und sagte: Nein, ich schlafe nicht. Ich muss hier aufpassen. Der Mann
nickte: So, dafür hast du wohl den großen Stock da?

Ja, antwortete Jürgen mutig und hielt den Stock fest.   15

Worauf passt du denn auf?

Das kann ich nicht sagen. Er hielt die Hände fest um den Stock.

Wohl auf Geld, was? Der Mann setzte den Korb ab und wischte das Messer an
seinem Hosenboden hin und her. Nein, auf Geld überhaupt nicht, sagte Jürgen
verächtlich. Auf ganz etwas anderes.   20

Na, was denn?

Ich kann es nicht sagen. Was anderes eben.

Na, denn nicht. Dann sage ich dir natürlich auch nicht, was ich hier im Korb
habe. Der Mann stieß mit dem Fuß an den Korb und klappte das Messer zu.

Pah, kann mir denken, was in dem Korb ist, meinte Jürgen geringschätzig,   25
Kaninchenfutter.

Donnerwetter, ja!, sagte der Mann verwundert, bist ja ein fixer Kerl. Wie alt bist
du denn?

Neun. Oha, denk mal an, neun also. Dann weißt du ja auch, wie viel drei mal
neun sind, wie?   30

Klar, sagte Jürgen, und um Zeit zu gewinnen, sagte er noch: Das ist ja ganz
leicht. Und er sah durch die Beine des Mannes hindurch. Dreimal neun, nicht?,
fragte er noch mal, siebenundzwanzig. Das wusste ich gleich.

Stimmt, sagte der Mann, und genau so viel Kaninchen habe ich. Jürgen machte
einen runden Mund: Siebenundzwanzig?   35

Du kannst sie sehen. Viele sind noch ganz jung. Willst du?

Ich kann doch nicht. Ich muss doch aufpassen, sagte Jürgen unsicher.
Immerzu?, fragte der Mann, nachts auch?

Nachts auch. Immerzu. Immer. Jürgen sah an den krummen Beinen hoch. Seit
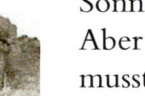
Sonnabend schon, flüsterte er.   40

Aber gehst du denn gar nicht nach Hause? Du
musst doch essen. Jürgen hob einen Stein hoch.
Da lag ein halbes Brot. Und eine Blechschachtel.
Du rauchst?, fragte der Mann, hast du denn eine
Pfeife?   45

Jürgen fasste seinen Stock fest an und sagte zag-
haft: Ich drehe. Pfeife mag ich nicht.

Schade, der Mann bückte sich zu seinem Korb,
die Kaninchen hättest du ruhig mal ansehen
können. Vor allem die Jungen. Vielleicht hättest 50
du dir eines ausgesucht. Aber du kannst hier ja
nicht weg.

Nein, sagte Jürgen traurig, nein nein. Der Mann nahm den Korb hoch und richtete sich auf. Na ja, wenn du hierbleiben musst – schade. Und er drehte sich
55 um. Wenn du mich nicht verrätst, sagte Jürgen da schnell, es ist wegen der Ratten. Die krummen Beine kamen einen Schritt zurück: Wegen der Ratten?
Ja, die essen doch von den Toten. Von Menschen. Da leben sie doch von.
Wer sagt das?
Unser Lehrer.
60 Und du passt nun auf die Ratten auf?, fragte der Mann.
Auf die doch nicht! Und dann sagte er ganz leise: Mein Bruder, der liegt nämlich da unten. Da. Jürgen zeigte mit dem Stock auf die zusammengesackten Mauern. Unser Haus kriegte eine Bombe. Mit einmal war das Licht weg im Keller. Und er auch. Wir haben noch gerufen. Er war viel kleiner als ich. Erst
65 vier. Er muss hier ja noch sein. Er ist doch viel kleiner als ich.
Der Mann sah von oben auf das Haargestrüpp. Aber dann sagte er plötzlich: Ja, hat euer Lehrer euch denn nicht gesagt, dass die Ratten nachts schlafen?
Nein, flüsterte Jürgen und sah mit einmal ganz müde aus, das hat er nicht gesagt.
70 Na, sagte der Mann, das ist aber ein Lehrer, wenn er das nicht mal weiß. Nachts schlafen die Ratten doch. Nachts kannst du ruhig nach Hause gehen. Nachts schlafen sie immer. Wenn es dunkel wird, schon.
Jürgen machte mit seinem Stock kleine Kuhlen in den Schutt. Lauter kleine Betten sind das, dachte er, alles kleine Betten. Da sagte der Mann (und seine
75 krummen Beine waren ganz unruhig dabei): Weißt du was? Jetzt füttere ich schnell meine Kaninchen, und wenn es dunkel wird, hole ich dich ab. Vielleicht kann ich eins mitbringen. Ein kleines oder, was meinst du?
Jürgen machte kleine Kuhlen in den Schutt. Lauter kleine Kaninchen. Weiße, graue, weißgraue. Ich weiß nicht, sagte er leise und sah auf die krummen Beine,
80 wenn sie wirklich nachts schlafen.
Der Mann stieg über die Mauerreste weg auf die Straße. Natürlich, sagte er von da, euer Lehrer soll einpacken, wenn er das nicht mal weiß. Da stand Jürgen auf und fragte: Wenn ich eins kriegen kann? Ein weißes vielleicht?
Ich will mal versuchen, rief der Mann schon im Weggehen, aber du musst hier
85 so lange warten. Ich gehe dann mit dir nach Hause, weißt du? Ich muss deinem Vater doch sagen, wie so ein Kaninchenstall gebaut wird. Denn das müsst ihr ja wissen. Ja, rief Jürgen, ich warte. Ich muss ja noch aufpassen, bis es dunkel wird. Ich warte bestimmt. Und er rief: Wir haben auch noch Bretter zu Hause. Kistenbretter, rief er.
90 Aber das hörte der Mann schon nicht mehr. Er lief mit seinen krummen Beinen auf die Sonne zu. Die war schon rot vom Abend und Jürgen konnte sehen, wie sie durch die Beine hindurchschien, so krumm waren sie. Und der Korb schwankte aufgeregt hin und her. Kaninchenfutter war da drin. Grünes Kaninchenfutter, das war etwas grau vom Schutt.

2. Durch die Anwendung der Strategien hast du ein erstes Textverständnis entwickelt. Es gibt aber in jeder Geschichte Stellen, die zu einer eingehenderen Analyse herausfordern. Dabei musst du oft eigene Vorstellungen entwickeln, um den Text besser zu verstehen.

Untersuche den Beginn der Geschichte und versuche, zu den hervorgehobenen Begriffen Assoziationen zu entwickeln und die Bedeutung der Wörter möglichst präzise zu klären. Halte deine Ideen in einem Cluster fest.

Das hohle Fenster in der **vereinsamten Mauer gähnte** blaurot voll früher Abendsonne. **Staubgewölke flimmerte** zwischen den steilgereckten **Schornsteinresten**. **Die Schuttwüste döste**.

3. Beschreibe nun mit eigenen Worten, welche Stimmung durch den Beginn der Erzählung entsteht.

4. Vergleiche den Beginn und den Schluss der Erzählung. Achte dabei auf die Bedeutung der Wörter. Was fällt dir auf?

Aber das hörte der Mann schon nicht mehr. Er lief mit seinen krummen Beinen auf die Sonne zu. Die war schon rot vom Abend und Jürgen konnte sehen, wie sie durch die Beine hindurchschien, so krumm waren sie. Und der Korb schwankte aufgeregt hin und her. Kaninchenfutter war da drin. Grünes Kaninchenfutter, das war etwas grau vom Schutt.

5. Auch mit Farben verbinden wir gewisse Vorstellungen. Untersuche, welche Farben zu Beginn der Erzählung genannt werden und welche zum Schluss.

Um einen Text besser zu verstehen, solltest du **eigene Vorstellungen entwickeln**, indem du deine Assoziationen zu Begriffen festhältst und die genaue Bedeutung von Wörtern klärst.
Farben, **Gegenstände** und **zentrale Handlungen** können im Zusammenhang des Textes eine **symbolische Bedeutung** gewinnen, die du erfassen musst, um den Text als Ganzes zu verstehen.

6. Bei der Anwendung der Erschließungsstrategien hast du Informationen zu den Personen unterstrichen. Aus den Informationen, die du zu den Personen gesammelt hast, kannst du entsprechende Schlussfolgerungen für ihr Verhalten und für ihre Handlungsmotive ziehen. Überlege, welche Schlussfolgerungen aus den Informationen zum Mann gezogen werden können.

Information	Schlussfolgerung
• Der Mann hat ein Messer und einen Korb in der Hand, an den Fingerspitzen ist etwas Erde. (Z. 9 f.) • Im Korb ist Kaninchenfutter. (Z. 26 f.)	→ Der Mann ist gerade dabei, _____ _____, als er den Jungen entdeckt.
• *Aber gehst du denn gar nicht nach Hause? Du musst doch essen.* (Z. 41 f.) • Der Mann behauptet, dass die Ratten nachts schlafen. (Z. 66 f.)	→ Der Mann macht sich _____ um den Jungen. → Das stimmt nicht, der Mann greift zu dieser _____, um dem Jungen zu _____.
• ...	→ ...

7. Ergänze die folgende Tabelle, indem du die Informationen zu Jürgen zusammenstellst. Überlege, welche Schlussfolgerungen daraus für Jürgens Verhalten und seinen Handlungsmotiven gezogen werden können. Beachte dabei, dass manchmal nur mehrere Informationen zusammen betrachtet eine logische Schlussfolgerung erlauben.

Information	Schlussfolgerung
• *Er merkte, dass jemand gekommen war und nun vor ihm stand, dunkel, leise. Jetzt haben sie mich!, dachte er.* (Z. 4 ff.)	→ ...
• ...	→ ...
• Jürgens Haus ist von einer Bombe zerstört worden. (Z. 63) • Sein Bruder liegt unter den Trümmern des Hauses. (Z. 61 f.) • Sein Bruder war viel kleiner als er, erst vier Jahre alt. (Z. 64 f.)	→ Jürgen passt auf seinen toten Bruder auf, weil sich die Ratten von Toten ernähren und weil er _____ _____ hat.

8. Untersuche die sprachliche Gestaltung folgender Textauszüge. Was fällt dir auf und welche Schlussfolgerung kannst du für die Textaussage ziehen?

a. Ich kann doch nicht. Ich muss doch aufpassen, sagte Jürgen unsicher. Immerzu?, fragte der Mann, nachts auch?

Nachts auch. Immerzu. Immer. Jürgen sah an den krummen Beinen hoch. Seit Sonnabend schon, flüsterte er. (...)

Unser Haus kriegte eine Bombe. Mit einmal war das Licht weg im Keller. Und er auch. Wir haben noch gerufen. Er war viel kleiner als ich. Erst vier. Er muss hier ja noch sein. Er ist doch viel kleiner als ich.

b. Dort auf dem Gipfel saßen sie schweigend, dunkle Schatten in der dunkelsten aller Nächte, indes Töpfe und Kästen aus den Häusern hinausschwammen. Ein Stuhl stieß unten das Glasfenster in Scherben. Das Wasser rauschte. Die Blasen platzten. Ein totes Huhn schwamm im Kreise vor der Haustür.

c. Er war nicht aufgeregt wie Senter. Er spähte nicht nach einem Schiff, dachte nicht daran, dass sie kein Wasser hatten, machte sich nicht klar, dass sie bald in ein nasses Grab versinken mussten. Er tat ganz einfach, was im Augenblick getan werden musste.

d. Man darf nicht danach gehen, wie die Leute sich verhalten, solange nichts passiert. Es ist doch schließlich nichts passiert. Vielleicht haben sie alle nur gewartet. Vielleicht haben sie dagesessen mit ihren starren Gesichtern, die Fäuste in den Taschen. Vielleicht wären sie aufgesprungen, alle zusammen. Es ist nicht nötig, Angst zu haben.

Adjektive

Wenn plötzlich alles unter Wasser steht …

Das Wasser der Weltmeere bedeckt den größten Teil unseres Planeten. Die Menschen an den Küsten der Erde haben sich auf die Gezeiten eingestellt. Sie lieben das Meer, das ihnen Arbeit (Fischerei, Bootsbau, Tourismus …) und Freizeitmöglichkeiten (Schwimmen, Surfen, Segeln …) beschert. Doch die Nähe zum Meer hat nicht nur gute Seiten.

Auf hoher See bilden sich immer wieder riesige Monsterwellen, die bis zu 30 Meter hoch werden können. Bis vor wenigen Jahren galten sie als Seemannsgarn, also als übertriebene Geschichten von Seeleuten. Doch moderne Satel-

5 litenaufnahmen haben bewiesen, dass sie sich sogar mehrmals in jedem Jahr bilden. Monsterwellen entstehen nach einem chaotischen Muster und sind unvorhersagbar. Kein noch so modernes Schiff kann es mit ihnen aufnehmen. Glücklicherweise lösen sie sich auch recht schnell wieder auf. Und noch hat keine dieser riesigen Flutwellen bisher je Land erreicht.

10 Nicht nur Küstenbewohner müssen verheerende Überschwemmungen fürchten. Auch alle Menschen, die an Flüssen leben, mussten sich schon immer daran gewöhnen, dass es bei heftigen Regenfällen oder starker Schneeschmelze am Oberlauf des Flusses dazu kommen kann, dass ihr Fluss zu einem reißenden Strom anschwillt.

15 Im alten Ägypten waren die Menschen für die regelmäßigen Überschwemmungen dankbar. Jedes Jahr überschwemmte der Nil zur gleichen Zeit ihre Felder. Dabei wurde frische Erde angeschwemmt, auf der die nächste Ernte gut gedeihen konnte.

Doch heute leben in vielen Ländern immer mehr Menschen und bauen ihre

20 Häuser dabei auch immer näher ans Wasser. In anderen, ärmeren Ländern haben Hochwasser aber noch schrecklichere Folgen. So überschwemmte in Bangladesch ein Hochwasser 1994 zwei Drittel des Landes. In der Folge konnten sich in dem stehenden, warmen Wasser gefährliche Krankheitserreger vermehren. So starben noch viele weitere Menschen, die das Hochwasser überlebt

25 hatten, an Malaria und Durchfallerkrankungen.

1. Markiere im Text alle Adjektive.

2. Untersuche, auf welches Wort sich die fett gedruckten Adjektive beziehen:
- Monsterwellen entstehen nach einem **chaotischen** Muster.
- Sie sind **unvorhersagbar**.
- Glücklicherweise lösen sie sich **schnell** auf.

Adjektive können unterschiedlich verwendet werden:

- Das **attributiv gebrauchte Adjektiv** steht unmittelbar vor einem Nomen und wird dekliniert: *Auf hoher See bilden sich Monsterwellen.*
- Das **prädikativ gebrauchte Adjektiv** folgt auf die Verben *sein, werden, bleiben, scheinen* und wird nicht dekliniert: *Die Wellen sind riesig.*
- Das **adverbial gebrauchte Adjektiv** bezieht sich auf ein Verb und wird nicht dekliniert: *Die Wellen türmen sich hoch auf.*

2. Übertrage folgende Tabelle in dein Heft und ordne die Adjektive aus dem Text „Wenn plötzlich alles unter Wasser steht ..." (☞ S. 51) der richtigen Spalte zu.

attributiv gebrauchtes Adjektiv	prädikativ gebrauchtes Adjektiv	adverbial gebrauchtes Adjektiv

3. Vergleiche in folgenden Wendungen die Adjektivendungen und halte deine Beobachtung fest.

• *nach chaotischem Muster*	• *nach einem chaotischen Muster*
• *in stehendem, warmem Wasser*	• *in dem stehenden, warmen Wasser*
• *regelmäßige Überschwemmungen*	• *die regelmäßigen Überschwemmungen*

Nur das attributiv gebrauchte Adjektiv wird dekliniert.
Es gibt zwei Arten von Adjektivendungen: die schwachen und die starken.
Die schwachen Endungen sind: *–e* und *–en*, die starken Endungen sind: *–e, –en, –em, –er, –es.*
Das Adjektiv bekommt die **schwache** Endung,
- wenn der **bestimmte Artikel** vorausgeht oder
- wenn der **Begleiter** bereits **eine Endung** hat, die Genus, Numerus und Kasus ausdrückt.

Das Adjektiv bekommt die **starke** Endung,
- wenn **kein Begleiter** vorausgeht oder
- wenn der **Begleiter keine Endung** hat, die Genus, Numerus und Kasus ausdrückt.

Die **schwache** Deklination der Adjektiv

		männlich	weiblich	sächlich
Singular	Nominativ	der alt**e** Baum	die hell**e** Sonne	das weit**e** Feld
	Genitiv	des alt**en** Baumes	der hell**en** Sonne	des weit**en** Feldes
	Dativ	dem alt**en** Baum	der hell**en** Sonne	dem weit**en** Feld
	Akkusativ	den alt**en** Baum	die hell**e** Sonne	das weit**e** Feld
Plural	Nominativ	die alt**en** Bäume	die hell**en** Sonnen	die weit**en** Felder
	Genitiv	der alt**en** Bäume	der hell**en** Sonnen	der weit**en** Felder
	Dativ	den alt**en** Bäumen	den hell**en** Sonnen	den weit**en** Feldern
	Akkusativ	die alt**en** Bäume	die hell**en** Sonnen	die weit**en** Felder

Die **starke** Deklination der Adjektive

		männlich	weiblich	sächlich
Singular	Nominativ	alt**er** Baum	hell**e** Sonne	weit**es** Feld
	Genitiv	–	–	–
	Dativ	alt**em** Baum	hell**er** Sonne	weit**em** Feld
	Akkusativ	alt**en** Baum	hell**e** Sonne	weit**es** Feld
Plural	Nominativ	alt**e** Bäume	hell**e** Sonnen	weit**e** Felder
	Genitiv	alt**er** Bäume	hell**er** Sonnen	weit**er** Felder
	Dativ	alt**en** Bäumen	hell**en** Sonnen	weit**en** Feldern
	Akkusativ	alt**e** Bäume	hell**e** Sonnen	weit**e** Felder

Besonderheiten

* Adjektive auf -*el* und -*er* verlieren das e, wenn eine Endung hinzugefügt wird:
  dunkel → *das dunkle Zimmer, teuer* → *das teure Geschenk.*
* Das Adjektiv *hoch* verändert seinen Stamm, wenn eine Endung hinzugefügt
  wird: *hoch* → *der hohe Baum.*
* Für nominalisierte Adjektive gelten die gleichen Regeln wie für Adjektive: *der
  Jugendliche, die Jugendlichen, ein Jugendlicher, Jugendliche.*

4. Suche aus den Texten des Lesebuchteils (☞ S. 35 – 43) Beispiele für die starke und schwache Deklination der Adjektive. Lege dazu eine Tabelle im Heft an.

5. Füge in folgenden Sätzen einen Begleiter mit Endung zu den Adjektiven hinzu oder ersetze den unbestimmten Artikel durch den bestimmten. Überlege, was sich dadurch inhaltlich und stilistisch verändert und welche Variante besser klingt.

- Wo ein saftgrünes Vermögen in Gestalt von endlosen Teefeldern mit mannshohen Yerbabüschen gestanden hatte, dehnte sich morgens ein endloses Meer. [...] Er war ein Indio, der mit breitem, eisernem Gesicht ins Leere starrte. (Zwei Männer ☞ S. 41 / Z. 5 f.)
- Auf hoher See bilden sich immer wieder riesige Monsterwellen, die bis zu 30 Meter hoch werden können. Bis vor wenigen Jahren galten sie als Seemannsgarn, also als übertriebene Geschichten von Seeleuten. Doch moderne Satellitenaufnahmen haben bewiesen, dass sie sich sogar mehrmals in jedem Jahr bilden. Monsterwellen entstehen nach einem chaotischen Muster und sind unvorhersagbar. (Wenn plötzlich alles unter Wasser steht ... ☞ S. 51 / Z. 1 ff.)

6. Bilde selbst Sätze, in denen du folgende Adjektive einmal in ihrer starken, ein anderes Mal in ihrer schwachen Form verwendest.
freundlich • teuer • warm • rot • aufmerksam • sparsam • ehrgeizig • redlich

7. Untersuche in den folgenden Beispielen die Deklination der Adjektive und der Indefinitpronomen. Was fällt dir auf?
- So starben noch viele weitere Menschen an Malaria.
- Etliche moderne Schiffe sind besser ausgerüstet.
- Wenige Menschen haben eine Monsterwelle überlebt.
- In vielen Ländern leben immer mehr Menschen.
- Zahlreiche Küstenbewohner müssen verheerende Überschwemmungen befürchten.

Adjektivdeklination mit Indefinitpronomen

- Indefinitpronomen werden wie das starke Adjektiv im Plural dekliniert:
  andere • einige • etliche • folgende • mehrere • verschiedene • viele • wenige →
  einige Freunde, mehrere Autos.
- Ist das Indefinitpronomen Begleiter des Adjektivs, so haben beide die gleiche Endung: *einige nette Freunde, mehrere neue Autos.*
- Nach den Pronomen *keine* und *alle* wird das Adjektiv immer schwach dekliniert:
  Wir haben keine reifen Früchte geerntet.

8. Beschreibe, die Besonderheit der markierten Adjektive.

In anderen, **ärmeren** Ländern haben Hochwasser aber noch **schrecklichere** Folgen.

Dort auf dem Gipfel saßen sie schweigend, dunkle Schatten in der **dunkelsten** aller Nächte, indes Töpfe aus den Häusern hinausschwammen.

Die Steigerung der Adjektive

Adjektive kann man steigern. Die Steigerungsstufen heißen:

Positiv	Komparativ	Superlativ
(Grundform)	(Vergleichsstufe)	(Höchststufe)
heftig	*heftiger*	*am heftigsten, der heftigste Streit*

- Der Komparativ endet auf *-er*. Der Superlativ endet auf *-(e)ste*. Einsilbige Adjektive erhalten oft den Umlaut: *alt – älter – älteste*.
- Folgende Steigerungsformen sind unregelmäßig:
  viel – mehr – am meisten, die meisten Menschen
  gut – besser – am besten, das beste Mittel
  gern – lieber – am liebsten, der liebste Mensch
  hoch – höher – am höchsten, das höchste Gebot
  nahe – näher – am nächsten, die nächste Straßenbahnhaltestelle
- Der Superlativ kann attributiv oder adverbial gebraucht werden:
  attributiv: *Als höchster Berg der Erde gilt der Mount Everest.*
  adverbial: *Der Spieler warf den Ball am höchsten.*
- Beim Positiv wird als Vergleichswort *wie* verwendet:
  Mein Bruder ist so groß wie mein Vater.
- Beim Komparativ wird als Vergleichswort *als* verwendet:
  Mein Bruder ist schon größer als mein Vater.
- Manche Adjektive kann man nicht steigern: *tot – stumm – blind – nackt*

---

9. Schreibe aus dem Text „Wenn plötzlich alles unter Wasser steht ..." (☞ S. 51) weitere Adjektive heraus, die gesteigert wurden. Bestimme, um welche Steigerungsform es sich handelt und wie sie verwendet werden.

10. Untersuche im folgenden Abschnitt aus dem Text „Nachts schlafen die Ratten doch" (☞ S. 45 ff.) die Adjektive: Wie werden sie gebraucht und dekliniert?

Er hatte die Augen zu. Mit einmal wurde es noch dunkler. Er merkte, dass jemand gekommen war und nun vor ihm stand, dunkel, leise. Jetzt haben sie mich!, dachte er. Aber als er ein bisschen blinzelte, sah er nur zwei etwas ärmlich behoste Beine. Die standen ziemlich
5 krumm vor ihm, dass er zwischen ihnen hindurchsehen konnte.

1. Wähle aus dem Wortschatzkasten die passenden Adjektive aus und füge sie in der richtigen Form ein.

> grünschwarz • groß • breit • grün • gefräßig • böse • schwarzfeucht • tief • blutig • schwarz • schlammig • wild gefährlich • stumm • käsegelb • heiß • grünschwarz • grün • prall

Georg Britting
Brudermord im Altwasser

Das sind _____ Tümpel, von Weiden überhangen, von Wasserjungfern umsurrt, das heißt: wie Tümpel und kleine Weiher, und auch große Weiher, ist es anzusehen, und es ist doch nur Donauwasser, durch Steindämme abgesondert vom _____, _____ Strom. Altwasser, wie man es in der Gegend nennt. Fische gibt es im Altwasser, viele, Fischkönig ist 5 der Bürstling, ein Raubtier mit zackiger, kratzender Rückenflosse, mit _____ Augen, einem _____ Maul, _____ schillernd wie das Wasser, darin er jagt. Und wie _____ es hier im Sommer ist! Die Weiden schlucken den Wind, der draußen über dem Strom immer geht. Und aus dem Schlamm steigt ein Geruch wie Fäulnis und Kot 10 und Tod. Kein besserer Ort ist zu finden für Knabenspiele als dieses grün dämmernde Gebiet. Und hier geschah, was ich jetzt erzähle.
Die drei Hofberger Buben, elfjährig, zwölfjährig, dreizehnjährig, waren damals im August jeden Tag auf den heißen Steindämmen, hockten unter den Weiden, waren Indianer im Dickicht und Wurzelgeflecht, pflückten Brombeeren, die 15 _____, stachlig geschützt, glänzten, schlichen durch das Schilf, das in hohen Stangen wuchs, schnitten sich Weidenruten, rauften, schlugen auch wohl einmal dem Jüngsten, dem Elfjährigen, eine _____ Schramme, dass sein Gesicht <u>rot beschmiert</u> war wie eine Menschenfressermaske, brachen wie Hirsche und schreiend durch Buschwerk und Graben zur 20 breit fließenden Donau vor, wuschen den _____ Kopf, und die Haare deckten die Wunde dann, und waren gleich wieder versöhnt. Die Eltern natürlich durften nichts erfahren von solchen Streichen, und sie lachten alle drei und vereinbarten wie immer: „Zu Hause sagen wir aber nichts davon!"
Die Altwässer ziehen sich stundenweit der Donau entlang. Bei einem Streifzug 25 waren die drei tief in die _____ Wildnis vorgedrungen, tiefer als je zuvor, bis zu einem Weiher, größer, als sie je einen gesehen hatten, _____ der Wasserspiegel, und am Ufer lag ein Fischerboot angekettet. Den Pfahl, an dem die Kette hing, rissen sie aus dem _____ Boden, warfen Kette und Pfahl ins Boot, stiegen ein, ein Ruder lag auch dabei, 30 und ruderten in die Mitte des Weihers hinaus. Nun waren sie Seeräuber und

träumten und brüteten _____ Pläne. Die Sonne am <u>jenseitigen</u> Ufer, Staunzen[1] flogen leise summend durch die <u>dicke</u> Luft, <u>kleine</u> Blutsauger, aber die <u>abgehärteten</u> Knaben störten die Stiche nicht mehr.

^[1] *die Staunze:* österreichisch für: die Stechmücke

35 Der Dreizehnjährige begann das Boot <u>leicht</u> zu schaukeln. Gleich wiegten sich die beiden anderen mit, auf und nieder, Wasserringe liefen über den Weiher, Wellen schlugen <u>planschend</u> ans Ufer, die Binsen schwankten und wackelten. Die Knaben schaukelten heftiger, dass der Bootsrand bis zum Wasserspiegel sich neigte, das <u>aufgeregte</u> Wasser ins Boot hinein schwappte. Der Kleinste, der

40 Elfjährige, hatte einen Fuß auf den Bootsrand gesetzt und tat <u>jauchzend</u> seine Schaukelarbeit. Da gab der Älteste dem Zwölfjährigen ein Zeichen, den Kleinen zu schrecken, und plötzlich warfen sie sich beide auf die Bootsseite, wo der Kleine stand, und das Boot neigte sich tiefer, und dann lag der Jüngste im Wasser und schrie, und ging unter und schlug von unten gegen das Boot, und

45 schrie nicht mehr und pochte nicht mehr und kam auch nicht mehr unter dem Boot hervor, unter dem Boot nicht mehr hervor, nie mehr.

Die beiden Brüder saßen _____ und _____ auf den Ruderbänken in der _____ Sonne, ein Fisch schnappte, sprang über das Wasser heraus. Die Wasserringe hatten sich verlaufen, die Binsen standen

50 wieder unbeweglich, die Staunzen summten bös und stachen. Die Brüder ruderten das Boot wieder ans Ufer, trieben den Pfahl mit der Kette wieder in den Uferschlamm, stiegen aus, trabten auf dem langen Steindamm dahin, trabten stadtwärts, wagten nicht, sich anzusehen, liefen hintereinander, achteten der Weiden nicht, die ihnen ins Gesicht schlugen, nicht der Brombeersträustersta-

55 cheln, die an ihnen rissen, stolperten über Wurzelschlangen, liefen, liefen, liefen. Die Altwässer blieben zurück, die grüne Donau kam, _____ und behäbig, rauschte der Stadt zu, die ersten Häuser sahen sie, sie sahen den Dom, sie sahen das Dach des Vaterhauses. Sie hielten, Schweiß überronnen, zitterten verstört, die Knaben, die Mörder, und dann sagte der Ältere wie immer nach

60 einem Streich: „Zu Hause sagen wir aber nichts davon!" Der andere nickte, von wilder Hoffnung überwuchert, und sie gingen, entschlossen, ewig zu schweigen, auf die Haustüre zu, die sie wie ein schwarzes Loch verschluckt.

2. „Brudermord im Altwasser" lautet der Titel. Diskutiert in der Klasse, ob der Titel zur Geschichte passt.

3. Gib an, ob die unterstrichenen Adjektive attributiv, prädikativ oder adverbial gebraucht sind.

4. Suche im Text Beispiele für die Steigerung der Adjektive heraus.

5. Untersuche, wie die Natur beschrieben wird, und kläre, ob es einen Zusammenhang zwischen Handlung und Naturbeschreibung gibt.

Schon gelesen?

Cornelia Funke
Tintenherz

„Bücher müssen schwer sein,
weil die ganze Welt in ihnen steckt."

Aufgaben: Seite 64

Thomas Grasberger
Lesen

Lesen ist wie Urlaub machen. Nur dass du keine Koffer packen, keine teuren Tickets kaufen und keine anstrengenden Flüge unternehmen musst. Du musst nur ein Buch zur Hand nehmen, den Deckel aufklappen und anfangen zu lesen. Schon beginnt deine abenteuerliche Reise im Kopf. Von wegen nur am Strand herumliegen und sich langweilen! Bei der literarischen Abenteuerreise ist richtig was los. Du triffst auf die spannendsten Geschichten, die schönsten Landschaften, die gruseligsten Abenteuer und die witzigsten Einfälle. Auf wenigen Seiten kannst du über ganze Kontinente reisen und durch die Zeit segeln. Du willst ins Mittelalter, wo edle Helden mit bösen Drachen kämpfen? Kein Problem. Du möchtest wissen, was wahre Liebe bedeutet? Und ob man aus Liebe zum Mörder werden darf? Was ist Freiheit? Was Gerechtigkeit? Darf man dafür Gewalt anwenden? Wie lebt der Mensch richtig? Und wissen Eltern immer alles besser? Die Literatur ist voller Romane und Dramen, die all diese Fragen stellen und beantworten. 5 10 15

Mit jedem Buch öffnen sich neue Welten für dich. Du wirst die unterschiedlichsten Menschen treffen: Helden und Bösewichter, nette Typen und unsympathische Leute. Du wirst neue Erfahrungen machen, weil jeder Mensch seinen eigenen Blickwinkel auf die Dinge des Lebens hat. Du wirst die Gedanken und Gefühle dieser Menschen kennenlernen, wirst erfahren, was sie freut und was sie ärgert. Und warum sie so geworden sind, wie sie sind. 20 25

Unser eigenes Leben ist ja relativ kurz. Jeder kann nur eine bestimmte Anzahl von Erfahrungen selbst machen. Wenn du ein gutes Buch liest, wirst du die Dinge, die uns alle bewegen, auch aus der Perspektive anderer Menschen sehen. Wenn du etwa einen guten Roman liest, in dem Seefahrer vorkommen, erfährst du viel über die Arbeit der Seefahrer. Du lernst ihre Sprache kennen. Vor allem aber wirst du erleben, wie sie die Welt sehen. 30

Egal ob Seefahrergeschichten, Krimis oder Theaterstücke – du wirst viel Spaß haben. Denn Lesen ist Spaß! Wenn du erst mal angefangen hast, willst du nicht mehr aufhören. Auch wenn dir manche Bücher schwierig erscheinen – weil sie in einer anderen Zeit geschrieben wurden und die Sprache ein bisschen anders ist. Oder weil sie dicker sind und man ein wenig Durchhaltevermögen braucht, um sie zu lesen. Aber keine Angst: Wenn du dich erst einmal eingelesen hast, geht es ganz leicht. 35 40

Alberto Manguel

Eine Geschichte des Lesens

Alberto Manguels berühmtes Buch „Eine Ge-schichte des Lesens" enthält viele überraschende In-formationen und Geschichten rund um das Lesen. Ein Kapitel befasst sich damit, dass das Lesenlernen früher nicht immer erwünscht war.

In South Carolina wurden […] strenge Gesetze erlassen, die allen Schwarzen, ob versklavt oder frei, das Lesenlernen untersagten. Diese Gesetze blieben bis zur Mitte des 19. Jahrhunderts in Kraft.

Über Jahrhunderte riskierten die afroamerikanischen Sklaven ihr Leben, wenn
5 sie trotz aller Verbote und Schwierigkeiten die Kunst des Lesens erlernen woll-ten – in aller Heimlichkeit und manchmal in jahrelanger heroischer[1] Anstren-gung, wie man vielen Berichten aus dieser Zeit entnehmen kann. Die neunzig-jährige Belle Myers Carothers erklärte in den dreißiger Jahren unseres Jahrhunderts[2] vor dem Federal Writers' Projekt (das unter anderem die Lebens-
10 berichte ehemaliger Sklaven sammelte), dass sie lesen lernte, indem sie das mit Buchstabenklötzchen spielende Kind des Plantagenbesitzers beaufsichtigte. Als ihr Herr sie dabei ertappte, trat er sie mit Stiefeln. Doch Belle Myers gab nicht auf. Heimlich lernte sie weiter die Buchstaben auf dem Spielzeug des Kindes entziffern und dann auch die Wörter in einer alten Fibel, die sie irgendwo auf-
15 getrieben hatte. „Eines Tages", so berichtete sie, „fand ich ein Gesangbuch und entzifferte die Worte: ‚When I Can Read My Title Clear'. Ich war so glücklich, als ich merkte, dass ich lesen konnte, dass ich gleich losrannte und es allen ande-ren Sklaven erzählte."

Der Sklave Leonard Black, ebenfalls beim Lesen ertappt, wurde von seinem
20 Herrn so grausam ausgepeitscht, „dass er meinen Wissensdurst fürs Erste zum Erliegen brachte, und ich versagte mir alle weiteren Versuche bis zu meiner Flucht". Doc Daniel Dowdy berichtete: „Wurde man das erste Mal bei Lese-oder Schreibversuchen erwischt, bekam man den Ochsenziemer[3] zu spüren, beim nächsten Mal die neunschwänzige Katze[4], und beim dritten Mal wurde
25 einem das erste Glied des Zeigefingers abgehackt." Bei den Sklavenhaltern der Südstaaten war es gang und gäbe, Sklaven zu erhängen, wenn sie versuchten, anderen das Lesen und Schreiben beizubringen.

Nur auf Schleichwegen war es unter diesen Bedingungen den Sklaven mög-lich, das Lesen zu erlernen, entweder bei Mitsklaven, bei menschenfreundlichen
30 Weißen oder unter Anwendung von Tricks, die das heimliche Lernen erlaub-ten. Der als Sklave geborene amerikanische Schriftsteller Frederick Douglass, einer der wortgewaltigsten Abolitionisten[5] seiner Zeit, zudem Begründer meh-rerer politischer Zeitschriften, erinnerte sich in seiner Autobiografie: „Meine Herrin las sehr oft aus der Bibel vor … das *Wunder* des Lesens erweckte meine
35 Neugier und schürte in mir den Wunsch, ebenfalls lesen zu lernen. Bis dahin verstand ich nicht das Geringste von dieser wunderbaren Kunst, und meine

[1] *heroisch:* heldenhaft

[2] *unseres Jahrhunderts:* gemeint ist das 20. Jahrhundert

[3] *der Ochsenziemer:* der Schlagstock

[4] *die neunschwänzige Katze:* eine Peitsche aus neun Schnüren mit je einem Knoten

[5] *der Abolitionist:* der Verfechter der Aufhebung der Sklaverei in den USA

Unwissenheit, meine Arglosigkeit hinsichtlich der möglichen Folgen, aber auch das Zutrauen zu meiner Herrin gaben mir den Mut ein, sie zu bitten, ob sie mir das Lesen beibringen könne … In kürzester Zeit beherrschte ich dank ihrer Hilfe das Alphabet, und ich konnte Wörter mit drei oder vier Buchstaben ent- 40 ziffern … [Mein Herr] verbot ihr, mir weiteren Unterricht zu geben … [aber] die Entschiedenheit, mit der er mich von der Bildung fernhalten wollte, machte mich nur noch wissbegieriger. Daher weiß ich bis heute nicht, wem ich in erster Linie das Lesenlernen verdankte: dem Widerstand meines Herrn oder der Hilfe meiner liebenswürdigen Herrin." 45

Der ehemalige Sklave Thomas Johnson, später ein weithin bekannter Missionsprediger in England, lernte lesen, indem er die Buchstaben einer entwendeten Bibel entzifferte. Da sein Herr jeden Abend einen Abschnitt aus dem Neuen Testament vorlas, überredete Johnson ihn dazu, Abend für Abend dieselbe Passage zu wiederholen, bis er sie auswendig konnte. So gelang es ihm, die Worte 50 auf den Seiten seiner gestohlenen Bibel aufzufinden. Wenn der Sohn des Herrn seine Schularbeiten machte, brachte Johnson ihn dazu, seine Texte laut zu lesen. „Gott steh mir bei, aber lies das noch mal", so spornte er den jungen Herrn an, und der tat es gern, weil er glaubte, dass Johnson ihn für sein Können bewunderte. Dank dieser Wiederholungen lernte er so viel, dass er bei Ausbruch des 55 Bürgerkrieges fähig war, die Zeitungen zu lesen. Später gründete er eine Schule, um anderen das Lesen beizubringen.

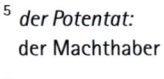

[5] *der Potentat:* der Machthaber

[6] *der Usurpator:* ein widerrechtlich an die Macht gekommener Herrscher

[…] Die Sklavenhalter fürchteten (wie alle Potentaten[5], Diktatoren, Tyrannen, absolute Monarchen und 60 andere Usurpatoren[6] der Macht) in hohem Maße die Macht des geschriebenen Wortes. Sie wussten, weit besser als manche Leser: Lesen ist eine *Kraft*, wer nur ein paar Worte lesen lernt, 65 der kann bald alle Worte lesen und, schlimmer noch, über diese Worte nachdenken und schließlich seine Gedanken in die Tat umsetzen.

Katja Behrens

Alles Sehen kommt von der Seele

Helen Keller (1880–1968) war nach einer Hirnhautentzündung seit ihrem zweiten Lebensjahr blind und taub. Trotz dieser unvorstellbaren Hindernisse gelang es ihr durch die fürsorgliche Hilfe und Liebe ihrer Lehrerin Annie Sullivan, in kurzer Zeit lesen und schreiben zu lernen und sich mit ihrer Umwelt zu verständigen. Helen Keller schaffte den Schulabschluss; später studierte sie. Sie schrieb mehrere Bücher, darunter ihre Biografie „Die Geschichte meines Lebens".

Annie hatte Helen schon seit einer Weile nicht nur die Worte beigebracht, die sie lernen sollte und nach denen sie selber fragte, sie hatte ihr auch den ganzen Tag über alles, was sie taten, in die Hand buchstabiert. So lernte Helen die Buchstaben des Alphabets als bestimmte, immer wiederkehrende Berührungen
5 in ihrer Handfläche, und wenn sie auch *mug* (Becher) und *drink* (trinken) verwechselte, so dämmerte ihr doch schon etwas.
Dieses Etwas nahm am Morgen des 5. April 1887 Gestalt an.
Helen wäscht sich und will die Bezeichnung für *Wasser* wissen. Annie buchstabiert ihr *w-a-t-e-r* in die Hand und denkt nicht mehr daran, bis ihr nach dem
10 Frühstück einfällt, dass sie ihr mithilfe des neuen Worts den Unterschied zwischen *Becher* und *trinken* klarmachen kann:
„Wir gingen zum Brunnenhäuschen, wo ich Helen den Becher unter das Rohr halten ließ, während ich pumpte. Als das kalte Wasser herausschoss und den Becher füllte, buchstabierte ich ihr *w-a-t-e-r* in die freie Hand. Das Wort, das so
15 unmittelbar auf die Empfindung des kalten, über ihre Hand strömenden Wassers folgte, schien sie aufzuschrecken. Sie ließ den Becher fallen und stand wie gebannt. Ihr Gesicht leuchtet auf. Sie buchstabierte mehrere Male hintereinander *water*. Dann hockte sie sich auf den Boden und fragte, wie man den nennt, und zeigte auf die Pumpe und das Spalier, und plötzlich drehte sie sich um und
20 fragte nach meinem Namen. Ich buchstabierte *teacher* (Lehrerin). In diesem Augenblick brachte die Kinderfrau Helens kleine Schwester in das Brunnenhäuschen, und Helen buchstabierte *baby* und deutete auf die Kinderfrau. Als wir ins Haus zurückgingen, war sie ungeheuer aufgeregt und lernte die Bezeichnung von jedem Gegenstand, den sie berührte, sodass sie ihren Wortschatz
25 innerhalb weniger Stunden um dreißig neue Worte bereichert hatte."
Fünfzehn Jahre später schreibt Helen Keller ihr erstes Buch, *Die Geschichte meines Lebens*. Darin erzählt sie auch von jenem Augenblick in dem Brunnenhäuschen, das sie an dem Duft des ihn umrankenden Geißblattstrauchs erkannte:
„Mit einem Mal durchzuckte mich eine nebelhafte Erinnerung … und das
30 Geheimnis der Sprache lag plötzlich offen vor mir. Ich wusste jetzt, dass ,Wasser' jenes wundervolle, kühle Etwas bedeutete, das über meine Hand strömte. Dieses lebendige Wort erweckte meine Seele zum Leben, spendete Licht, Hoff-

3

Aufgaben: Seite 65

nung, Freude, befreite sie von ihren Fesseln … Ich verließ den Brunnen voller Lernbegier. Jedes Ding hatte einen Namen, und jeder Name weckte einen neuen Gedanken. Als wir ins Haus 35 zurückkehrten, schien mir jeder Gegenstand von verhaltenem Leben zu zittern." …

Helen hat die Brücke betreten, die sie mit anderen Menschen verbindet: die Sprache. Zum ersten Mal in ihrem Leben hat sie ein Ziel und ihre Gedanken bekommen eine Richtung: Sie will 40 die Namen der Dinge lernen. Die ersten Wörter, die sie begreift, erscheinen ihr „wie die ersten warmen Sonnenstrahlen, die den Schnee zu schmelzen beginnen". Sie lernt, schreibt Annie, „weil sie nicht anders kann, genau wie der Vogel fliegen lernt". Sie braucht den „verbindenden Hand-zu-Hand-Zauber". Später 45 wird sie sich daran erinnern, dass Anne Sullivans „Worte wie winzige Meteore über die Hand des Kindes glitten". Sie hat ihren Platz gefunden, sie gehört dazu, ist ein Teil des Ganzen. Im Brunnenhäuschen ist „das Nichts verschwunden".

Fünf Tage danach schreibt Annie an Sophia Hopkins: „Helen macht von Tag zu 50 Tag, ja von Stunde zu Stunde Fortschritte. Alles muss jetzt einen Namen haben. Bei jedem Ausflug fragt sie begierig nach den Bezeichnungen, die sie zu Hause nicht gelernt hat …

Sobald sie ein Wort kennt, gibt sie ihre Zeichen oder Pantomime dafür auf, und das Erlernen eines neuen Worts macht ihr große Freude. Auch bemerken wir, 55 dass ihre Züge von Tag zu Tag ausdrucksvoller werden".

 Thomas Grasberger, **Lesen** *(Seite 60)*

1. Ergänzt vor der Textlektüre das folgende Cluster in eurem Heft:

„Gute Bücher sind …"

2. Stelle dar, welchen Gewinn du laut Text aus dem Lesen ziehen kannst. Stimmst du der Einschätzung des Autors zu?

 Alberto Manguel, **Eine Geschichte des Lesens** *(Seite 61)*

1. Suche im Text nach den unterschiedlichen Wegen, auf denen Sklaven lesen lernten.
2. Klärt im Gespräch, warum viele Sklaven trotz der furchtbaren Strafen nicht davon abzuhalten waren, das Lesen zu lernen. Geht dabei von den Hinweisen im Text aus.

3 *Katja Behrens,* **Alles Sehen kommt von der Seele** *(Seite 63)*

1. Jeder von euch führt den Satz „Unter dem ‚Geheimnis der Sprache' (Z. 30) versteht man …" in seinem Heft zu Ende. Lest anschließend eure Sätze der Reihe nach in der Klasse vor und diskutiert dann Gemeinsamkeiten und Unterschiede.

2. Beschreibe den Vorgang, wie Helen die Sprache erlernt, und berücksichtige dabei auch die verschiedenen Schritte, die deutlich werden. Gestalte deine Beschreibung als Anleitung für die Betreuer von Patienten mit einer vergleichbaren Behinderung.

3. Suche nach einer Erklärung dafür, dass Helens Züge mit dem Erlernen des Lesens und Schreibens „von Tag zu Tag ausdrucksvoller" (Z. 56) werden. Beziehe dabei auch den Text „Lesen" (☞ S. 60) in deine Überlegungen ein.

4 **Geheimbotschaft** *(Seite 65)*

1. Die Kryptographie ist die Wissenschaft von der Verschlüsselung. Dabei wird eine Information von einem lesbaren Zustand, dem Klartext, in scheinbaren Unsinn umgewandelt. Diesen Geheimtext kann nur lesen, wer den Code kennt. Entschlüssle den Text und finde so heraus, was Mo seiner Tochter Meggie in Cornelia Funkes Buch „Tintenherz" über Bücher sagt. Eine Starthilfe findest du im Code-Kästchen.

Noch ein Tipp: Der Buchstabe e ist der am meisten verbreitete Buchstabe im Deutschen.

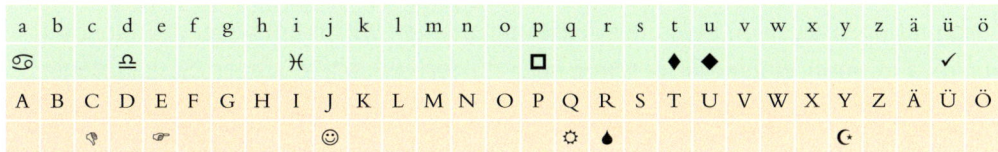

Geheimbotschaft

Mit Sachtexten umgehen

Fragestellung und Vorwissen klären

Jedes Schulkind lernt zuerst schreiben und lesen, jeder Schüler benutzt Bücher, um sich zu informieren oder zu unterhalten. Schrift und Buch sind für uns heute so selbstverständlich, dass wir uns ein Leben ohne sie kaum mehr vorstellen können. Dabei vergessen wir oft, dass ihre Entstehung Tausende von Jahren menschlicher Geschichte erforderte.

1. Schreibe das Thema „Entstehung der Schrift und des Buches" in die Mitte einer Heftseite und notiere stichwortartig um das Thema herum in einem Brainstorming alles, was du schon darüber weißt.

2. Setzt euch anschließend in Kleingruppen zusammen, tauscht euer Vorwissen mithilfe eurer Stichworte aus und stellt einen Fragenkatalog darüber zusammen, über welche Aspekte der Geschichte von Schrift und Buch ihr etwas erfahren wollt.

Bevor du einen Sachtext liest, solltest du dir zuerst klarmachen, was du zu dem Thema schon weißt, und dies stichwortartig notieren. Überlege danach, welche Informationen du beim Lesen des Textes bekommen willst. Entweder schreibst du dir dies in Form einiger Fragen auf oder du formulierst in kurzen Sätzen deine Erwartungen an den Text.

Text 1: **Die Schrift**

¹ *Mesopotamien:* das Zweistromland zwischen Euphrat und Tigris, im heutigen Irak

Die Schrift wurde vor 5000 Jahren von den Sumerern erfunden, die in Mesopotamien¹ lebten. Sie entdeckten, dass sie mithilfe geschriebener Zeichen Informationen bewahren und weitergeben konnten.

das chinesisch/ japanische Zeichen für Wasser

Seit Urzeiten kommuniziert der Mensch mithilfe von Zeichen. Aber nur einige wenige von ihnen kann man als Schrift bezeichnen. Eine Schrift ist ein Zeichensystem, mit dem Gedanken und Worte der Menschen sichtbar wiedergegeben ₅ werden können. Sie macht es möglich, Informationen auch über lange Zeiträume zu bewahren. Die ersten Schriften kannten kein **Alphabet**. Auch heute gibt es einige solcher Schriften. Dazu gehört z.B. die chinesische ₁₀ Schrift.

Die Anfänge der Schrift

Heute vermutet man, dass die erste Schrift vor ungefähr 5000 Jahren entstand, in einem Land, das damals „Land der Sumerer" genannt wurde und heute als Irak bekannt ist. In dieser fruchtbaren Region zwischen Euphrat und Tigris lie-
15 ßen sich Menschen in den ersten Stadtstaaten nieder. Allmählich nahmen sie Handelsbeziehungen mit fernen Ländern auf, lernten zu rechnen und schufen sich Gesetze. Dann benötigten sie ein Zeichensystem, das es ihnen ermöglichte, ohne großen Aufwand Botschaften niederzuschreiben. Sie stellten Tontafeln her, in die sie mit einem dreikantigen Griffel kleine Zeichen ritzten, die wie
20 Keile oder Nägel aussahen. Ihr Aussehen verlieh ihnen den Namen **Keilschrift**. Sie verbreitete sich in der ganzen Region (Naher und Mittlerer Osten).

die Keilschriftzeichen für Wasser; links die älteste Form um 4000 v. Chr., rechts um 1000 v. Chr.

Die ägyptischen Hieroglyphen

Um 3000 v. Chr. tauchte in Ägypten eine andere Schrift auf: die **Hieroglyphen-Schrift**. Dies waren kleine Bilder, die Menschen, Götter, Pflanzen, Tiere oder Gegenstände zeigten. Diese Schrift wurde etwa 3000 Jahre lang von den
25 **Schreibern** Ägyptens benutzt. Danach geriet sie in Vergessenheit. Im Jahre 1822 gelang es dem Franzosen Champollion (1790–1832), die Hieroglyphen zu entschlüsseln.

die Hieroglyphe für Wasser

Text 2: Geschichte des Buchdrucks

Obgleich bereits im Altertum in Ägypten und Rom eingefärbte Stein- und Metallstempel mit figürlichen Darstellungen, Buchstaben oder ganzen Wörtern verwendet wurden und bis ins Mittelalter überkommen sind, ist der Beginn des Buchdrucks in China zu suchen, wo vor mehr als 2300 Jahren die Technik des
5 Tafel- oder Blockdrucks bekannt war: In eine Platte aus Metall oder Holz wurde der Text eingeschlagen bzw. eingeschnitten. Da jede Druckplatte nur einmal verwendet werden konnte, begann man im 11. Jh. mit beweglichen Lettern[1] aus Ton zu drucken. Über die Araber gelangte die Technik des Tafeldrucks nach Westeuropa (Ende des 14. Jh.). Sie wurde aber bereits kurze Zeit später
10 durch den Buchdruck mit beweglichen Lettern aus Metall verdrängt. Gutenberg unternahm seit etwa 1436 in Straßburg, ab 1440 in Mainz Versuche mit einzelnen, beliebig zusammensetzbaren Typenstempeln. Aus diesen fügte er Druckformen zusammen und druckte mit ihnen (ab
15 etwa 1445) mithilfe einer von ihm entwickelten Druckerpresse. Seine Leistung lag in der Bewältigung des Letterngusses und des Pressens.
20 Die Typenstempel waren zunächst

[1] *die Letter: der Einzelbuchstabe, hier: kleiner Stempel mit einem Buchstaben*

> totius generis origo Habraam nume
> iustitia quä non a mosaica lege(sept
> Moyses nascitur)sed naturali fuit ra
> attestatur.Credidit enim Habraam
> Quare multarum quoq; gentium pa
> ipso benedicedas oes gentes hoc uid

Beispiel für einen Druck in Antiqua

> lir̃z totẽ all prister des herrẽ daru
> Do fluchtig was ein namẽ vñ vñ
> bẽ zu einer speiß. Saul bedeut he
> prister die kinder die herodes lirz
> wir lesẽ vñ puch d kunig vñ· xx
> kunigẽ sach das ir sun tot was i
> der des kunigs das sie icht besesse
> vater vñ die schwester des kunige
> iungsten sun vnd wart zu kunig

Beispiel für einen gotischen Druck

1 *die Initiale:*
erster Buchstabe
eines Textes

2 *die Interpunktion:*
die Zeichensetzung

aus Holz, dann aus Blei, später auch aus Eisen oder Kupfer. Die neue Technik verbreitete sich schnell über ganz Europa. Italien überflügelte Deutschland bald in der Anwendung der neuen Technik; um 1500 hatte z. B. allein Venedig bereits 150 Druckereien. 25 Weitere entstanden u. a. in Paris, Leiden, Amsterdam, Basel und London. – Die ersten Drucker bemühten sich, die handgeschriebenen Bücher genau nachzuahmen. Erst in den folgenden Jahrzehnten wurde es allgemein üblich, alle Elemente des Buches mechanisch 30 zu vervielfältigen, d. h. Initialen[1] usw. in Holz oder Metall zu schneiden und sogar mehrfarbig zu drucken. Es entstanden auch besondere Schriftarten, die den technischen Problemen des Buchdrucks Rechnung trugen: Während Gutenberg für seine Bibel (1455) neben Inter- 35 punktionszeichen[2] u. a. 47 Groß- und 243 Kleinbuchstaben brauchte, [...], erleichterte die von Jenson entwickelte und seit etwa 1520 allgemein verwendete Antiqua mit ihren isolierten Lettern den Schriftguss wesentlich. In der 1. Hälfte des 16. Jahrhunderts entstand ferner in der Fraktur eine leichter lesbare und herstellbare gotische Schriftart, die in Deutschland und im westslawischen 40 Bereich bis ins 20. Jahrhundert in Gebrauch war. Um 1570 war die Umstellung von der Handschrift auf den Buchdruck vollzogen. Von nun an vervollkommnete sich v. a. das technische Verfahren des Buchdrucks, besonders seit Ende des 19. Jahrhunderts.

3. Gib für beide Texte das Thema in einem Satz an, sodass der inhaltliche Unterschied zwischen beiden erkennbar wird.

4. Beantworte nun die Fragen, die du vor dem Lesen aufgeschrieben hast, mithilfe der beiden Texte. Was blieb evtl. unbeantwortet? Was hast du zusätzlich erfahren?

5. Die Bedeutung des Buches wandelte sich mit Gutenbergs Erfindung. Bücher sind auch über 500 Jahre nach Gutenberg aus unserem Leben nicht wegzudenken, dennoch hat sich ihr Stellenwert erneut verändert. Klärt zuerst mithilfe des ersten Textes, welche Rolle das Buch früher gespielt hat, und überlegt anschließend, warum die Erfindung des Buchdrucks eine der wichtigsten Errungenschaften der Geschichte darstellt.

6. Das Buch hat inzwischen sehr viel Konkurrenz bekommen. Setzt euch in Gruppen zusammen und erarbeitet eine Übersicht über die Medien, die heute mit dem Buch konkurrieren, in die ihr auch die Vor- und Nachteile im Vergleich zum Buch eintragt. Überlegt euch dazu eine passende grafische Umsetzung.

Lesetechniken gezielt anwenden

1. Die folgenden Texte befassen sich auf unterschiedliche Weise mit dem Thema „Sprachensterben". Lies die Texte. Gib an, worauf der jeweilige Text den Schwerpunkt legt, und fasse für jeden Text die wichtigste Aussage in ein bis zwei Sätzen zusammen.

Sprachensterben: Verlust für die gesamte Menschheit

Statistisch gesehen stirbt alle zwei Wochen eine der weltweit noch gut 6 000 existierenden Sprachen, berichtet die Gesellschaft für bedrohte Völker (GfbV) in ihrem Menschenrechtsreport. Besonders gefährdet sind Sprachen der Ureinwohner, sogenannter indigener Völker. „Wenn eine Sprache stirbt, ist das ein
5 schlechtes Zeichen für die Situation ihrer Sprecher. Oft leiden sie unter Menschenrechtsverletzungen, werden diskriminiert, von ihrem Land verdrängt oder bedroht."
Mit ihrer Sprache verlieren die Betroffenen das wichtigste Abbild ihrer Kultur. So verschwinden ihre Bezeichnungen für Pflanzen, Tiere, Orte, Gefühle, reli-
10 giöse Werte genauso wie ihre meist mündlich überlieferten Geschichten und die Verbindung zu ihrer Herkunft, warnt die GfbV. Deshalb führt der Verlust einer Sprache gleichzeitig zum Verlust der Identität und bedeutet nicht selten ein kollektives Trauma, das über Generationen fortwirkt. Aber auch die gesamte Menschheit ist betroffen. Denn mit dem Aussterben einer Sprache gehen
15 unwiederbringlich Beispiele für menschliches Denken, Ideen und Ausdrucksmöglichkeiten verloren.

> **Schlage nach:**
> - diskriminieren
> - die Identität
> - das kollektive Trauma
> - die Unesco
> - ethnisch
> - die Mentalität
> - das Kriterium
> - relevant

> **Erkläre:**
> - überliefern
> - fortwirken
> - unwiederbringlich

Neuer Weltatlas zu bedrohten Sprachen online

Die UNESCO hat einen neuen Atlas der bedrohten Sprachen herausgegeben. Er enthält Informationen zu mehr als 2 500 gefährdeten Sprachen weltweit.

Nach Einschätzung der UNESCO ist mehr als die Hälfte der weltweit über 6 000 Sprachen vom Aussterben bedroht. 200 Sprachen sind während der letzten drei Generationen ausgestorben, etwa 1 700 Sprachen sind ernsthaft gefährdet, über 600
5 Sprachen werden kaum noch gepflegt.
Die Hälfte aller Sprachen sind Minderheiten- und Regionalsprachen, die von weniger als 10 000 Menschen gesprochen werden. Besonders gefährdet sind die Sprachen kleiner ethnischer Gruppen in Lateinamerika und der asiatisch-pazifischen Region.
10 Durch den Verlust von Sprachen sieht die UNESCO die kulturelle Vielfalt weltweit ernsthaft bedroht: Jede Sprache repräsentiert eine Welt von Gedanken mit ihr eigenen Metaphern, Sprichwörtern und Mentalitäten, mit eigenem Vokabular, Klangsystem und eigener Grammatik.

In welchem Grade eine Sprache bedroht ist, bewerten die Herausgeber des [15] UNESCO-Atlas nach neun Kriterien. Ausschlaggebend sind die Sprecherzahl sowie die Art und Qualität der Dokumentation. Ein weiteres Kriterium: Die Sprecher müssen ihre eigene Sprache wertschätzen. Relevant ist außerdem, in welchen Lebensbereichen die Sprache benutzt wird: Familie, Freizeit, Internet, Schule, Arbeit, Medien. Die Präsenz einer Sprache in den Medien und in kul- [20] turellen Ausdrucksformen wie Gedichten, Liedern und Sprichwörtern beeinflusst den Lebendigkeitsgrad einer Sprache.

2. Im Folgenden findet ihr verschiedene Aufträge, die jeweils ganz unterschiedliche Lesetechniken notwendig machen. Analysiert die Aufträge und erörtert, welche der folgenden Methoden euch dabei jeweils helfen kann.

Lesetechniken
- Strukturierendes Durcharbeiten = den Aufbau und Gedankengang eines gesamten Textes nachvollziehen
- Überfliegendes Lesen = sich einen Überblick verschaffen
- Selektives (auswählendes) Lesen = gezielt eine bestimmte Information suchen
- Genaues, sinnverstehendes Lesen = tiefes Textverständnis erreichen
- Genaues, markierendes Lesen = beim Lesen bestimmte Anstreichungen im Text vornehmen

Welche Lesetechnik die „richtige" ist, d. h. wie du dir einen Text gut erschließt, hängt von der Aufgabe ab, die du mit dem Text lösen willst.

Auftrag 1: Stelle dar, nach welchen Kriterien die Unesco eine Sprache als gefährdet einstuft.

Auftrag 2: Gib an, welche Sprachen besonders bedroht sind, und erkläre, warum das so ist.

Auftrag 3: Verdeutliche, mit welcher Geschwindigkeit Sprachen von unserem Planeten verschwinden.

Auftrag 4: Erläutere, welche Bedeutung das Verschwinden einer Sprache für ihre Sprecher hat.

Auftrag 5: Vergleiche die beiden Texte und stelle in einer Tabelle übersichtlich dar, welche inhaltlichen Gemeinsamkeiten und Unterschiede es gibt.

3. Teilt die Arbeitsaufträge untereinander auf und erarbeitet jeweils einen der Aufträge in der Gruppe.

4. Befasst euch mit der Geschichte der luxemburgischen Sprache. Findet heraus, seit wann Luxemburgisch offiziell Nationalsprache ist. Ermittelt, welche Kriterien ein Dialekt erfüllen muss, um eine Sprache zu werden.

Informationen entnehmen und zusammenfassen

Im folgenden Interview erläutert Professor Dr. Horst Heidtmann, Leiter des Instituts für angewandte Kindermedienforschung in Stuttgart, einer deutschen Zeitung einige Ergebnisse seiner Forschung.

Jede Zeile voller Action

Herr Heidtmann, zaubern Jungs wirklich lieber am PC, statt dicke Bücher zu wälzen – Harry Potter zum Trotz?

Prof. Heidtmann

Mit zunehmendem Alter werden andere Medien wichtiger. Für eine Studie[1] haben wir unlängst 2 300 Schülerinnen und Schüler (in Südwestdeutschland)
5 im Alter zwischen zehn und 16 Jahren befragt: 55 Prozent der Jungen geben an, dass sie nicht – oder nicht mehr – erzählende Literatur lesen. Das Fernsehen wird am meisten genutzt, die Computermedien legen deutlich zu. Eine andere Studie von uns zeigte, dass wir die Harry-Potter-Begeisterung in einem anderen Licht sehen müssen: Zwar zählen über 30 Prozent der jugendlichen männ-
10 lichen Leser Potter-Bände zu ihren Lieblingsbüchern, doch auf gezieltes Nachfragen räumen etliche Jungen ein, dass sie den jeweiligen Band (noch) nicht fertig gelesen oder wegen nachlassenden Interesses wieder aus der Hand gelegt hätten. „Isch zu dick.“

Durch Spielanleitungen und Handbücher von Softwareprogrammen quälen sie sich doch
15 *ganz gerne. Zählt das nicht?*

Da sollten wir in der Tat umdenken. Wir haben in unseren Köpfen – und auch in unseren Schulen – vielfach Vorstellungen von einer Lesekultur, die es in dieser Weise schon lang nicht mehr gibt. Das Entscheidende ist, dass Jungen – wie Mädchen – über die Kompetenz[2] verfügen sollten, Texte lesen und verstehen
20 zu können. Das ist auch der Maßstab, den die internationalen Vergleichsstudien, wie die Pisa-Studie[3], anlegen. Die Lehrpläne an deutschen Schulen geben für den Deutschunterricht eine Auswahl von Texten vor, die eher dem 19. Jahrhundert als dem Informationszeitalter verpflichtet ist. Die Schere zwischen dem, was Kinder heute in ihrer Freizeit lesen, und dem, was in den Schulen behan-
25 delt wird, klafft Jahr für Jahr weiter auseinander.

Wenn sie es doch tun, was lesen Kinder am liebsten?

Die Leseinteressen von Jungen grenzen sich heute – stärker als je zuvor – auf einfache Formen der spannungs- und erlebnisorientierten Unterhaltungsliteratur ein. Jungen lesen bevorzugt Krimis, Horror-, Fantasy- und Abenteuerge-
30 schichten. Jüngere schätzen besonders Autoren wie Thomas Brezina oder R. L. Stine, Autoren, die ihr Erzählen an TV-Serien orientieren. Ältere lieben Erwachsenenautoren wie Stephen King oder Grisham, deren Romane sich wie ausformulierte Drehbücher zu Hollywoodfilmen lesen, die also ebenfalls vom Film geprägt erzählen.

35 *... und der traditionelle Abenteuerroman à la Karl May oder R. L. Stevenson?*

[1] *die Studie:* die Untersuchung

[2] *die Kompetenz:* die Fähigkeit

[3] *die Pisa-Studie:* weltweite Untersuchung, die die Leistungen von Schülern vergleicht

Für die Klassiker der Abenteuerliteratur interessieren sich heute kaum noch Jungen. Kinder werden über Zeichentrickserien oder TV-Soaps schon früh an eine ständige Abfolge von Spannungshöhepunkten gewöhnt. Ein traditioneller Abenteuererzähler wie Karl May kommt hingegen ziemlich langsam zur Sache, beschreibt zunächst auf 50 Seiten die Vegetation der Steppe, bevor es die ersten ₄₀ Konflikte zwischen Indianern und weißen Siedlern gibt. Immer mehr Jungen – nicht nur Wenigleser oder Leseungeübte – legen heute ein Buch wieder aus der Hand, wenn nicht bereits auf den ersten vier oder fünf Seiten spannende Action geboten wird.

Was lesen Mädchen und warum wollen sie nicht aufs Buch verzichten? ₄₅

Mädchen suchen weniger die äußere Aktion, obwohl auch sie heute zunehmend Horror oder Mystery schätzen. Nach unseren Untersuchungen gehen die Leseinteressen ab etwa neun, zehn Jahren erkennbar auseinander. Mädchen lesen häufig, um etwas über Gefühle, über Beziehungen zwischen Menschen zu erfahren. Sie bevorzugen Romane, Geschichten über die erste Liebe oder ₅₀ Liebeswirren: Im Alter zwischen elf und 14 lesen viele begeistert Nacherzählungen von Daily Soaps wie „Gute Zeiten – schlechte Zeiten", in denen vor allem die Gefühle der jugendlichen Serienfiguren – ihre Innensicht – ausführlicher dargeboten werden als in der TV-Serie selbst.

Was bedeutet dieses Immer-weniger-Lesen für die Intelligenz? ₅₅

Man kann sicherlich hochintelligent sein, ohne Romane zu mögen oder zu lesen. Die neuere Forschung belegt aber, dass es Zusammenhänge gibt zwischen der Lesekompetenz und einer Vielzahl anderer geistiger Fähigkeiten. Kinder mit höher entwickelter Lesekompetenz sind in der Regel auch die besseren Fernseher, d. h., sie entnehmen Fernsehsendungen mehr und komplexere ₆₀ Informationen als die Nichtleser der gleichen Altersgruppe. Die Pisa-Studie hat gerade gezeigt, dass Schüler mit hoher Lesekompetenz auch schwierige Mathematikaufgaben besser verstehen und lösen können. Übrigens: Das Internet ist ein höchst textlastiges Medium, wer in den Datennetzen surfen will, sollte Web-Adressen oder Suchbegriffe exakt lesen und korrekt schreiben können. ₆₅

Einmal Nichtleser, immer Nichtleser?

⁴ *die Printmedien:* alles Gedruckte

Wer als Kind keinen Zugang zu den Printmedien⁴ findet, wer nicht in frühem Alter die Erfahrung macht, dass das Lesen von Büchern ein höchst vergnüglicher Zeitvertreib ist, der hat es schwer, sich diesen Zugang in höherem Alter zu erschließen. Verschiedene Untersuchungen zum Lesen haben schon aufgezeigt, ₇₀ dass das Vorbild lesender Eltern sehr wichtig ist. Vielleser sind in der Regel in einer Umgebung groß geworden, in der ihnen ein selbstverständlicher Umgang mit Büchern und Zeitschriften vorgelebt worden ist. Die Schule allein vermag

⁵ *das Defizit:* die Schwäche

diese Defizite⁵ bei uns nicht auszugleichen, obwohl auch die Leseförderung in der Schule eine wichtige Rolle spielt. Wem solche Impulse fehlen, der hat ₇₅ schlechte Karten für seinen zukünftigen Bildungsweg.

Techniken der Texterschließung

→ **Sinnabschnitte** eines Textes beginnen oft dort, wo ein neuer Gesichtspunkt angesprochen wird. Sie können, aber müssen nicht mit Absätzen übereinstimmen.

→ Wichtige Informationen eines Textes sollten **markiert** (z. B. unterstrichen) werden, um sie von unwichtigen abzuheben.

→ In einem **Stichwortzettel** wird der Gedankengang eines Textes verkürzt als Tabelle, Flussdiagramm oder Schaubild wiedergegeben.

1. Setzt euch in Gruppen zusammen und gliedert das voranstehende Interview mit Professor Heidtmann in Sinnabschnitte. Diskutiert das Ergebnis in der Klasse.

2. Formuliert Kurzüberschriften für die Sinnabschnitte, sodass ersichtlich wird, welcher Gedanke jeweils im Mittelpunkt steht.

3. Für den ersten Abschnitt des Textes könnte eine Unterstreichung der wichtigen Informationen zu folgendem Ergebnis führen. Begründe, warum die unterstrichenen Stellen für das Verständnis unverzichtbar sind.

Herr Heidtmann, zaubern <u>Jungs</u> wirklich lieber am PC, statt dicke Bücher zu wälzen – Harry Potter zum Trotz?
<u>Mit zunehmendem Alter</u> werden <u>andere Medien wichtiger</u>. Für eine <u>Studie</u> haben wir unlängst 2 300 Schülerinnen und Schüler (in Südwestdeutschland)
5 im Alter zwischen zehn und 16 Jahren befragt: <u>55 Prozent der Jungen</u> geben an, dass sie <u>nicht – oder nicht mehr – erzählende Literatur lesen</u>. Das <u>Fernsehen</u> wird am meisten genutzt, die <u>Computermedien</u> legen deutlich zu. Eine <u>andere Studie</u> von uns zeigt, dass wir die Harry-Potter-Begeisterung in einem anderen Licht sehen müssen: Zwar zählen über 30 Prozent der jugendlichen männli-
10 chen Leser <u>Potter-Bände</u> zu ihren <u>Lieblingsbüchern</u>, doch auf gezieltes Nachfragen räumen etliche Jungen ein, dass sie den jeweiligen Band (noch) <u>nicht fertig gelesen</u> oder wegen nachlassenden Interesses wieder aus der Hand gelegt hätten. „Isch zu dick."

4. Unterstreiche auch im Rest des Textes das Wichtigste und vervollständige die folgende Tabelle:

Sinnabschnitt 1	Stichworte
Z. 5/6	Studie: Jungen lesen mit wachsendem Alter weniger
Z. 6/7	Fernsehen und Computer wichtiger als Literatur
Z. 10–13	Studie: Lieblingsbücher oft nicht zu Ende gelesen

Um einem Text bestimmte Informationen zu entnehmen, arbeitest du am besten mit **Unterstreichungen**.

Wenn du das nicht darfst (weil dir ein Buch nicht gehört oder weil du es schonen möchtest), werden die Textstellen herausgeschrieben.

Wenn du nur einzelne Informationen suchst, genügt eine gezielte Suche nach den richtigen „Stellen".

Wenn du allerdings den ganzen Gedankengang und alle wichtigen Aussagen eines Textes entnehmen willst, musst du auch erfassen, wie der Text aufgebaut ist. Zusätzlich zu den Unterstreichungen sind erforderlich:

- Die Gliederung des Textes in **Sinnabschnitte**
- Die Formulierung von Überschriften in vollständigen Sätzen

5. Die Zusammenfassung eines Sachtextes wird mit einem Basissatz (☞ S. 126) eingeleitet, in dem man die Überschrift, das Thema des Textes und – falls vorhanden – den Namen des Verfassers nennt. Formuliere einen Basissatz zum Text „Jede Zeile voller Action" (☞ S. 71). Wähle einen der folgenden Satzanfänge:

- Das Interview „Jede Zeile voller Action" dreht sich darum, dass ...

- In dem Interview „Jede Zeile voller Action" geht es darum, dass ...

- Das Interview „Jede Zeile voller Action" befasst sich mit ...

6. Kürze die folgenden Ausdrücke, ohne dass der wesentliche Gedanke verloren geht.
- Spielanleitungen und Handbücher von Softwareprogrammen
- Krimis, Horror-, Fantasy- und Abenteuergeschichten
- ... Karl May kommt hingegen ziemlich langsam zur Sache, beschreibt zunächst auf 50 Seiten die Vegetation der Steppe, bevor es die ersten Konflikte zwischen Indianern und weißen Siedlern gibt.
- ... sie entnehmen Fernsehsendungen mehr und komplexere Informationen als die Nichtleser der gleichen Altersgruppe.

7. Um Zusammenhänge zu verdeutlichen, sollen Sätze so oft wie möglich durch Konjunktionen (☞ S. 247) verbunden werden. Ergänze die passenden Konjunktionen.
- Eine Studie zeigt, _____ Jungen mit wachsendem Alter weniger lesen.
- Die Auswahl an Texten in Büchern für den Deutschunterricht muss überdacht werden, _____ die Freizeitlektüre der Kinder und Jugendlichen sich sehr vom Lesestoff in der Schule unterscheidet.

- Jungen bevorzugen spannende Unterhaltungsliteratur, _____ Mädchen lieber in Geschichten voller Gefühl schmökern.
- Wer als Kind den Umgang mit Gedrucktem als etwas Alltägliches erlebt, wird eher zu einem Vielleser. _____ ist das Vorbild der Eltern wichtig.
- Genau lesen und korrekt schreiben zu können, ist wichtig, _____ man das Internet richtig nutzen kann.

8. Wandle die folgenden Aussagen in indirekte Rede um (☞ S. 101 ff.). Achte dabei auch auf eine passende Redeeinleitung. Wähle aus folgenden Verben aus: *betonen, unterstreichen, erklären, darlegen, bestätigen, ausführen*.

- *Professor Heidtmann*: 55 Prozent der Jungen zwischen 10 und 16 Jahren, die wir unlängst für eine Studie befragten, gaben an, dass sie keine erzählende Literatur lesen. Das Fernsehen wird am meisten genutzt, die Computermedien legen deutlich zu.
- *Professor Heidtmann*: Es gibt Zusammenhänge zwischen der Lesekompetenz und einer Vielzahl anderer geistiger Fähigkeiten.
- *Professor Heidtmann*: Die Pisa-Studie hat gezeigt, dass Schüler mit hoher Lesekompetenz auch schwierige Mathematikaufgaben besser lösen können.
- *Professor Heidtmann*: Wer nicht in frühem Alter die Erfahrung macht, dass das Lesen von Büchern ein höchst vergnüglicher Zeitvertreib ist, der hat es schwer, sich diesen Zugang in höherem Alter zu erschließen.

Für die **Zusammenfassung von Sachtexten** gilt das Gleiche wie für die Inhaltszusammenfassung von literarischen Texten:
- Sie ist deutlich kürzer als die Textvorlage.
- Ihre Sprache ist sachlich.
- Tempus ist das Präsens (Vorzeitigkeit: Perfekt).
- Passende Satzgefüge verdeutlichen den Zusammenhang der Gedanken.
- Direkte Rede wird sinngemäß wiedergegeben oder in indirekte Rede umgewandelt.

---

9. Schreibe eine Zusammenfassung des Interviews von Seite 71. Besprecht und überarbeitet eure Entwürfe in Schreibkonferenzen.

10. Texte, mit denen du die Zusammenfassung eines Sachtextes üben kannst, findest du zu Beginn dieses Kapitels (☞ „Die Schrift" S. 66, „Geschichte des Buchdrucks" S. 67).

Diagramme erläutern

1. Beschreibe die Gestaltung des Schaubildes.

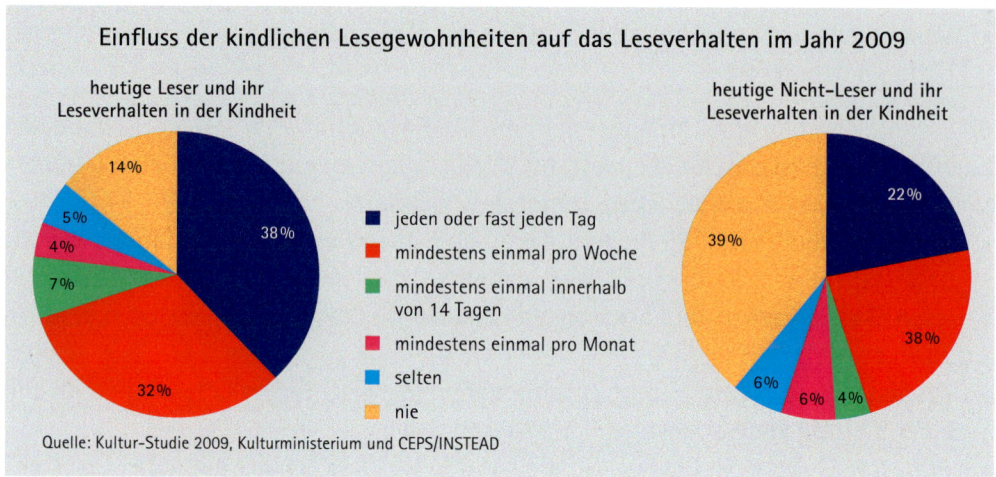

Einfluss der kindlichen Lesegewohnheiten auf das Leseverhalten im Jahr 2009

heutige Leser und ihr Leseverhalten in der Kindheit

heutige Nicht-Leser und ihr Leseverhalten in der Kindheit

- jeden oder fast jeden Tag
- mindestens einmal pro Woche
- mindestens einmal innerhalb von 14 Tagen
- mindestens einmal pro Monat
- selten
- nie

Quelle: Kultur-Studie 2009, Kulturministerium und CEPS/INSTEAD

2. Ergänze mithilfe der Informationen aus dem Schaubild den folgenden Text. Übertrage ihn dazu in dein Heft.

Das Schaubild gibt Auskunft über ???. Zwei Gruppen von Lesern werden einander gegenübergestellt: ??? und ???. Untersucht wird, ??? die Befragten in ihrer Kindheit gelesen haben. Dabei kann man feststellen, dass 38 Prozent der begeisterten Leser von heute im Alter zwischen 8 und 12 Jahren ???. Dagegen finden sich unter den Nicht-Lesern fast genauso viele Menschen, nämlich ??? Prozent, ₅ die in ihrer Kindheit ???. Insgesamt haben bei den eifrigen Lesern von heute ??? Prozent mindestens einmal pro Woche zu einem Buch oder einem Comic gegriffen. Daraus kann man schließen, dass Menschen, die ???, diese Gewohnheit in der Regel auch als Erwachsene beibehalten. Andererseits muss man aber auch feststellen, dass unter den heutigen Nicht-Lesern ??? Prozent sind, die als ₁₀ Kinder wenigstens einmal pro Woche ein Lektürebuch in die Hand genommen haben. Warum sie heute ???, verrät das Diagramm nicht.

3. Untersuche die Sprache des Textes. Kläre, wie das Diagramm beschrieben wird, wie die einzelnen Aussagen verknüpft sind und wie Schlussfolgerungen gezogen werden.

Mithilfe von Diagrammen kann man eine Vielzahl von Aussagen erschließen, die nicht wörtlich dastehen. Um diese Informationen zu erhalten, muss man das **Thema des Schaubildes** erfassen und untersuchen, was im Einzelnen dargestellt wird. Anschließend geht es darum, die wichtigsten **Aussagen** des Schaubildes korrekt zu formulieren und **Schlussfolgerungen** daraus zu ziehen.

Den Wortschatz erweitern

Ein Wortfeld untersuchen

Warum lesen wir Trauben und Bücher?

Das Verb *lesen* hat seinen Ursprung im Germanischen. *les-*, die Wurzel des Wortes, hat die Bedeutung „verstreut Umherliegendes aufnehmen und zusammentragen". So *lesen* die Menschen schon viel länger Trauben, Ähren oder Blumen als Bücher. Denn diese alte Bedeutung von *lesen* meint nichts anderes als „(auf-, ein-)sammeln, aussuchen". Dazu passt das Nomen die *Lese* (= das Sammeln, die Ernte), das sich in Begriffen wie *Blumenlese, Traubenlese, Weinlese, Spätlese* wiederfindet. Auch die Verben *auslesen* (= auswählen, aussuchen), *verlesen* (= Schlechtes, Unbrauchbares aussondern), das Adjektiv *erlesen* (= ganz vorzüglich) und das Nomen *Auslese* (= Auswahl der Besten) gehen auf diese ursprüngliche Bedeutung von *lesen* zurück.

Der Gebrauch des Verbs *lesen* im Sinne von *Bücher lesen* hat sich dagegen erst später durchgesetzt. Der Begriff *Leser* als Bezeichnung für jemanden, der Texte liest, entsteht zwischen dem 11. und 14. Jahrhundert. Je mehr Bedeutung das geschriebene und gedruckte Wort im 16., 17. und 18. Jahrhundert gewinnt, desto mehr Wörter rund ums Lesen tauchen in der deutschen Sprache auf: *Lesung* (16. Jh.), *lesbar, leserlich* (17. Jh.), *Lesart, Lesebuch* (18. Jh.), *Lesezeichen* (um 1800). *Ein Buch auslesen* bedeutet übrigens, dass man es zu Ende liest. Und wer sich *verlesen* hat, der hat ein Wort falsch gelesen. Genaues Lesen ist also unerlässlich, um die unterschiedlichen Bedeutungen von *lesen* zu erfassen.

1. Fasse die Informationen aus dem Text in einer Mind-Map zusammen.

2. Schlage die Begriffe zum Wortfeld *lesen* in einem Wörterbuch nach und halte ihre Bedeutung im Heft fest.

Wortfeld lesen

Verben:
durchlesen/überlesen/nachlesen/verlesen/auslesen/ablesen/einlesen
Nomen:
der Lesesaal/der Leserbrief/der Lesezirkel/die Leserschaft/die Lesung/
die Vorlesung/die Lesart/das Lesegerät/der Leserkreis/
Adjektive und Partizipien:
belesen/zerlesen/verlesen/erlesen/lesenswert/leserlich/lesbar

---

3. Erarbeite in der gleichen Weise Wortfelder zu folgenden Begriffen:
suchen • setzen • stehen • fallen • krank • arm • Luft • Feuer

Redewendungen auf den Grund gehen

Katharina Hannen

Sich etwas aus den Fingern saugen

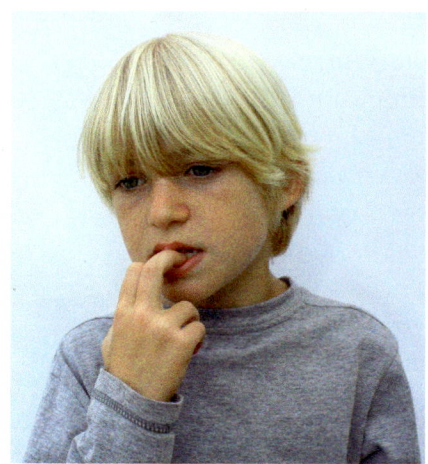

Den Bären wurde im alten Rom unterstellt, sie würden Milch aus ihren Tatzen ziehen. Hier liegt der Ursprung der Redewendung.

Max hat mal wieder seine Geschichtshausaufgaben vergessen. „Letzte Woche wolltest du mir weismachen, dass deine kleine Schwester das Heft versteckt hatte. In der Woche davor war angeblich der Hund schuld", stellt Lehrer Paulsen verärgert fest. „Ich bin schon ganz gespannt, welche Ausrede du dir heute aus den Fingern saugst." 5

Jeder kennt diesen Ausspruch, doch woher kommt er?

Im alten Rom gingen Forscher der Frage nach, wie Bären über Monate hinweg Winterschlaf halten können, ohne dabei zu verhungern. Dass die Tiere vom Fettvorrat leben, 10 den sie sich im Herbst angefressen haben, kam niemandem in den Sinn. Die römischen Wissenschaftler dachten sich eine sonderbare Erklärung aus, als sie den Bären beim Schlafen in ihren Höhlen zusahen. Einige Tiere lutschten im Traum an ihren Pfoten und gaben dabei Schmatzgeräusche 15 von sich. Die Forscher gingen davon aus, dass die Bären Milch aus ihren eigenen Klauen saugten und auf diese Weise den Winter überlebten.

Viele hundert Jahre später griff Johann Wolfgang von Goethe diese Beobachtung in einem Reim auf: „Dichter gleichen Bären, die stets an eignen Pfoten 20 zehren", schrieb er dort. Denn so wie die Bären angeblich Milch aus ihren Pfoten saugten, saugt der Schriftsteller seine Geschichten aus sich selbst heraus.

[1] *das geflügelte Wort: treffender Sinnspruch, Lebensweisheit*

Schnell entwickelte sich der Ausspruch zu einem geflügelten Wort[1]. Wer sich dringend etwas ausdenken musste, saugte es sich sprichwörtlich aus den Pfo- 25 ten. Bis heute existiert die Redewendung. Nur sind die „Pfoten" im Laufe der Zeit den „Fingern" gewichen – das klingt beim Menschen einfach besser.

Jemanden in die Tinte reiten; in die Tinte geraten; in der Tinte (selten auch: Tunke) sitzen

„Jemanden in die Tinte reiten" bedeutet „jemanden in eine missliche Lage bringen": Mit seinen sogenannten guten Ratschlägen hat er uns schon mehr als einmal in die Tinte geritten. – Wer in die Tinte gerät, kommt in eine missliche Lage: Der Verein war finanziell ganz schön in die Tinte geraten, erst ein großzügiger Mäzen[1] hat ihm wieder auf die Beine geholfen. – Schließlich bedeutet die Wendung „in der Tinte (oder: Tunke) sitzen", dass sich jemand in einer misslichen Lage befindet: Wenn morgen der Fluglotsenstreik beginnt, sitzen einige Touristen ganz schön in der Tinte.

---

[1] *der Mäzen: der freigiebige Gönner*

1. Vergleiche die beiden Texte und beschreibe, wodurch sie sich unterscheiden.

projektorientierte Aufgabe

Sprachspiele zu Redewendungen

Rund um Bücher, Texte und Sprache gibt es jede Menge Redewendungen und feste Ausdrücke, denen auf den Grund zu gehen sich lohnt. Mit der folgenden Auswahlliste lassen sich viele verschiedene Rätselaufgaben und spannende Sprachspiele gestalten, zum Beispiel:

- **Redewendungen-Quiz:** Auf Karteikarten werden die Erklärungen und Hintergrundinformationen zu verschiedenen Redewendungen geschrieben. Der Quizmaster liest die Erklärung bzw. Informationen vor, die Kandidaten müssen herausfinden, welche Redewendungen gemeint ist.
- **Redewendungen-Domino:** Redewendungen und Erklärungen werden auf passend zurechtgeschnittenen Zeichenbögen so notiert, dass ihr anschließend damit Domino spielen könnt.
- **Redewendungen-Memory:** Redewendungen und Erklärungen werden separat auf passend zurechtgeschnittene Zeichenbögen notiert. Anschließend werden die Karten gemischt und mit der Schrift nach unten auf dem Tisch verteilt. Schon kann die Memory-Runde beginnen.

> **Tipp:**
> - Redewendungen in der Bibliothek: Duden Redewendungen
> - Redewendungen im Internet: www.geolino.de www.redensarten-index.de

Buch
die Nase in ein Buch stecken / das Goldene Buch / ein Buch mit sieben Siegeln / das Buch der Bücher / ein offenes Buch für jemanden sein / ein … wie er im Buche steht / sich ins Buch der Geschichte eintragen / zu Buche schlagen / ein wandelndes Lexikon sein

Buchstabe
sich auf seine vier Buchstaben setzen / nach den Buchstaben des Gesetzes / etwas bis auf den letzten Buchstaben erfüllen / am Buchstaben kleben / Buchstabensuppe gegessen haben

Druck, Tinte, Papier
lügen wie gedruckt / der Druckfehlerteufel / Papier ist geduldig / das Papier nicht wert sein, auf dem etwas gedruckt ist / etwas zu Papier bringen / viel Tinte über etwas verspritzen

Wort und Text
Weiter im Text! / Klartext reden / Wort für Wort / in Wort und Schrift / in Wort und Bild / mit einem Wort / große Worte gelassen aussprechen / ein Wort gibt das andere / dein Wort in Gottes Ohr / das letzte Wort ist noch nicht gesprochen

Lesen, schreiben, sprechen
Gedanken lesen können / zwischen den Zeilen lesen / in jemandem wie in einem offenen Buch lesen / nicht viel Federlesens machen / jemandem die Leviten lesen / mit keiner Silbe erwähnen / sich etwas hinter die Ohren (Löffel) schreiben / Bände über etwas erzählen (schreiben) können / Bände sprechen / sich die Finger wund schreiben / sage und schreibe / sich etwas von der Seele schreiben / das kann ich dir schriftlich geben / (nicht) gut auf jemanden zu sprechen sein / wenn man vom Teufel spricht … / Wir sprechen uns noch!

Sprache
jemandem die Sprache verschlagen / die Sprache auf etwas bringen / die gleiche (eine andere) Sprache sprechen / mit der Sprache herausrücken / babylonisches Sprachengewirr

Zeichensetzung

Zeichensetzung zwischen Sätzen und Satzteilen

Die Braille-Schrift

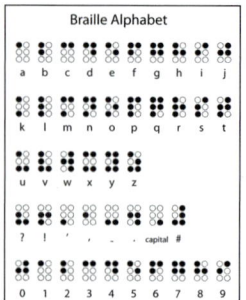

die braille-schrift ist eine punkteschrift die von blinden gelesen werden kann darum wird sie auch blindenschrift genannt das besondere an dieser punkte-schrift ist dass sie fühlbar ist die einzelnen punkte sind am papier auf dem sie gedruckt sind leicht erhöht natürlich braucht es übung darin die einzelnen punkte nicht nur genau fühlen sondern auch noch entziffern zu können die ₅ sichtbare schrift die du aus büchern zeitungen vom computerbildschirm oder vom display deines handys kennst wird übrigens schwarzschrift genannt

1. Lies den Text „Die Braille-Schrift" laut vor. Welche Schwierigkeiten hast du beim Lesen? Beschreibe, wie du beim Bestimmen der Sätze vorgegangen bist.

2. Schreibe den Text in der richtigen Groß- und Kleinschreibung in dein Heft und wende dabei die Regeln der Zeichensetzung an.

Wichtige Zeichensetzungsregeln:

- Das Komma steht bei **Aufzählungen**, wenn die einzelnen Glieder der Aufzählung nicht durch *und, oder, sowie* verbunden sind.
  Beispiel: *Peter, Klaus, Ingrid, Ludwig und ich waren dabei.*
- Die **Anrede** wird durch Komma abgetrennt.
  Beispiel: *Paul, kommst du endlich?* • *Was kann ich für Sie tun, Herr Meier?*
- **Datums- und Zeitangaben** werden durch Kommas gegliedert.
  Beispiel: *Wir sehen uns am Freitag, dem 13. Oktober, um 20 Uhr.*
  Sie kommt Montag, den 1. Juli, zu Besuch.
- **Ausrufe** werden durch Komma abgetrennt.
  Beispiel: *Ach, das ist aber schade!* • *Oh, so ist das!* • *Nein, das tut mir leid.*

---

3. Unterstreiche in den folgenden Beispielen die beiden Teilsätze jeweils in verschiedenen Farben. Umkreise das konjugierte Verb. Welchen Unterschied stellst du fest?

- Bücher in Blindenschrift sind viel dicker als normale Bücher, denn Blindschrift braucht mehr Platz und somit mehr Seiten.
- Weil das so ist, benötigen dicke Bücher in der Blindenschrift sogar mehrere Bände.
- Eine besonders lange Geschichte wie die von Harry Potter passt nicht in ein Buch für Blinde, deshalb wird sie über mehrere Bücher verteilt.
- Der siebte Harry-Potter-Teil, den du vielleicht gelesen hast, umfasst in Blindenschrift sieben Bände.

Die Verbindung von Haupt- und Nebensätzen nennt man **Satzgefüge** (Hypotaxe). Man kann die Satzart an der **Stellung des konjugierten Verbs** im Satz erkennen: Im Hauptsatz steht es an zweiter Stelle der Satzglieder, im Nebensatz steht es an letzter Stelle. In der Regel steht zwischen ihnen ein Komma.

Die Verbindung von Hauptsätzen nennt man **Satzreihe** (Parataxe). Auch zwischen Hauptsätzen steht ein Komma. Sind sie durch die Konjunktionen *und* bzw. *oder* verbunden, muss kein Komma stehen. Häufig ist es aber sinnvoll, ein Komma zu setzen, da so der Satz übersichtlicher ist.

Oft bestehen Sätze aus mehreren Haupt- und Nebensätzen, also aus Satzgefügen und Satzreihen gleichzeitig. Dann ist die Kommasetzung besonders wichtig, damit man nicht den Überblick verliert.

4. Suche im folgenden Text nach Satzreihen und Satzgefügen. Schreibe sechs Beispiele in dein Heft. Unterstreiche dabei Hauptsätze blau und Nebensätze grün und gib an, ob es sich um eine Satzreihe oder ein Satzgefüge handelt.

Nach Johannes Eberhorn
Louis Braille, der Erfinder der Blindenschrift

Louis Braille wird am 4. Januar 1809 in Coupvray, einem kleinen Dorf in der Nähe von Paris, als Sohn eines Sattlers[1] geboren. Bei einem Unfall in der Sattlerwerkstatt stößt er sich ein spitzes Werkzeug ins Auge. Weil sich die Wunde infiziert und die Infektion[2] auch auf das andere Auge übergreift, er-
5 blindet Louis kurz darauf völlig. Normalerweise hätte ihm in jener Zeit nun ein ereignisloses und elendes Leben gedroht, doch der blinde Junge erweist sich als äußerst lernwillig. Darum darf er mit sieben Jahren die Schule seines Heimatdorfes besuchen und erhält drei Jahre später ein Stipendium für das Pariser Blindeninstitut, die erste Blindenschule der Welt. Dort lernen die blin-
10 den Kinder hauptsächlich, indem sie zuhören und das Gehörte wiederholen. Die Bibliothek des Instituts hat zwar einige Bücher mit erhöhten Buchstaben, die von Blinden ertastet werden können, doch diese Art zu lesen ist äußerst mühsam und zeitaufwändig.

Louis Braille bemüht sich darum, eine bessere Methode zu finden, um Blin-
15 den das Lesen zu erleichtern. Den entscheidenden Anstoß erhält er 1821, als der Artilleriehauptmann Charles Barbier die Blindenschule besucht. Barbier stellt den Schülern seine „Nachtschrift" mit ihren zwölf Punkten vor, die er für die Armee erfunden hat, um Botschaften wie „vorwärts" oder „Rückzug" lautlos und ohne Licht übermitteln zu können. Louis Braille inspiriert sie da-
20 zu, seine Blindenschrift zu entwickeln. Er ist 15, als er ein Blindenalphabet er-findet, das mit nur sechs Punkten dargestellt werden kann. Auch mathemati-

Louis Braille

[1] *der Sattler:* jemand, der grobe Lederwaren (z.B. Sättel, Koffer) herstellt

[2] *die Infektion:* die Ansteckung durch eingedrungene Krankheitserreger, die Entzündung

sche Zeichen und Musiknoten werden mithilfe der Braille-Schrift für Blinde erfühlbar.

Aber Braille muss noch lange warten, bis sich seine Blindenschrift durchsetzt. Erst im Jahr 1850, zwei Jahre vor seinem Tod, erkennt die Pädagogische Aka- demie Frankreich das Sechs-Punkte-Alphabet offiziell an. Den weltweiten Siegeszug seiner Schrift erlebt Braille nicht mehr. Er stirbt am 6. Januar 1852 an einem Lungenleiden in Paris. Nach dem Tod ihres Erfinders setzt sich die Braille-Schrift in der ganzen Welt als amtliche Blindenschrift durch. 1878 wird sie auf einem internationalen Kongress in Paris zur offiziellen Methode für den Unterricht in Blindenschulen erklärt.

5. Markiere in den folgenden Sätzen die Haupt- und Nebensätze mit verschiedenen Farben.

Beispiel: Die Bibliothek des Instituts hat zwar einige Bücher mit erhöhten Buchstaben, die von Blinden ertastet werden können, doch diese Art zu lesen ist äußerst mühsam und zeitaufwändig.
HS1 – NS – HS2

- Drei Jahre später erhält Braille, der sehr intelligent ist, ein Stipendium für das Pariser Blindeninstitut.
- Er ist 15, als er ein Blindenalphabet erfindet, das mit nur sechs Punkten dargestellt werden kann.
- Louis Braille erfindet auch die Notenschrift für Blinde, die bis heute die einzig brauchbare Möglichkeit ist, dass Blinde Musiknoten lesen und schreiben können.

Infinitivsätze

> *Louis Braille wollte lieber lernen, als tatenlos zu Hause zu sitzen.*
> *Schon vor Louis Braille haben Menschen den Versuch unternommen, Sprache für Blinde lesbar zu machen.*
> *Die Erfinder der ersten Blindenschriften orientierten sich am Alphabet der Sehenden, um Buchstaben ins Papier zu prägen oder zu stechen.*
> *Die schnörkeligen Buchstaben machten es den Blinden schwer, die Texte flüssig zu lesen.*

1. Auch in diesen Sätzen kannst du einen Hauptsatz und einen von ihm abhängigen Satz unterscheiden. Allerdings steht am Ende ein Infinitiv. Deshalb spricht man von Infinitivsätzen. Wandle die Infinitivsätze in Nebensätze um. Was ändert sich?

> Infinitivsätze werden mit Kommas abgetrennt, wenn sie mit *um, ohne, statt, anstatt, außer* und *als* eingeleitet sind (a), wenn sie von einem Nomen anhängen (b) und wenn ein Verweiswort im übergeordneten Satz auf den Infinitiv hinweist (c).
> a) *Sie öffnete das Fenster, **um** frische Luft hereinzulassen.*
> b) *Der **Versuch**, ihr zu helfen, gelang.*
> c) *Er dachte **darüber** nach, sich zu verändern.*

2. Manchmal kann sich auch die Bedeutung des Satzes durch ein Komma verändern; dann muss es natürlich gesetzt werden. Erkläre den Bedeutungsunterschied der Sätze.

- *Er versuchte, täglich etwas länger aufzubleiben.*
- *Er versuchte täglich, etwas länger aufzubleiben.*

3. Suche im Text „Louis Braille, der Erfinder der Blindenschrift" (☞ S. 81) nach Beispielen für Infinitivsätze.

Apposition

1. Unterstreiche das Wort im Hauptsatz, auf das sich die hervorgehobene Erläuterung bezieht, und bestimme ihren Kasus.

- Louis Braille wird am 4. Januar 1809 in Coupvray, **einem kleinen Dorf nahe Paris**, geboren.
- Er erhält ein Stipendium für das Pariser Blindeninstitut, **die erste Blindenschule der Welt.**
- Der 4. Januar, **der Geburtstag des Erfinders der Blindenschrift**, erinnert an den berühmten Franzosen und wird jedes Jahr als Welt-Braille-Tag gefeiert.

> Eine Apposition ist eine nähere Erläuterung in einem Satz. Sie steht im gleichen Kasus wie das Wort, auf das sie sich bezieht. Sie wird durch Kommas abgetrennt.

2. Wende die Kommaregeln dieses Kapitels auf den folgenden Text an.

Selbst E-Mail und SMS die modernen Kommunikationsformen unserer Zeit können heute dank spezieller Geräte von Blinden „gelesen" werden. Die einen können den Text erkennen und lesen ihn dann vor bei den anderen werden die Buchstaben in die Blindenschrift umgewandelt. Auf dem sogenannten Braille-
5 Display können dann die Texte die auf dem Computermonitor zu sehen sind ertastet werden. Das funktioniert auch bei Handys wo das Display durch eine Braille-Zeile ersetzt wird.

O schaurig ist's ...

Johann Wolfgang von Goethe
Der Totentanz

Der Türmer, der schaut zu mitten der Nacht
Hinab auf die Gräber in Lage;
Der Mond, der hat alles ins Helle gebracht:
Der Kirchhof, er liegt wie am Tage.
5 Da regt sich ein Grab und ein anderes dann:
Sie kommen hervor, ein Weib da, ein Mann,
in weißen und schleppenden Hemden …

Francisco de Goya (1746–1828),
Das Pestlazarett

Johann Wolfgang von Goethe

Der Totentanz

Aufgaben: Seite 91

¹ *der Türmer:* oben in einem Turm wohnender Wächter, der auf Feuer und andere Gefahren zu achten hatte

² *die Gräber in Lage:* die Grabreihen des Friedhofs

³ *sich ergötzen:* sich erfreuen

⁴ *gebeut:* veraltet für: gebieten, befehlen, verlangen hier: weil man sich nicht mehr schämen muss

Der Türmer[1], der schaut zu mitten der Nacht
Hinab auf die Gräber in Lage[2];
Der Mond, der hat alles ins Helle gebracht:
Der Kirchhof, er liegt wie am Tage.
5 Da regt sich ein Grab und ein anderes dann:
Sie kommen hervor, ein Weib da, ein Mann,
in weißen und schleppenden Hemden.

Das reckt nun, es will sich ergötzen[3] sogleich,
Die Knöchel zur Runde, zum Kranze,
10 So arm und so jung und so alt und so reich;
Doch hindern die Schleppen am Tanze.
Und weil die Scham hier nun nicht weiter gebeut[4],
Sie schütteln sich alle: da liegen zerstreut
Die Hemdlein über den Hügeln.

15 Nun hebt sich der Schenkel, nun wackelt das Bein,
Gebärden da gibt es, vertrackte;
Dann klippert's und klappert's mitunter hinein,
Als schlüg' man die Hölzlein zum Takte.
Das kommt nun dem Türmer so lächerlich vor;
20 Da raunt ihm der Schalk, der Versucher, ins Ohr:
Geh! hole dir einen der Laken.

Getan wie gedacht! und er flüchtet sich schnell
Nun hinter geheiligte Türen.
Der Mond, und noch immer er scheinet so hell
25 Zum Tanz, den sie schauderlich führen.
Doch endlich verlieret sich dieser und der,
Schleicht eins nach dem andern gekleidet einher,
Und husch! ist es unter dem Rasen.

Nur einer, der trippelt und stolpert zuletzt
30 Und tappet und grapst[5] an den Grüften[6];
Doch hat kein Geselle so schwer ihn verletzt,
Er wittert das Tuch in den Lüften.
Er rüttelt die Turmtür, sie schlägt ihn zurück,
Geziert und gesegnet, dem Türmer zum Glück:
35 Sie blinkt von metallenen Kreuzen.

Das Hemd muss er haben, da rastet er nicht,
Da gilt auch kein langes Besinnen,
Den gotischen Zierrat[7] ergreift nun der Wicht
Und klettert von Zinnen zu Zinnen.
40 Nun ist's um den armen, den Türmer getan!
Es ruckt sich von Schnörkel zu Schnörkel[8] hinan,
Langbeinigen Spinnen vergleichbar.

Der Türmer erbleichet, der Türmer erbebt,
Gern gäb' er ihn wieder, den Laken.
45 Da häkelt – jetzt hat er am längsten gelebt –
Den Zipfel ein eiserner Zacken.
Schon trübet der Mond sich verschwindenden Scheins,
Die Glocke, sie donnert ein mächtiges Eins,
Und unten zerschellt das Gerippe.

Felix Nussbaum, „Musik … zum Tanz" (1944)

Ferdinand Avenarius

2 Die Pest

Aufgaben: Seite 91

Einst hat ein Mann die Pest gesehn
Frühmorgens über die Felder gehn,
Die Hähne krähten ihr heiser und schwach,
Misstönig knurrten die Hunde ihr nach.

5 In einem grauen Bettelkleid,
Gebückt, so hinkte sie über die Heid,
Nach allen Seiten sorgsam dreh'
Ihr rotes Auge sie und späht' --

Und wo ein Dorf von fern sie sah,
10 Still nickend stehen blieb sie da
Und nestelt' hüstelnd am Gewand
Und suchte fingernd mit der Hand

Und wedelt', wie man Mücken schreckt,
Ein gelbes Tuch, mit Blut befleckt
15 Dreimal und schnell, -- noch einen Fluch
Murrend, dann barg sie rasch ihr Tuch.

Und weiter hinkte sie am Stab:
Wohin sie stieß, sank's ein zum Grab,
Wohin sie winkte, Haus um Haus
20 Starb Dorf um Dorf zum Abend aus.

Pest: bakterielle Infektionskrankheit, die von Nagetieren auf den Menschen übertragen wird. Früher war die Pest weltweit verbreitet, heute tritt sie nur noch vereinzelt und örtlich begrenzt in Nord- und Südamerika und weiten Teilen Nordasiens und Afrikas auf. Die Erkrankung und der Erregernachweis sind meldepflichtig.

Ursache: Der Erreger *Yersinia pestis* führt auch bei Ratten zur Erkrankung und wird unter ihnen durch Flöhe weitergegeben. Der Mensch steckt sich über Flohstiche infizierter Flöhe oder durch direkten Kontakt mit den Nagetieren über Hautverletzungen (z. B. Bisse) an. Die Lungenpest kann auch über Tröpfcheninfektion (z. B. Husten) von Mensch zu Mensch weitergegeben werden.

Befund: 2 bis 10 Tage nach Ansteckung bricht die Erkrankung plötzlich aus. Es werden zwei Formen unterschieden, die mit z. T. hohem Fieber einhergehen: Beulenpest und Lungenpest. Bei der Lungenpest gelangt der Erreger über Tröpfcheninfektion in die Lunge. Die Zeit zwischen Ansteckung und Krankheitsausbruch ist sehr kurz (1 bis 2 Tage). Die Krankheit endet fast immer innerhalb von 2 bis 5 Tagen tödlich.

*Pieter Bruegel der Ältere, „Triumph des Todes"
um 1562*

Otto Ernst
Nis Randers

Aufgaben: Seite 91

Krachen und Heulen und berstende Nacht,
Dunkel und Flammen in rasender Jagd –
Ein Schrei durch die Brandung[1]!

⁵ Und brennt der Himmel, so sieht man's gut:
Ein Wrack auf der Sandbank! Noch wiegt es die Flut;
Gleich holt sich's der Abgrund.

Nis Randers lugt[2] – und ohne Hast
Spricht er: „Da hängt noch ein Mann im Mast;
Wir müssen ihn holen."

¹⁰ Da fasst ihn die Mutter: „Du steigst mir nicht ein!
Dich will ich behalten, du bliebst mir allein,
Ich will's, deine Mutter!

Dein Vater ging unter und Momme, mein Sohn;
Drei Jahre verschollen ist Uwe schon,
¹⁵ Mein Uwe, mein Uwe!"

Nis tritt auf die Brücke. Die Mutter ihm nach!
Er weist nach dem Wrack und spricht gemach:
„Und seine Mutter?"

Nun springt er ins Boot und mit ihm noch sechs:
²⁰ Hohes, hartes Friesengewächs[3];
Schon sausen die Ruder.

Boot oben, Boot unten, ein Höllentanz!
Nun muss es zerschmettern ...! Nein, es blieb
ganz! ...
²⁵ Wie lange? Wie lange?

Mit feurigen Geißeln peitscht das Meer
Die menschenfressenden Rosse daher;
Sie schnauben und schäumen.

Wie hechelnde Hast sie zusammenzwingt!
³⁰ Eins auf den Nacken des anderen springt
Mit stampfenden Hufen!

Drei Wetter zusammen! Nun brennt die Welt!
Was da? – Ein Boot, das landwärts hält –
Sie sind es! Sie kommen!

³⁵ Und Auge und Ohr ins Dunkel gespannt ...
Still – ruft da nicht einer? – Er schreit's durch
die Hand:
„Sagt Mutter, 's ist Uwe!"

¹ *die Brandung:* Wellen, die sich an der Küste brechen

² *lugen:* aufmerksam spähen

³ *das Friesengewächs:* hier: Menschen, die in Friesland leben

*Konstantinovich Iwan Aiwassowskij,
Das Segelschiff „Maria" im Sturm (1892)*

Aufgaben: Seite 91

Annette von Droste-Hülshoff

Der Knabe im Moor

O schaurig ist's, übers Moor zu gehen,
wenn es wimmelt vom Heiderauche[1],
sich wie Phantome die Dünste drehn
und die Ranke häkelt am Strauche,
5   unter jedem Tritte ein Quellchen springt,
wenn aus der Spalte es zischt und singt –
o schaurig ist's übers Moor zu gehen,
wenn das Röhricht knistert im Hauche!

Fest hält die Fibel[2] das zitternde Kind
10   und rennt, als ob man es jage,
hohl über die Fläche sauset der Wind –
Was raschelt drüben am Hage[3]?
Das ist der gespenstische Gräberknecht,
der dem Meister die besten Torfe verzecht[4];
15   Hu, hu, es bricht wie ein irres Rind!
hinducket das Knäbelein zage.

Vom Ufer starret Gestumpf hervor,
unheimlich nicket die Föhre.
Der Knabe rennt, gespannt das Ohr,
20   durch Riesenhalme wie Speere;
und wie es rieselt und knittert darin,
das ist die unselige Spinnerin,
das ist die gebannte Spinnlenor'[5],
die den Haspel[6] dreht im Geröhre!

25   Voran, voran, nur immer im Lauf,
Voran als woll'es ihn holen;
vor seinem Fuße brodelt es auf,
es pfeift ihm unter den Sohlen
wie eine gespenstische Melodei;
30   das ist der Geigenmann[7] ungetreu,
das ist der diebische Fiedler Knauf,
der den Hochzeitheller gestohlen!

Da birst das Moor, ein Seufzer geht
hervor aus der klaffenden Höhle;
35   weh, weh, da ruft die verdammte Magre
Ho ho, meine arme Seele!
Der Knabe springt wie ein wundes Reh,
wär'nicht Schutzengel in seiner Näh',
seine bleichenden Knöchelchen fände sp
40   ein Gräber im Moorgeschwele.

Da mählich gründet[8] der Boden sich,
und drüben, neben der Weide,
die Lampe flimmert so heimatlich,
der Knabe steht an der Scheide.
45   Tief atmet er auf, zum Moor zurück
noch immer wirft er den scheuen Blick:
Ja, im Geröhre war's fürchterlich,
O schaurig war's in der Heide!

[1] *der Heiderauch:* Lufttrübung durch Moorabbrennen

[2] *die Fibel:* Schulbuch

[3] *der Hage:* kleiner Wald, Buschwerk

[4] *die besten Torfe verzechen:* die besten Erträge aus dem Torfabbau vertrinken

[5] *die Spinnlenor':* Name „Leonore"

[6] *die Haspel:* Gerät zum Abwickeln des Garns

[7] *der Geigenmann:* volkstüml. Bild für den Tod

[8] *gründet:* wird zu einem festen Grund

Johann Wolfgang von Goethe, **Der Totentanz** *(Seite 86)*

1. Fasse in einigen Sätzen zusammen, was in dieser Ballade passiert.

2. Suche Gründe, warum der Türmer sich auf die Versuchung einlässt.

3. Erkläre, was im Textzusammenhang mit „geheiligte Türen" (V. 23) gemeint ist. Stelle dar, welche Bedeutung ihnen im Verlauf des Geschehens zukommt.

4. Markiere die Verse, in denen der Mond beschrieben wird. Überlege, welchen Zusammenhang es zwischen der Beschreibung des Mondes und dem jeweiligen Geschehen gibt.

5. Erkläre, weshalb der Türmer am Ende davonkommt.

 Ferdinand Avenarius, **Die Pest** *(Seite 88)*

1. Gib an, welches sprachliche Mittel der Dichter verwendet, um die Pest zu beschreiben.

2. Verfasse mithilfe der Informationen des Gedichts einen Steckbrief der Pest.

3. Lies den Lexikon-Artikel über die Pest und unterstreiche die Informationen über die Entstehung und den Verlauf der Krankheit.

4. Stelle dar, wie der Dichter das Wissen über Entstehung und Verlauf der Pest im Gedicht verarbeitet. Vergleiche mit dem Lexikon-Artikel.

 Otto Ernst, **Nis Randers** *(Seite 89)*

1. Erkläre, warum Nis Randers versucht, den Schiffbrüchigen zu retten, und weshalb seine Mutter ihn davon abhalten möchte.

2. Arbeite heraus, wie die Naturgewalten in dieser Ballade dargestellt werden (☞ S. 168, 169 und 171).

3. Die Haltung des Erzählers verändert sich im Verlauf des Geschehens. Erläutere, wie er die Ereignisse am Anfang und am Schluss beschreibt.

4. Am nächsten Tag schildert die Mutter einer Nachbarin ihre Erlebnisse und Gefühle der vorherigen Nacht. Schreibe auf, was sie erzählt.

 Annette von Droste-Hülshoff, **Der Knabe im Moor** *(Seite 90)*

1. Untersuche, wie das Moor beschrieben wird. Welche Atmosphäre beschwört die Dichterin mit dieser Beschreibung herauf?

2. Stelle dar, wie der Knabe sich auf seinem Weg durch das Moor verhält. Achte dabei besonders auf die Verben.

3. In der Ballade werden vier schaurige Gestalten beschrieben. Diskutiert darüber, ob sie tatsächlich existieren. Begründet eure Meinung anhand von Textstellen.

4. Vergleiche die erste und die letzte Strophe miteinander und halte die Unterschiede schriftlich fest.

Balladen interpretieren

1. Die folgende Ballade stammt aus dem Jahre 1850. Sie geht auf ein besonderes Ereignis zurück, das sich 1841 in Amerika zugetragen hat. Lest die Ballade in der Klasse mehrmals laut.

Theodor Fontane
John Maynard

John Maynard!
„Wer ist John Maynard?"
„John Maynard war unser Steuermann,
Aus hielt er, bis er das Ufer gewann,
5 Er hat uns gerettet, er trägt die Kron',
Er starb für uns, unsre Liebe sein Lohn.
John Maynard."

Die „Schwalbe" fliegt über den Eriesee,
Gischt schäumt um den Bug wie Flocken von Schnee,
10 Von Detroit fliegt sie nach Buffalo –
Die Herzen aber sind frei und froh,
Und die Passagiere mit Kindern und Fraun
Im Dämmerlicht schon das Ufer schaun,
Und plaudernd an John Maynard heran
15 Tritt alles: „Wie weit noch, Steuermann?"
Der schaut nach vorn und schaut in die Rund.
„Noch dreißig Minuten ... Halbe Stund."

Alle Herzen sind froh, alle Herzen sind frei –
Da klingt's aus dem Schiffsraum her wie Schrei,
20 „Feuer!", war es, was da klang,
Ein Qualm aus Kajüt' und Luke drang,
Ein Qualm, dann Flammen lichterloh,
Und noch zwanzig Minuten bis Buffalo.

Und die Passagiere, buntgemengt,
25 Am Bugspriet[1] stehn sie zusammengedrängt,
Am Bugspriet vorn ist noch Luft und Licht,
Am Steuer aber lagert sich's dicht,
Und ein Jammern wird laut: „Wo sind wir? Wo?"
Und noch fünfzehn Minuten bis Buffalo.

30 Der Zugwind wächst, doch die Qualmwolke steht
Der Kapitän nach dem Steuer späht,

[1] *der Bugspriet:* über den Bug hinausragender Mastbaum

Er sieht nicht mehr seinen Steuermann,
Aber durchs Sprachrohr fragt er an:
„Noch da, John Maynard?"
35 „Ja, Herr, ich bin."
„Auf den Strand! In die Brandung!"
„Ich halte drauf hin."
Und das Schiffsvolk jubelt: „Halt aus! Hallo!"
Und noch zehn Minuten bis Buffalo. –

40 „Noch da, John Maynard?" Und Antwort schallt's
Mit ersterbender Stimme: „Ja, Herr, ich halt's!"
Und in die Brandung, was Klippe, was Stein,
Jagt er die „Schwalbe" mitten hinein.
Soll Rettung kommen, so kommt sie nur so.
45 Rettung: der Strand von Buffalo!
Das Schiff geborsten. Das Feuer verschwelt,
Gerettet alle. Nur *einer* fehlt!

Alle Glocken gehen; ihre Töne schwell'n
Himmelan aus Kirchen und Kapell'n,
50 *Ein* Klingen und Läuten, sonst schweigt die Stadt,
Ein Dienst nur, den sie heute hat:
Zehntausend folgen oder mehr,
Und kein Aug' im Zuge, das tränenleer.

Sie lassen den Sarg in Blumen hinab,
55 Mit Blumen schließen sie das Grab,
Und mit goldner Schrift in den Marmorstein
Schreibt die Stadt ihren Dankspruch ein:
„Hier ruht John Maynard! In Qualm und Brand
Hielt er das Steuer fest in der Hand,
60 Er hat uns gerettet, er trägt die Kron',
Er starb für *uns*, unsre Liebe sein Lohn.
John Maynard."

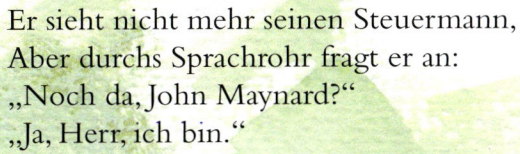

Buffalo

Eriesee

Detroit

2. Stelle die W-Fragen (☞ S. 98) an den Text und beantworte sie.

3. Kläre, aus wessen Sicht die Ereignisse dargestellt werden.

Balladen sind **Erzählgedichte**. Häufig steht ein außergewöhnliches Ereignis im Mittelpunkt, z. B. der Konflikt zwischen Menschen oder zwischen Mensch und Natur, eine Heldentat oder eine Geistererscheinung. Manche Balladen haben einen historischen Hintergrund bzw. gehen auf Sagen und Legenden zurück.
- Die **Helden- und Ideenballaden** zeigen Menschen vor besonderen Herausforderungen und schweren, oft moralischen Konflikten.
- **Naturmagische Balladen** erzählen von der Begegnung der Menschen mit übernatürlichen Mächten und Naturgewalten.

Das Geschehen in Balladen wird meistens von einem außen stehenden Erzähler dargestellt. Die Handlung entwickelt sich gezielt auf den Höhepunkt zu. Das Geschehen wird auf das Wesentliche reduziert. Es gibt nur wenige Hauptfiguren. Die Ballade enthält also **epische Elemente**.

4. Kläre, wer in der Ballade spricht. Markiere mit unterschiedlichen Farben.

5. Stelle dar, in welcher schwierigen Situation sich John Maynard befindet.

6. Beschreibe John Maynards Verhalten und beurteile es. Belege deine Aussage mit Textstellen. Gib an, zu welcher Gruppe von Balladen „John Maynard" gehört, und begründe deine Entscheidung.

7. In der Ballade bewegt sich das Geschehen konsequent auf einen Spannungshöhepunkt zu. Stelle die einzelnen Erzählschritte in einer Spannungskurve dar.

In Balladen entwickelt sich ein Gespräch zwischen zwei bzw. mehreren Figuren (Dialog) oder die Hauptfigur spricht zu sich selbst (Monolog). Oftmals gerät die Hauptfigur in eine schwierige Situation und muss eine folgenschwere Entscheidung treffen. Dialog, Monolog und Konfliktsituation sind **dramatische Elemente** der Ballade.

8. Untersuche die äußere Form der Ballade. Gib an, wie die Strophen aufgebaut sind und welchem Reimschema die Verse folgen.

9. Nenne die verwendeten sprachlichen Mittel (Metaphern, Vergleiche, Personifikationen ... ☞ S. 168 ff.) und zeige die damit erzielte Wirkung auf.

Balladen bestehen aus Versen, die zu Strophen zusammengefügt sind. Sie erzielen ihre Wirkung mit sprachlichen Mitteln (Metaphern, Vergleiche, Personifikationen ...). Balladen enthalten also **lyrische Elemente**.

Johann Wolfgang von Goethe (1749–1832), der zusammen mit Friedrich Schiller (1759–1805) eine ganze Reihe bedeutender Balladen verfasst hat, bezeichnete diese Textform als „Ur-Ei der Dichtung", „weil hier die Elemente (Lyrik, Dramatik, Epik) noch nicht getrennt" sind.

LYRIK = Gedicht

Ballade

DRAMATIK = Theater

EPIK = erzählende Dichtung

10. Lies die Ballade „Der Handschuh" auf der folgenden Seite und schreibe sie in Prosa zu Ende.

11. Sieh dir das Ende der Ballade neben dem Methodenkästchen unten an und vergleiche es mit deinen Ideen.

12. Unterteile die Ballade sinnvoll und suche für jeden Teil eine passende Überschrift.

13. Erprobe, wie sich die Ballade wirkungsvoll vortragen lässt. Füge dazu in eine Textkopie die folgenden Vortragszeichen ein. Vergleicht und diskutiert eure Ergebnisse.

Einen Balladenvortrag vorbereiten

➤ Lege eine Folie über den Text.

➤ Markiere im Text: Pause: **/** (*Schrägstrich*)

Betonung: ◯ (*Wort umkringeln*)

Weiterlesen beim Zeilensprung: ⟩ (*Bogen*)

Lautstärke: ———— (laut: *unterstreichen*)

········· (leise: *unterpunkten*)

➤ Notiere am Rand Überlegungen zur Tonlage:

Zum Beispiel: *überheblich, wütend ...*

Textende:
Und er wirft ihr
den Handschuh ins
Gesicht:
„Den Dank, Dame,
begehr' ich nicht",
Und verlässt sie zur
selben Stunde.

14. Begründe, warum es sich bei dem Text „Der Handschuh" um eine Ballade handelt. Gib an, zu welcher Gruppe von Balladen „Der Handschuh" gehört. Begründe deine Entscheidung mit Textstellen (☞ Aufg. 16, S. 97).

15. Beurteile das Verhalten von König Franz, Ritter Delorges und Fräulein Kunigunde.

Friedrich Schiller

Der Handschuh

Vor seinem Löwengarten,
Das Kampfspiel zu erwarten,
Saß König Franz,
Und um ihn die Großen der Krone,
5 Und rings auf hohem Balkone,
Die Damen in schönem Kranz.

Und wie er winkt mit dem Finger,
Auf tut sich der weite Zwinger,
Und hinein mit bedächtigem Schritt
10 Ein Löwe tritt,
Und sieht sich stumm
Rings um,
Mit langem Gähnen,
Und schüttelt die Mähnen,
15 Und streckt die Glieder,
Und legt sich nieder.

Und der König winkt wieder,
Da öffnet sich behend
Ein zweites Tor,
20 Daraus rennt
Mit wildem Sprunge
Ein Tiger hervor,
Wie der den Löwen erschaut,
Brüllt er laut,
25 Schlägt mit dem Schweif
Einen furchtbaren Reif,
Und recket die Zunge,
Und im Kreise scheu
Umgeht er den Leu¹
30 Grimmig schnurrend;
Drauf streckt er sich murrend
Zur Seite nieder.

Und der König winkt wieder,
Da speit das doppelt geöffnete Haus
35 Zwei Leoparden auf einmal aus,
Die stürzen mit mutiger Kampfbegier
Auf das Tigertier,
Das packt sie mit seinen grimmigen Tatzen,
Und der Leu mit Gebrüll
40 Richtet sich auf, da wird's still,
Und herum im Kreis,
Von Mordsucht heiß,
Lagern die gräulichen Katzen.

Da fällt von des Altans² Rand
45 Ein Handschuh von schöner Hand
Zwischen den Tiger und den Leun
Mitten hinein.
Und zu Ritter Delorges spottenderweis
Wendet sich Fräulein Kunigund:
50 „Herr Ritter, ist Eure Lieb so heiß,
Wie Ihr mir's schwört zu jeder Stund,
Ei, so hebt mir den Handschuh auf."

Und der Ritter in schnellem Lauf
Steigt hinab in den furchtbaren Zwinger
55 Mit festem Schritte.
Und aus der Ungeheuer Mitte
Nimmt er den Handschuh mit keckem Finger.

Und mit Erstaunen und mit Grauen
Sehen's die Ritter und Edelfrauen,
60 Und gelassen bringt er den Handschuh zurück.
Da schallt ihm sein Lob aus jedem Munde,
Aber mit zärtlichem Liebesblick –
Er verheißt ihm sein nahes Glück –
Empfängt ihn Fräulein Kunigunde.
…

² *der Altan:* der Balkon

¹ *der Leu:* der Löwe

16. *Begründe mithilfe passender Textstellen …, belege mit passenden Textstellen …*
Du weißt, dass du hierbei aus dem Originaltext Wörter oder ganze Sätze entnehmen, also zitieren, und in deine eigenen Sätze einfügen musst. Aber wie zitiert man richtig?

Begründe, warum im Folgenden die erste Zitierweise falsch ist.

a) falsch: *In Schillers Handschuh geschehen aufregende Dinge.*
   richtig: *In Schillers „Der Handschuh" geschehen aufregende Dinge.*

b) falsch: *Kunigunde fordert: „Herr Ritter, ist Eure Liebe so heiß,/Ei, so hebt mir den Handschuh auf." (V. 50-52)*
   richtig: *Kunigunde fordert: „Herr Ritter, ist Eure Liebe so heiß,/[…]/Ei, so hebt mir den Handschuh auf." (V. 50-52)*

c) falsch: *Wie bedrohlich die Situation ist, merkt man daran, dass „zwei Leoparden auf einmal aus,/Die stürzen mit mutiger Kampfbegier/Auf das Tigertier." (V. 35-37)*
   richtig: *Wie bedrohlich die Situation ist, merkt man daran, dass das Haus „zwei Leoparden auf einmal" (V. 35) ausspeit, die „mit mutiger Kampfbegier/Auf das Tigertier" (V. 35-37) stürzen.*

d) falsch: *Die Pointe wird vorbereitet, als: „Und mit Erstaunen und mit Grauen/Sehen's die Ritter und Edelfrauen,/Und gelassen bringt er den Handschuh zurück./Da schallt ihm sein Lob aus jedem Munde,/Aber mit zärtlichem Liebesblick –/Er verheißt ihm sein nahes Glück –/Empfängt ihn Fräulein Kunigunde." (V. 58-64)*
   richtig: *Die Pointe wird vorbereitet, als der Ritter den Handschuh zurückbringt und die Ritter und Edelfräulein Delorges loben, derweil Kunigunde ihn zärtlich anblickt. (V. 61)*

Richtig zitieren

Wenn man Textstellen aus einem anderen Text in die eigenen Sätze einbaut, nennt man dies Zitieren.
- Man unterscheidet das sinngemäße Zitat vom wörtlichen Zitat.
- Das wörtliche Zitat muss immer zwischen Anführungszeichen stehen.
- Alle Zitate werden mit einer Zeilenangabe versehen.
- Auslassungen werden bei wörtlichen Zitaten mit […] gekennzeichnet.
- Wörtliche Zitate müssen so in die eigenen Sätze eingebaut werden, dass der Satzbau der eigenen Sätze weiterhin korrekt ist. Dabei darf aber das wörtliche Zitat selbst nicht verändert werden bzw. müssen alle Änderungen in Klammern [ ] stehen.

Achtung: Bei Zitaten aus Gedichten wird der Zeilenumbruch mit / gekennzeichnet. Bei der Stellenangabe wird für die Zeilenzählung der Fachbegriff *Vers*, abgekürzt *V.*, verwendet. Strophen werden meist mit römischen Ziffern (I, II …) gekennzeichnet.

Berichten

Blinde Frau rettet Taxifahrer das Leben

Ein blinder Fahrgast hat einem Taxifahrer in Melbourne das Leben gerettet. Der australische Rundfunk berichtete am Sonntag, dass der Taxifahrer Judy Streit gerade zu ihrer Zieladresse im australischen Melbourne gefahren hatte und ihr die Tür öffnen wollte, als er plötzlich zusammensackte. Die Frau vermutete einen Herzinfarkt. Sie konnte den Mann mithilfe 5 eines Passanten auf den Bürgersteig legen und rief den Notruf an. Über Telefon erklärten die Sanitäter ihr die Handgriffe für die Herzmassage. Der Krankenwagen kam, der Mann wurde ins Krankenhaus gebracht und überlebte. Die Regierung will die Frau nun als Heldin im Alltag auszeichnen. 10

1. Beantworte die W-Fragen.

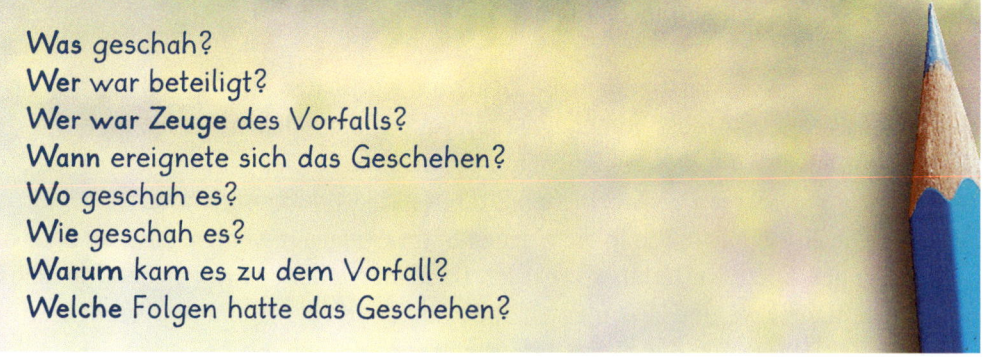

Was geschah?
Wer war beteiligt?
Wer war Zeuge des Vorfalls?
Wann ereignete sich das Geschehen?
Wo geschah es?
Wie geschah es?
Warum kam es zu dem Vorfall?
Welche Folgen hatte das Geschehen?

2. Bei dem Text oben handelt es sich um einen Bericht. Diese Textsorte beschäftigt sich mit einem vergangenen Geschehen. Unterstreiche die konjugierten Verben und ermittle das Tempus. Was stellst du fest?

LUFTSCHIFF-BRAND
„Der Pilot hat sich geopfert"

Ermittler rätseln, wie es zu dem tragischen Luftschiff-Unglück beim Hessentag kommen konnte. Der Pilot starb in der Kabine. Ein Experte sprach von
5 einer Heldentat. Denn drei Passagiere konnten sich knapp retten.

Beim Absturz eines Zeppelins im mittelhessischen Reichelsheim ist am Sonntagabend der Pilot ums Leben gekommen

REICHELSHEIM – *Nach einem misslungenen Landemanöver ist am Sonntagabend beim Hessentag ein australischer Pilot in* 10 *einem Luftschiff unter tragischen Umständen verbrannt.*

Bei gutem Wetter und blauem Himmel flog das blau-silberne Luftschiff den ganzen Tag über die feiernden Menschen. 15 Um 18 Uhr startete es mit drei Journalisten an Bord zu einer Bildertour. Beim Landeanflug zwei Stunden später geht etwas schief. Der Bad Homburger Pressefotograf Joachim Storch und seine 20 beiden TV-Kollegen riechen Benzin. Dann sehen sie Feuer im hinteren Teil der Kabine. Der Australier öffnet ihnen die Tür, die drei springen bei niedrigem Flug aus dem brennenden Fluggerät. 25 „Ich habe mich rausgeschmissen und bin auf den Rasen gerollt", sagt Storch dem Hessischen Rundfunk.

Das lodernde Luftschiff habe dann mit dem Piloten langsam an Höhe gewonnen. 30 „Wie in Zeitlupe" sei das brennende Schiff gestiegen, beschreibt der Fotograf seine Erlebnisse. In der Luft beginnt die kleine Kapsel unter dem großen Heliumsack immer stärker zu 35 brennen. Vom Boden aus können die Passagiere dem Unglück nur fassungslos folgen.

„Zwischendrin hat der fürchterlich geschrien", sagt Storch über den Kapitän, 40 der vergeblich um sein Leben kämpfte. Für den Australier, den Kollegen als sehr erfahren bezeichnen, kommt jede Hilfe zu spät. Der Zeppelin fällt noch in der Luft in sich zusammen und stürzt brennend 45 etwa 300 Meter weiter in eine Wiese. „Auf dem Feld brannte das Luftschiff komplett aus", sagte ein Sprecher der Polizei. Die verkohlte Leiche des Piloten wird noch in der Nacht identifiziert. 50

Eine „wahre Heldentat" nennt der Technik-Experte der Zeppelin-Reederei in Friedrichshafen, Hans-Paul Ströhle, die Aktion. „Weil die drei Passagiere ausgestiegen 55 sind, musste das Schiff automatisch in die Höhe steigen." So habe der Australier zwar die Passagiere gerettet, aber seinen eigenen Tod in Kauf genommen. „Er hat sich geopfert".

60 Die Ursache für den Absturz blieb noch unklar. Ergebnisse der Untersuchungen liegen noch nicht vor, sagte ein Sprecher der Bundesstelle für Flugunfalluntersuchung am Montag. (dpa)

3. Die Reportage über das Zeppelin-Unglück enthält Informationen und Aussagen von direkt Betroffenen und Zeugen. Arbeite die Elemente heraus, die für einen sachlichen Bericht von Bedeutung sind. Stelle dazu die W-Fragen des Berichts und beantworte sie.

Der Bericht soll den Leser **genau informieren** und zugleich die **Zusammenhänge** aufzeigen, die für das Verständnis nötig sind. Dazu musst du die folgenden **W-Fragen** klären:

- **Wer? Was? Wann? Wo?**
  Die **Einleitung** enthält den Kern der Information in ein bis zwei Sätzen.

- **Was ist genau passiert? Wie war der Verlauf? Warum ist es geschehen?**
  Der **Hauptteil** stellt die Ereignisse in ihrer zeitlichen und/oder logischen Abfolge dar.

- **Welche Folgen?**
  Der **Schluss** berichtet über Auswirkungen des Ereignisses.

- Die **Sprache** ist sachlich und ohne Ausschmückungen. Persönliche Stimmungen, Gefühle und Vermutungen gehören nicht in den Bericht.

- Als **Zeitform** (Tempus) wird das Präteritum verwendet.

4. Schreibe nun einen sachlichen Bericht über das Zeppelin-Unglück.

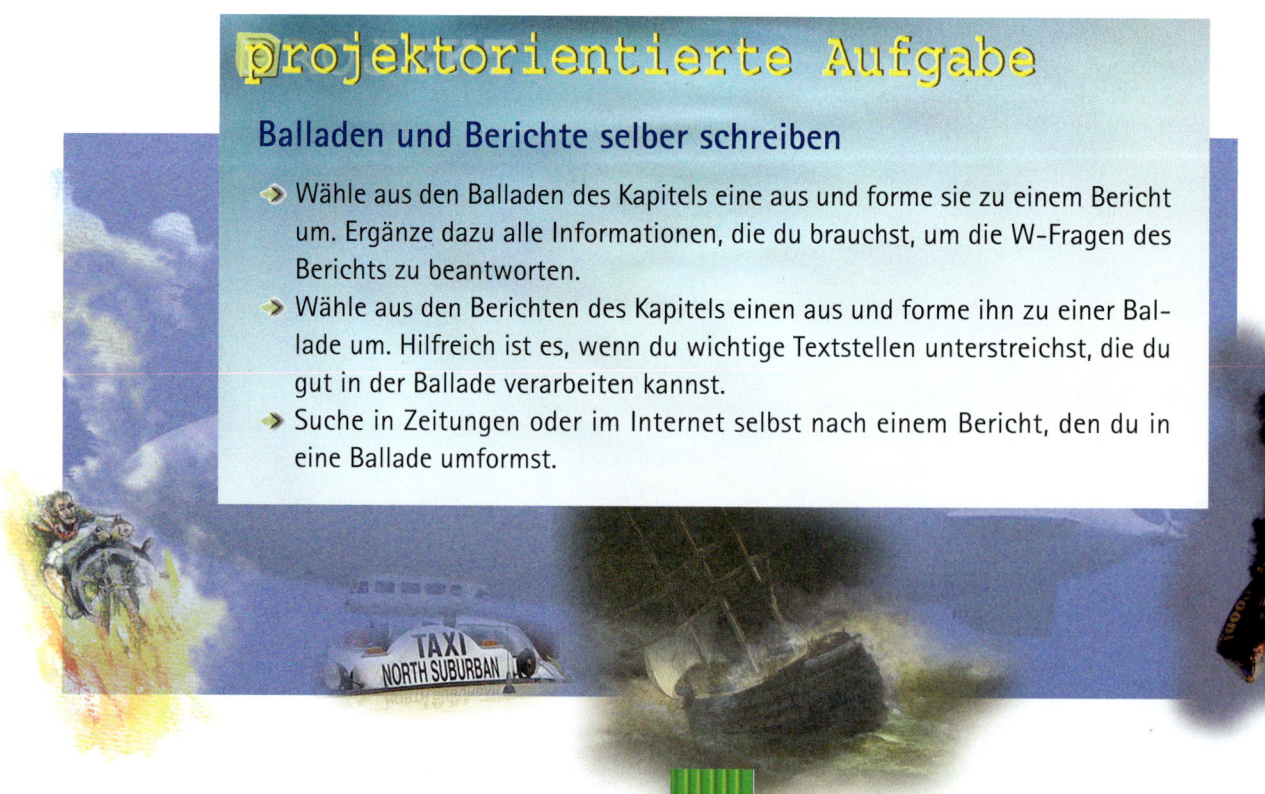

projektorientierte Aufgabe

Balladen und Berichte selber schreiben

- ➭ Wähle aus den Balladen des Kapitels eine aus und forme sie zu einem Bericht um. Ergänze dazu alle Informationen, die du brauchst, um die W-Fragen des Berichts zu beantworten.
- ➭ Wähle aus den Berichten des Kapitels einen aus und forme ihn zu einer Ballade um. Hilfreich ist es, wenn du wichtige Textstellen unterstreichst, die du gut in der Ballade verarbeiten kannst.
- ➭ Suche in Zeitungen oder im Internet selbst nach einem Bericht, den du in eine Ballade umformst.

Den Konjunktiv richtig bilden und Redebeiträge wiedergeben

1. Angeregt durch die in diesem Buch abgedruckten Balladen hat sich die Klasse 8c des Schiller-Gymnasiums noch weiter mit Balladen beschäftigt. Die folgenden beiden Texte (☞ S. 101 und 102) geben wieder, was in einer der Schulstunden geschah. Erläutere die Unterschiede.

FRAU KERNER: Also, wir wollen zusammenfassen, was euch an den Balladen gefallen hat und warum. Natürlich könnt ihr auch sagen, was ihr nicht gut fandet.

MAX: Grundsätzlich fand ich eigentlich alle gut, weil sie alle
5 irgendwie spannend waren.

JANA: Na ja, spannend ist etwas anderes. Wirklich aufregend finde ich Filme, die gruselig sind. Nebel kann da eine Rolle spielen, aber der wird in Filmen anders eingesetzt.
In „Der Knabe im Moor" wirkte das doch eher harmlos.

MAX: 10 Das finde ich überhaupt nicht.

CHRISTINE: Fest steht aber wohl, dass alle Balladen irgendwie romantisch sind. Das ist wie ein Traum, der in Wirklichkeit so nicht stattfinden kann.

MAX: Schön romantisch, bei einem Schiffsbrand umzukommen …
15 Ich würde sagen, das ist nicht romantisch, sondern unheimlich.

SARAH: Ob romantisch oder unheimlich, irgendwie unerklärliche Dinge passieren. Und das ist, glaube ich, heute auch manchmal der Fall.

TIM: 20 Letztlich meine ich, dass solche Geschichten erfunden werden, weil man sie zum Beispiel Kindern erzählen kann, damit sie keinen Blödsinn machen. So wie mit dem Schwarzen Mann, der einen holt, wenn man zu weit von zu Hause weggeht. Ist ja ganz nett, aber auch etwas albern und
25 unrealistisch.

LENA: Na, ich weiß nicht. Ich glaube schon, dass solche Erzählgedichte neben dem Unterhaltungswert auch Denkanstöße liefern. Zum Beispiel „Der Handschuh" …

TIM: Denkanstöße hin oder her. Heute gibt es auch Bücher und
30 Filme, bei denen man gleich weiß, dass sie nicht die Wirklichkeit wiedergeben. Spannend sind sie trotzdem und regen die Fantasie an.

CHRISTINE: Egal, ob Wahrheit oder Fantasie, ich fand die Balladen, die wir kennengelernt haben, toll. Mir macht es Spaß, mich mit
35 diesen Texten zu beschäftigen.

Frau Kerner fasst zusammen: Man habe sich in den letzten Wochen mit dem Thema Balladen auseinandergesetzt. Viele Schülerinnen und Schüler seien sehr interessiert bei der Sache gewesen. Besonders positiv sei es, dass jeder und jede auf eine eigene Weise Zugang zu den einzelnen Texten gefunden habe. Die Schülerin-
5 nen und Schüler bestätigen diesen Eindruck und legen ihre Meinungen zu einzelnen Gesichtspunkten dar. Christine erklärt, sie habe die Balladen toll gefunden. Ihr habe es Spaß gemacht, sich mit diesen Texten zu befassen. Max meint, dass in Balladen irgendwie unheimliche Dinge passierten.

2. Gib an, worum es sich bei den nicht unterstrichenen Teilsätzen handelt.

3. Unterstreiche die konjugierten Verben in diesen Teilsätzen. Was stellst du fest?

Regeln für die Bildung des Konjunktiv I

Der Konjunktiv I wird vom Infinitiv des Verbs abgeleitet. Dazu werden die Personal-endungen des Konjunktivs an den Infinitivstamm angehängt.

Person	Infinitivstamm	Personalendung K I	Beispiele	
ich	Infinitivstamm	-e	ich geh-e	ich leb-e
du	Infinitivstamm	-est	du geh-est	du leb-est
er, sie, es	Infinitivstamm	-e	er geh-e	er leb-e
wir	Infinitivstamm	-en	wir geh-en	wir leb-en
ihr	Infinitivstamm	-et	ihr geh-et	ihr leb-et
sie, Sie	Infinitivstamm	-en	sie geh-en	sie leb-en

In der 1. Person Singular und in der 1. und 3. Person Plural stimmen die Formen von Indikativ Präsens und Konjunktiv I oft überein. Wenn Konjunktiv I und Indikativ Präsens gleich sind, wird der Konjunktiv I durch den Konjunktiv II ersetzt, um die Modi Indikativ (= Wirklichkeitsform) und Konjunktiv (= Möglichkeitsform) voneinander unterscheiden zu können (*ich gehe = ich gehe → ich ginge*).
Nur ein Verb unterscheidet sich im Konjunktiv I in allen Personalformen vom Indikativ Präsens, das Verb *sein*:

Person	Indikativ Präsens	Konjunktiv I
ich	bin	sei
du	bist	sei(e)st
er, sie, es	ist	sei
wir	sind	seien
ihr	seid	seiet
sie, Sie	sind	seien

Beachte:
Das Verb *sein* hat im Konjunktiv I in der 1. und 3. Person Singular KEINE Personalendung:
ich sei, er sei.

Regeln für die Bildung des Konjunktiv II

Der Konjunktiv II wird vom Indikativ Präteritum abgeleitet. Dazu werden die Personalendungen des Konjunktivs an den Präteritumstamm angehängt. Dabei ist zu beachten, dass die **Stammvokale *a*, *u*** und ***o*** der **unregelmäßigen Verben umgelautet werden** → *ä, ü, ö*). Die **Stammvokale** der **regelmäßigen Verben** bleiben **unverändert**.

Person	Präteritumstamm	Personalendung K II	Beispiele	
ich	Präteritumstamm	-e	ich ging-e	ich lebt-e
du	Präteritumstamm	-est	du ging-est	du lebt-est
er, sie, es	Präteritumstamm	-e	er ging-e	er lebt-e
wir	Präteritumstamm	-en	wir ging-en	wir lebt-en
ihr	Präteritumstamm	-et	ihr ging-et	ihr lebt-et
sie, Sie	Präteritumstamm	-en	sie ging-en	sie lebt-en

Wenn Indikativ Präteritum und Konjunktiv II identisch sind, benutzt man als Ersatzform *würden* + *Infinitiv*, um die Modi Indikativ (= Wirklichkeitsform) und Konjunktiv (= Möglichkeitsform) voneinander zu unterscheiden: (*wir gingen = wir gingen* → *wir würden gehen*).

4. Bilde in Tabellenform zu folgenden Verben die Indikativ-Präsens- und Konjunktiv I-Formen. Entscheide, wo du den Konjunktiv II als Ersatzform verwenden musst: singen • laufen • lügen • kommen • haben • schreiben • lesen • sprechen • treten • klagen • tragen

Infinitiv	Indikativ Präsens	Konjunktiv I	Konjunktiv II
gehen	ich gehe du gehst er geht ...	ich gehe du gehest er gehe ...	ich ginge – – ...

5. Bilde zu folgenden Verben die Indikativ-Präteritum- und Konjunktiv II-Formen. Entscheide, wo du die Ersatzform mit *würde* verwenden musst: malen • sehen • reden • liegen • sitzen • setzen • leiten • streiten • dürfen • werfen • schlagen

Infinitiv	Indikativ Präteritum	Konjunktiv II	Ersatzform mit *würde*
gehen	ich ging du gingst er ging	ich ginge du gingest er ginge	– – –

Der Konjunktiv I der Vergangenheit wird gebildet mit dem Konjunktiv I der Hilfsverben *haben* oder *sein* und dem Partizip Perfekt des Vollverbs.
Beispiel: *Er habe gemalt. Er sei gegangen.*
Der Konjunktiv II der Vergangenheit wird gebildet mit dem Konjunktiv II der Hilfsverben *haben* oder *sein* und dem Partizip Perfekt des Vollverbs.
Beispiel: *Er hätte gemalt. Er wäre gegangen.*

Der Konjunktiv der Zukunft wird gebildet mit dem Konjunktiv I des Hilfsverbs *werden* und dem Infinitiv des Vollverbs.
Beispiel: *Er werde malen. Er werde gehen.*

6. Im Klassenrat beraten die Lehrer zusammen mit dem Direktor über den geplanten Balladenabend.

Frau Kerner berichtet ihren Kollegen:

> *Wir haben uns mehrere Wochen mit dem Thema „Balladen" beschäftigt. Die Klasse hat dabei gut mitgearbeitet und mich anschließend gebeten, einen Balladenabend zu organisieren. Die Begeisterung der Schüler freut mich. Ich werde ihrem Wunsch nachkommen und plane schon eifrig. Ich hoffe, dass ich auch die Eltern einbinden kann. Außerdem werde ich die Unterstützung der Schule und der Kollegen benötigen.*

Im Sitzungsprotokoll über die Zusammenkunft heißt es:

Frau Kerner erklärte, sie habe sich mit ihren Schülern mehrere Wochen mit dem Thema „Balladen" beschäftigt ...

Ergänze das Protokoll. Achte auf den Konjunktiv der Vergangenheit und der Zukunft.

In der Inhaltsangabe, im Bericht oder in einem Protokoll werden **Redebeiträge** nicht wortwörtlich in direkter Rede wiedergegeben. Es gibt folgende Möglichkeiten:
- **Indirekte Rede** im Konjunktiv I: *Susanne erwidert darauf, sie verstehe seinen Einwand nicht.* In einem dass-Satz ist auch der Indikativ möglich: *Susanne erwidert darauf, dass sie seinen Einwand nicht versteht.*
- **Infinitiv:** *Susanne erwidert, seinen Einwand nicht zu verstehen.*
- **Präpositionale Wendung:** *Nach Susannes Meinung ist sein Einwand nicht verständlich.*
- **Redebericht:** *Susanne versteht seinen Einwand nicht.*

7. Ordne folgende Sätze den vier Wiedergabemöglichkeiten zu:

- Jana widersprach der Einschätzung von Max.
- Sarah fasste ihre Meinung zu Balladen in zwei Sätzen zusammen.
- Lena wandte ein, dass Erzählgedichte auch Denkanstöße lieferten.
- Nach Max' Meinung waren die Balladen nicht romantisch, sondern unheimlich.
- Max teilte Janas Einschätzung nicht.
- Max erwiderte, das nicht so zu sehen.
- Christine resümierte, dass es ihr Spaß mache, sich damit zu beschäftigen.

8. Bestimme die Funktion der in Text 2, Seite 102 unterstrichenen Teilsätze.

9. Redeeinleitungen charakterisieren die Art der Äußerung, z.B.: Jemand *widerspricht, stellt fest* oder *fasst zusammen.* Sammle weitere Redeeinleitungen.

Regeln für die Umformung der direkten in die indirekte Rede:

- Für die indirekte Rede wird in der Regel der **Konjunktiv I** verwendet:
  Jana sagt: „Tim liebt Balladen nicht." → *Jana sagt, Tim liebe Balladen nicht.*

- Wenn der Konjunktiv I sich nicht vom Indikativ Präsens unterscheidet, dann wird der Konjunktiv II verwendet:
  Jana sagt: „Die anderen haben gute Ideen." → *Jana sagt, die anderen haben (Konjunktiv I = Präsens) gute Ideen.* → *Jana sagt, die anderen hätten gute Ideen.*

- Wenn der **Konjunktiv II** sich nicht vom Indikativ Präteritum unterscheidet oder die Konjunktiv II-Form veraltet ist, nimmt man die Ersatzform mit *würde*. Allerdings können die gleich lautenden Konjunktiv II-Formen verwendet werden, wenn aus dem Textzusammenhang deutlich hervorgeht, dass es sich um die indirekte Rede handelt. Auf diese Weise lässt sich eine unschöne Häufung von *würde*-Formen vermeiden:
  Jana sagt: „Mein Bruder und ich backen einen Kuchen." → *Jana sagt, ihr Bruder und sie backten (büken) einen Kuchen.* → *Jana sagt, ihr Bruder und sie würden einen Kuchen backen.*
  Tim sagt: „Wir machen unsere Arbeit gut und lernen etwas dabei." → *Tim sagt, sie würden ihre Arbeit gut machen und würden etwas dabei lernen.* → *Tim sagt, sie machten ihre Arbeit gut und lernten etwas dabei.*

- Steht **in der direkten Rede eine Vergangenheitsform** (Perfekt, Präteritum, Plusquamperfekt), verwendet man in der indirekten Rede Konjunktiv I der Vergangenheit. Sind Konjunktiv I der Vergangenheit und Indikativ Perfekt identisch, verwendet man Konjunktiv II der Vergangenheit.
  Er sagt: „Ich war im Kino." → *Er sagt, er sei im Kino gewesen.*
  Claudia und Laura erzählen: „Wir hatten ein sehr spannendes Buch gelesen."
  → *Claudia und Laura erzählen, sie hätten ein sehr spannendes Buch gelesen.*

Sprachgebrauch und Sprachreflexion:
Den Konjunktiv bilden und Redebeiträge wiedergeben
105
O schaurig ist's ...

Darauf musst du bei der indirekten Rede auch achten:

- **Fragesätze ohne Fragewort** werden mit *ob* eingeleitet. Das Fragezeichen fällt weg.
  Jana fragt Tim: „Hast du das Gedicht gelernt?"
  → *Jana fragt Tim, ob er das Gedicht gelernt habe.*
- **Fragesätze mit Fragewort** werden durch das Fragewort eingeleitet. Das Fragezeichen fällt weg.
  Jana fragt: „Was müssen wir lernen?"
  → *Jana fragt, was sie lernen müssten.*
- **Aufforderungen** werden in der indirekten Rede mit dem Verb *sollen* im Konjunktiv I ausgedrückt. Das Ausrufezeichen fällt weg.
  Jana bittet Tim: „Hol mir das Balladenbuch!"
  → *Jana bittet Tim, er solle ihr das Balladenbuch holen.*
- In der indirekten Rede fallen die **Anführungszeichen** weg. Der **Doppelpunkt** wird durch ein Komma ersetzt. Anstelle der Ausrufezeichen und Fragezeichen steht am Satzende ein Punkt.
  In der indirekten Rede verändern sich die **Pronomen**. Dabei muss man darauf achten, wer der Sprecher und wer der Angesprochene ist.
  *Jana sagt zu Tim: „**Ich** hole **dich** ab."*
  → *Jana sagt zu Tim, **sie** hole **ihn** ab.*
  *Tim sagt zu Jana: „**Ich** hole **dir meinen** Text."*
  → *Tim sagt zu Jana, **er** hole **ihr seinen** Text.*
  *Tim sagt zu Jana: „**Ich** habe **mir deinen** Füller geborgt."*
  → *Tim sagt zu Jana, **er** habe **sich ihren** Füller geborgt.*
  *Tim und Jana erzählen Lisa und Katrin: „**Wir** gehen zum Vortrag. Kommt **ihr** mit?"*
  → *Tim und Jana erzählen Lisa und Katrin, **sie** gingen zum Vortrag, und fragen, ob **sie** (die beiden) mitkämen.*
- In der indirekten Rede verändern sich die **Orts- und Zeitangaben** (*hier* → *dort*; *gestern* → *am gestrigen Tag, am Tag zuvor* ...).
  Jana schreibt Tim aus Paris: „Hier ist es sehr schön. Gestern war ich im Louvre. Morgen steige ich auf den Eiffelturm."
  → *Jana schreibt Tim aus Paris, dort sei es sehr schön. Am gestrigen Tag sei sie im Louvre gewesen. Am nächsten Tag steige sie auf den Eiffelturm.*
- Steht in der direkten Rede bereits eine **Konjunktivform**, so wird diese in der indirekten Rede einfach übernommen.
  Jana meint: „Lisa sagte, sie wolle es sich noch einmal überlegen."
  → *Jana meint, Lisa habe gesagt, sie wolle es sich noch einmal überlegen.*
  Tim erklärt: „Ich könnte niemals lügen."
  → *Tim erklärt, er könnte niemals lügen.*

10. Aufgrund des Interesses an Balladen beschließt die Klasse, einen Balladenabend zu veranstalten. Die Schüler stellen ihre Ideen vor.

Forme die Aussagen der Schüler in die indirekte Rede um. Beachte dabei die Regeln in den Merkkästchen (☞ S. 105 f.). Füge passende Redeeinleitungen ein.

CHRISTINE: „Wir haben drei Balladen ausgewählt, die wir auf unterschiedliche Art vortragen werden."

MAX: „Lasst uns die Fächer Kunst und Musik einbeziehen!"

JANA: „Wir können die Ballade ‚Der Handschuh' umschreiben und in Form einer Gerichtsverhandlung vortragen, in der darüber entschieden wird, ob Fräulein Kunigunde sich der vorsätzlichen Körperverletzung oder des Versuchs der fahrlässigen Tötung schuldig gemacht hat. Es müssen drei Personen Texte schreiben: ein Richter, der Ritter und Fräulein Kunigunde. Für die Verhandlung muss darauf geachtet werden, dass die Sprache sich jener der Ballade angleicht. Wer von euch möchte die Texte umschreiben oder Rollen übernehmen? Außerdem brauchen wir schwarzen Stoff für den Talar, den der Richter trägt, und bunte Stoffe, um die anderen Kostüme herzustellen. Wer kann solchen Stoff besorgen?"

LENA: „Eine zweite Möglichkeit, diese Ballade vorzutragen, ist, sie auf die heutige Zeit umzuschreiben und in Form eines Raps darzubieten. Herr Pach, unser Musiklehrer, hat sich bereit erklärt, uns dabei zu unterstützen. Meldet euch, wenn ihr Lust auf diese Art des Vortrags habt."

JAN: „Eine weitere Ballade, die wir ausgewählt haben, ist ‚Der Knabe im Moor'. Wir sind der Meinung, dass es hier gut möglich ist, im Kunstunterricht eine Kulisse zu bauen und zusätzlich im Musikunterricht mithilfe einiger Instrumente Geräusche zu produzieren: den Schrei einer Eule, den Wind in der Föhre und so weiter. Wer von euch hat Interesse, hierbei mitzuwirken?"

EMIL: „Wann und wo soll das Ereignis eigentlich stattfinden?"

MEIKE: „Das müssen wir noch mit unserem Klassenlehrer besprechen. Damit wir den Abend überhaupt gestalten können, benötigen wir auch die Mithilfe der Eltern. Vielleicht können sie in Form von Spenden der Stoffe, der Plakate oder anderer Materialien mitwirken. Fragt doch zu Hause nach, ob jemand CDs mit Balladen-Rezitationen von bekannten Künstlern oder Künstlerinnen besitzt. Wer bittet seine Eltern, uns zu helfen?"

Überraschendes

Zu *Bertolt Brecht* kam einmal ein junger Mensch und sagte: „Ich habe viele Ideen in meinem Kopf und könnte einen guten Roman schreiben. Ich weiß nur nicht, wie ich anfangen soll." Brecht lächelte und antwortete: „Das ist sehr einfach. Am besten fangen Sie in der linken oberen Ecke des Blattes an."

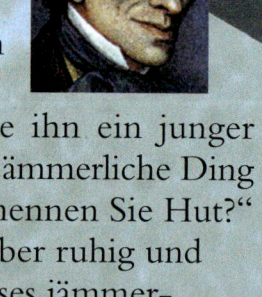

Der dänische Märchenautor *Hans-Christian Andersen* zog sich sehr schlampig an. Einmal fragte ihn ein junger Giftpilz: „Dieses jämmerliche Ding auf Ihrem Kopf nennen Sie Hut?" Andersen blieb aber ruhig und antwortete: „Dieses jämmerliche Ding unter Ihrem Hut nennen Sie Kopf?"

Der französische Schriftsteller *Honoré de Balzac* wurde eines Nachts durch einen Einbrecher geweckt, der sich bemühte, seinen Schreibtisch zu öffnen. Balzac lachte laut auf. Der Einbrecher fragte erschrocken: „Warum lachen Sie?" Balzac antwortete: „Weil Sie bei Nacht mit falschem Schlüssel und unter Gefahr dort Geld suchen, wo ich bei Tag mit dem richtigen Schlüssel und ganz gefahrlos keines finde!"

M. C. Escher, Waterfall (1961)

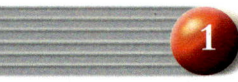

Aufgaben: Seite 115

Johann Peter Hebel

Das Mittagessen im Hof

Man klagt häufig darüber, wie schwer und unmöglich es sei, mit manchen Menschen auszukommen. Das mag denn freilich auch wahr sein. Indessen sind viele von solchen Menschen nicht schlimm, sondern nur wunderlich, und wenn man sie nur immer recht kennte, inwendig und auswendig, und recht mit ihnen umzugehen wüsste, nie zu eigensinnig und nie zu nachgebend, so wäre mancher wohl und leicht zur Besinnung zu bringen. Das ist doch einem Bedienten mit seinem Herrn gelungen. Dem konnte er manchmal gar nichts recht machen, und musste vieles entgelten[1], woran er unschuldig war, wie es oft geht. So kam einmal der Herr sehr verdrüßlich[2] nach Hause, und setzte sich zum Mittagessen. Da war die Suppe zu heiß oder zu kalt, oder keines von beiden; aber genug, der Herr war verdrüßlich. Er fasste daher die Schüssel mit dem, was darinnen war, und warf sie durch das offene Fenster in den Hof hinab. Was tat der Diener? Kurz besonnen warf er das Fleisch, welches er eben auf den Tisch stellen wollte, mir nichts, dir nichts, der Suppe nach, auch in den Hof hinab, dann das Brot, dann den Wein, und endlich das Tischtuch mit allem, was noch darauf war, auch in den Hof hinab. „Verwegener, was soll das sein?", fragte der Herr, und fuhr mit drohendem Zorn von dem Sessel auf. Aber der Bediente erwiderte kalt und ruhig: „Verzeihen Sie mir, wenn ich Ihre Meinung nicht erraten habe. Ich glaubte nicht anders, als Sie wollten heute in dem Hof speisen. Die Luft ist so heiter, der Himmel so blau, und sehen Sie nur, wie lieblich der Apfelbaum blüht, und wie fröhlich die Bienen ihren Mittag halten." – Diesmal die Suppe hinab geworfen, und nimmer! Der Herr erkannte seinen Fehler, heiterte sich im Anblick des schönen Frühlingshimmels auf, lächelte heimlich über den schnellen Einfall seines Aufwärters, und dankte ihm im Herzen für die gute Lehre.

[1] *entgelten:* hier: büßen

[2] *verdrüßlich:* verdrießlich: schlecht gelaunt

Johann Peter Hebel

Unverhofftes Wiedersehen

2

Aufgaben: Seite 115

In Falun in Schweden küsste vor guten fünfzig Jahren und mehr ein junger Bergmann seine junge hübsche Braut und sagte zu ihr: „Auf Sankt Luciä[1] wird unsere Liebe von des Priesters Hand gesegnet.
⁵ Dann sind wir Mann und Weib, und bauen uns ein eigenes Nestlein." – „Und Friede und Liebe soll darin wohnen", sagte die schöne Braut mit holdem Lächeln, „denn du bist mein Einziges und Alles, und ohne dich möchte ich lieber im Grab sein als an einem anderen Ort." Als sie aber vor Sankt Luciä der Pfarrer zum zweiten
¹⁰ Male in der Kirche ausgerufen hatte: „So nun jemand Hindernis wüsste anzuzeigen, warum diese Personen nicht möchten ehelich zusammenkommen" – da meldete sich der Tod. Denn als der Jüngling den andern Morgen in seiner schwarzen Bergmannskleidung an ihrem Haus vorbeiging, der Bergmann hat sein Totenkleid immer an, da klopfte er zwar noch einmal an ihrem Fenster,
¹⁵ und sagte ihr guten Morgen, aber keinen guten Abend mehr. Er kam nimmer aus dem Bergwerk zurück, und sie säumte vergeblich selbigen Morgen ein schwarzes Halstuch mit rotem Rand für ihn zum Hochzeittag, sondern als er nimmer kam, legte sie es weg, und weinte um ihn und vergaß ihn nie.
Unterdessen wurde die Stadt Lissabon in Portugal durch ein Erdbeben zerstört,
²⁰ und der Siebenjährige Krieg ging vorüber, und Kaiser Franz der Erste starb, und der Jesuitenorden wurde aufgehoben und Polen geteilt, und die Kaiserin Maria Theresia starb, und der Struensee wurde hingerichtet, Amerika wurde frei, und die vereinigte französische und spanische Macht konnte Gibraltar nicht erobern. Die Türken schlossen den General Stein in der Veteraner Höhle
²⁵ in Ungarn ein, und der Kaiser Josef starb auch. Der König Gustav von Schweden eroberte russisch Finnland, und die Französische Revolution und der lange Krieg fing an, und der Kaiser Leopold der Zweite ging auch ins Grab. Napoleon eroberte Preußen, und die Engländer bombardierten Kopenhagen, und die Ackersleute säten und schnitten. Der Müller mahlte, und die Schmiede
³⁰ hämmerten, und die Bergleute gruben nach den Metalladern in ihrer unterirdischen Werkstatt.
Als aber die Bergleute in Falun im Jahre 1809 etwas vor oder nach Johannis[2] zwischen zwei Schachten eine Öffnung durchgraben wollten, gute dreihundert Ehlen[3] tief unter dem Boden, gruben sie aus dem Schutt und Vitriolwasser[4]
³⁵ den Leichnam eines Jünglings heraus, der ganz mit Eisenvitriol durchdrungen, sonst aber unverwest und unverändert war; also dass man seine Gesichtszüge und sein Alter noch völlig erkennen konnte, als wenn er vor einer Stunde gestorben oder ein wenig eingeschlafen wäre an der Arbeit. Als man ihn aber zu Tag ausgefördert hatte, Vater und Mutter, Gefreundete und Bekannte waren
⁴⁰ schon lange tot, kein Mensch wollte den schlafenden Jüngling kennen oder etwas von seinem Unglück wissen, bis die ehemalige Verlobte des Bergmanns kam, der eines Tages auf die Schicht gegangen war und nimmer zurückkehrte.

[1] *Sankt Luciä:* Gedenktag der Heiligen Lucia am 13. Dezember

[2] *Johannis:* Gedenktag Johannes des Täufers am 24. Juni

[3] *die Ehlen = Ellen, die Elle:* altes Längenmaß, 60–80 cm

[4] *das Vitriolwasser:* chemische Substanz, die dazu geführt hat, dass der Leichnam unversehrt geblieben ist

Grau und zusammengeschrumpft kam sie an einer Krücke an den Platz und erkannte ihren Bräutigam; und mehr mit freudigem Entzücken als mit Schmerz sank sie auf die geliebte Leiche nieder, und erst als sie sich von einer langen heftigen Bewegung des Gemüts erholt hatte, „es ist mein Verlobter", sagte sie endlich, „um den ich fünfzig Jahre lang getrauert hatte, und den mich Gott noch einmal sehen lässt vor meinem Ende. Acht Tage vor der Hochzeit ist er unter die Erde gegangen und nimmer heraufgekommen."

Da wurden die Gemüter aller Umstehenden von Wehmut und Tränen ergriffen, als sie sahen die ehemalige Braut jetzt in der Gestalt des hingewelkten kraftlosen Alters und den Bräutigam noch in seiner jugendlichen Schöne, und wie in ihrer Brust nach 50 Jahren die Flamme der jugendlichen Liebe noch einmal erwachte; aber er öffnete den Mund nimmer zum Lächeln oder die Augen zum Wiedererkennen; und wie sie ihn endlich von den Bergleuten in ihr Stüblein tragen ließ, als die Einzige, die ihm angehöre, und ein Recht an ihn habe, bis sein Grab gerüstet sei auf dem Kirchhof. Den andern Tag, als das Grab gerüstet war auf dem Kirchhof und ihn die Bergleute holten, schloss sie ein Kästlein auf, legte ihm das schwarzseidene Halstuch mit roten Streifen um, und begleitete ihn alsdann in ihrem Sonntagsgewand, als wenn es ihr Hochzeittag und nicht der Tag seiner Beerdigung wäre. Denn als man ihn auf dem Kirchhof ins Grab legte, sagte sie: „Schlaf nun wohl, noch einen Tag oder zehn

im kühlen Hochzeitbett, und lass dir die Zeit nicht lang werden. Ich habe nur noch wenig zu tun und komme bald, und bald wird's wieder Tag. – Was die Erde einmal wiedergegeben hat, wird sie zum zweiten Mal auch nicht behalten", sagte sie, als sie fortging, und noch einmal umschaute.

Johann Peter Hebel
Der Zahnarzt

Zwei Tagdiebe[1], die schon lange in der Welt miteinander herumgezogen, weil sie zum Arbeiten zu träg oder zu ungeschickt waren, kamen doch zuletzt in große Not, weil sie wenig Geld mehr übrig hatten,
5 und nicht geschwind wussten, wo nehmen. Da gerieten sie auf folgenden Einfall: Sie bettelten vor einigen Haustüren Brot zusammen, das sie nicht zur Stillung des Hungers genießen, sondern zum Betrug missbrauchen wollten. Sie kneteten nämlich und drehten aus demselben lauter kleine Kügelein oder Pillen, und bestreuten sie mit Wurmmehl aus altem zerfressenem Holz, damit sie
10 völlig aussahen wie die gelben Arzneipillen. Hierauf kauften sie für ein paar Batzen[2] einige Bogen rotgefärbtes Papier bei dem Buchbinder (denn eine schöne Farbe muss gewöhnlich bei jedem Betrug mithelfen). Das Papier zerschnitten sie alsdann und wickelten die Pillen darein, je sechs bis acht Stücke in ein Päcklein. Nun ging der eine voraus in einen Flecken, wo eben Jahrmarkt
15 war, und in den Roten Löwen, wo er viele Gäste anzutreffen hoffte. Er forderte ein Glas Wein, trank aber nicht, sondern saß ganz wehmütig in einem Winkel, hielt die Hand an den Backen, winselte halblaut für sich, und kehrte sich unruhig bald so her, bald so hin. Die ehrlichen Landleute und Bürger, die im Wirtshaus waren, bildeten sich wohl ein, dass der arme Mensch ganz entsetzlich
20 Zahnweh haben müsse. Aber was war zu tun? Man bedauerte ihn, man tröstete ihn, dass es schon wieder vergehen werde, trank sein Gläslein fort, und machte seine Marktaffären aus. Indessen kam der andere Tagdieb auch nach. Da stellten sich die beiden Schelme, als ob noch keiner den andern in seinem Leben gesehen hätte. Keiner sah den andern an, bis der Zweite durch das Winseln des
25 Erstem, der im Winkel saß, aufmerksam zu werden schien. „Guter Freund", sprach er, „Ihr scheint wohl Zahnschmerzen zu haben?" und ging mit großen und langsamen Schritten auf ihn zu. „Ich bin der Doktor Schnauzius Rapunzius von Trafalgar", fuhr er fort. Denn solche fremde volltönige Namen müssen auch zum Betrug behülflich sein, wie die Farben. „Und wenn Ihr meine
30 Zahnpillen gebrauchen wollt", fuhr er fort, „so soll es mir eine schlechte Kunst sein, Euch mit einer, höchstens zweien, von Euren Leiden zu befreien." – „Das wolle Gott", erwiderte der andere Halunk[3]. Hierauf zog der saubere Doktor Rapunzius eines von seinen roten Päcklein aus der Tasche, und verordnete dem Patienten ein Kügelein daraus auf den bösen Zahn zu legen und herzhaft dar-
35 auf zu beißen. Jetzt streckten die Gäste an den andern Tischen die Köpfe herüber, und einer um den andern kam herbei, um die Wunderkur mit anzusehen. Nun könnt ihr euch vorstellen, was geschah. Auf diese erste Probe wollte zwar der Patient wenig rühmen, vielmehr tat er einen entsetzlichen Schrei. Das gefiel dem Doktor. Der Schmerz, sagte er, sei jetzt gebrochen, und gab ihm
40 geschwind die zweite Pille zu gleichem Gebrauch. Da war nun plötzlich aller Schmerz verschwunden. Der Patient sprang vor Freuden auf, wischte den Angstschweiß von der Stirne weg, obgleich keiner daran war, und tat, als ob er

Aufgaben: Seite 115

[1] *der Tagdieb* (eigentlich *Tage-dieb*): der Nichts-tuer, der Müßig-gänger

[2] *der Batzen:* eine alte Münze

[3] *der Halunke:* der Gauner, Betrüger

seinem Retter zum Danke etwas Namhaftes in die Hand drückte. – Der Streich war schlau angelegt, und tat seine Wirkung. Denn jeder Anwesende wollte nun auch von diesen vortrefflichen Pillen haben. Der Doktor bot das Päcklein für 24 Kreuzer[4], und in wenig Minuten waren alle verkauft. Natürlich gingen jetzt die zwei Schelme wieder einer nach dem andern weiter, lachten, als sie wieder zusammenkamen, über die Einfalt dieser Leute, und ließen sich's wohl sein von ihrem Geld. […] 45

4

Aufgaben: Seite 115

Johann Peter Hebel

Seltsamer Spazierritt

Ein Mann reitet auf seinem Esel nach Haus und lässt seinen Buben zu Fuß nebenher laufen.

Kommt ein Wanderer und sagt: „Das ist nicht recht, Vater, dass Ihr reitet und lasst Euren Buben laufen. Ihr habt stärkere Glieder." Da stieg der Vater vom Esel hinab und ließ den Sohn reiten. 5

Kommt wieder ein Wandersmann und sagt: „Das ist nicht recht, Bursche, dass du reitest und lässt deinen Vater zu Fuß gehen. Du hast jüngere Beine." Da saßen beide auf und ritten eine Strecke.

Kommt ein dritter Wandersmann und sagt: „Was für ein Unverstand ist das, zwei Kerle auf einem schwachen Tier? Sollte man nicht einen Stock nehmen und beide hinabjagen?" Da stiegen beide ab und gingen selbdritt[1] zu Fuß, rechts und links der Vater und der Sohn und in der Mitte der Esel. 10

Kommt ein vierter Wandersmann und sagt: „Ihr seid drei kuriose Gesellen. Ist's nicht genug, wenn zwei zu Fuß gehen? Geht's nicht leichter, wenn einer von euch reitet?" Da band der Vater dem Esel die vorderen Beine zusammen, und der Sohn band ihm die hinteren Beine zusammen, sie zogen einen starken Baumpfahl durch, der an der Straße stand, und trugen den Esel auf der Achsel[2] heim. 15

So weit kann's kommen, wenn man es allen Leuten will recht machen! 20

[4] *der Kreuzer:*
ein Geldstück

[1] *selbdritt:*
zu dritt

[2] *auf der Achsel:*
auf der Schulter

PROJEKT

Johann Peter Hebel
und seine Kalendergeschichten vorstellen

Johann Peter Hebel ist der bekannteste Verfasser von Kalendergeschichten.

➤ Sammle weitere Geschichten von ihm und stelle sie deinen Mitschülern vor.

➤ Im Internet findest du auf diesen Seiten weitere Texte von und Informationen zu Johann Peter Hebel. Erstelle einen Steckbrief des Autors.

• http://gutenberg.spiegel.de/autor/251
• http://www.hebelbund.de

Anekdoten über Brecht, Andersen und Balzac *(Seite 108)*

Hans-Christian Andersen

1. Überlege, was Hans-Christian Andersen dem Fragenden mit seiner Antwort deutlich machen möchte.

2. Der Fragende wird als „junger Giftpilz" bezeichnet. Kläre, was damit über den Fragenden ausgesagt wird.

Bertolt Brecht

3. Stelle dar, wie die beiden Gesprächspartner das Wort *anfangen* verstehen.

4. Überlege, ob Brecht mit seiner Antwort dem Ratsuchenden helfen konnte.

Honoré de Balzac

5. Erläutere, was diese kurze Geschichte über den Schriftsteller Balzac aussagt.

Johann Peter Hebel, **Das Mittagessen im Hof** *(Seite 110)*

1. Arbeite am Text heraus, welche Eigenschaften Herr und Diener haben.

2. Stelle mit eigenen Worten dar, welche Lehre der Diener seinem Herrn erteilen will, und gehe dabei auch auf die ersten drei Sätze der Geschichte ein.

3. Überlege, weshalb der Autor die Lehre am Anfang formuliert und nicht am Schluss.

4. Erläutere, weshalb der Herr seinem Diener zum Schluss auch noch dankbar ist.

5. Halte in der Ich-Form fest, was der Herr wohl nach der Erklärung des Dieners gedacht hat.

Johann Peter Hebel, **Unverhofftes Wiedersehen** *(Seite 111)*

1. Beschreibe die besonderen Umstände, die den Tod des Bergmannes begleiten.

2. Schlage in einem Lexikon die in den Zeilen 19 bis 28 erwähnten historischen Ereignisse nach. Erkläre, weshalb der Autor so ausführlich auf die Geschichte eingeht.

3. Untersuche ausgehend vom Text, was im Leben der Menschen vergänglich und was unvergänglich ist.

4. Erläutere, wie der Titel der Geschichte zu verstehen ist.

Johann Peter Hebel, **Der Zahnarzt** *(Seite 113)*

1. Erkläre, wie es den beiden Tagedieben gelingt, die Leute hereinzulegen.

2. Stelle Vermutungen darüber an, warum die Leute auf die Betrüger hereinfallen.

3. Überlege, welche Lehre die Geschichte vermitteln will. Formuliere sie schriftlich.

4. Das Ende der Geschichte fehlt. Schreibe die Geschichte weiter, indem du erzählst, wie die Leute den Betrug entdecken.

Johann Peter Hebel, **Seltsamer Spazierritt** *(Seite 114)*

1. Arbeite am Text heraus, welche Eigenschaften auf den Vater und den Sohn einerseits und auf die Wanderer andererseits zutreffen.

2. Erkläre, warum zum Schluss Vater und Sohn den Esel festbinden und tragen.

3. Diskutiert, ob Vater und Sohn anders auf die Ratschläge hätten reagieren können.

Gattungsmerkmale von Erzähltexten

Die Anekdote

Friedrich Wilhelm Foerster
Das Ei des Kolumbus

Der Kardinal Mendoza hielt dem Christoph Kolumbus bei einem Feste, das er ihm zu Ehren veranstaltete, eine große Lobrede. Darin nannte er die Entdeckung Amerikas den größten Sieg, den jemals der Geist eines einzigen Mannes erfochten habe.

Die anwesenden Herren vom spanischen Hofe nahmen es übel auf, dass 5 einem Ausländer und dazu noch einem Manne, der nicht einmal von adeliger Herkunft sei, so große Auszeichnung erwiesen wurde. „Mich dünkt", hub einer der königlichen Kammerherren an, „der Weg nach der sogenannten Neuen Welt war nicht so schwer zu finden; das Weltmeer stand überall offen, und kein spanischer Seefahrer würde das Ziel verfehlt haben." 10 Mit vornehmem Gelächter gab die Gesellschaft Beifall zu dieser Äußerung, und mehrere Stimmen riefen: „Oh, das hätte ein jeder von uns gekonnt!"

„Ich bin weit entfernt", entgegnete Kolumbus, „mir etwas als Ruhm zuzuschreiben, was ich nur einer gnädigen Fügung des Himmels verdanke; indessen kommt es doch bei vielen Dingen in der Welt, welche uns leicht erscheinen, 15 häufig darauf an, dass sie ein anderer uns vormacht. Dürfte ich", sagte Kolumbus zu jenem Kammerherrn gewendet, „Euer Exzellenz wohl ersuchen, dies Ei" – er hatte sich von einem Diener ein Hühnerei bringen lassen – „so auf die Spitze zu stellen, dass es nicht umfällt?"

Die Exzellenz versuchte von der einen wie von der anderen Seite vergeblich, 20 das Ei zum Stehen zu bringen. Der Nachbar bat es sich aus. Es gelang ihm ebensowenig. Nun drängten sich die anderen dazu; ein jeder wollte es versuchen; allein weder mit Eifer noch mit Ruhe war es möglich, das Kunststück auszuführen.

„Es ist unmöglich!", riefen die Herren, „Ihr verlangt etwas Unausführbares!" 25
„Und doch", sagte Kolumbus, „werden diese Herren sogleich sagen: Das kann ein jeder von uns auch."

Jetzt nahm er das Ei und setzte es mit einem leichten Schlag auf den Tisch, sodass es auf der eingedrückten Schale fest stand. Da riefen jene: „Ja, das kann jeder von uns auch." 30

Kolumbus aber sagte: „Der Unterschied, meine Herren, ist nur der, dass Ihr es so machen könnt, ich es aber so gemacht habe."

1. Erkläre, wie die Herren vom spanischen Hof auf die Lobrede des Kardinals reagieren, und überlege, warum sie so reagieren.

2. Stelle dar, was Kolumbus mit seinem Experiment bezwecken will.

3. Erkläre die Redensart „Das Ei des Kolumbus" und überprüfe, inwiefern die Bedeutung auf die Anekdote zutrifft.

4. Beschreibe, was diese kurze Geschichte, auch Anekdote genannt, über Kolumbus' Charakter aussagt.

> Die **Anekdote** erzählt in knapper Form einen **besonderen Vorfall**, durch den eine bekannte Persönlichkeit, eine gesellschaftliche Gruppe oder ein historisches Ereignis treffend charakterisiert wird. Ihre Aussage vermittelt die Anekdote schlaglichtartig in der **Pointe**, der überraschenden Wende, meist am Schluss der Geschichte.

5. Wähle einen Text von den Eingangsseiten dieses Kapitels (☞ S. 108–114) aus und überprüfe mithilfe der Definition, ob es sich um eine Anekdote handelt.

Die Kalendergeschichte

Johann Peter Hebel
Der Barbierjunge von Segringen

Man muss Gott nicht versuchen, aber auch die Menschen nicht. Denn im vorigen Spätjahr kam in dem Wirtshause zu Segringen ein Fremder von der Armee an, der einen starken Bart hatte und fast wunderlich aussah, also, dass ihm nicht recht zu trauen war. Der sagt zum Wirt, eh er etwas zu essen oder zu trinken
5 fordert: „Habt Ihr keinen Barbier im Ort, der mich rasieren kann?" Der Wirt sagt ja und holt den Barbier. Zu dem sagt der Fremde: „Ihr sollt mir den Bart abnehmen, aber ich habe eine kitzlige Haut. Wenn Ihr mich nicht ins Gesicht schneidet, so bezahl ich Euch 4 Kronentaler. Wenn Ihr mich aber schneidet, so stech ich Euch tot. Ihr wäret nicht der Erste." Wie der erschrockene Mann das
10 hörte (denn der fremde Herr machte ein Gesicht, als wenn es nicht vexiert wäre[1], und das spitzige, kalte Eisen lag auf dem Tisch), so springt er fort und schickt den Gesellen. Zu dem sagt der Herr das Nämliche. Wie der Gesell das Nämliche hört, springt er ebenfalls fort und schickt den Lehrjungen. Der Lehrjunge lässt sich blenden von dem Geld und denkt: „Ich wag's. Geratet es, und
15 ich schneide ihn nicht, so kann ich mir für 4 Kronentaler einen neuen Rock[2] auf die Kirchweihe kaufen und einen Schnepper[3]. Geratet's nicht, so weiß ich, was ich tue", und rasiert den Herrn. Der Herr hält ruhig still, weiß nicht, in welcher entsetzlichen Todesgefahr er ist, und der verwegene Lehrjunge spaziert ihm auch ganz kaltblütig mit dem Messer im Gesicht und um die Nase herum,
20 als wenn's nur um einen Sechser oder im Fall eines Schnittes um ein Stücklein

[1] *als wenn es nicht vexiert wäre:* als wenn er es ernst meinte

[2] *der Rock:* die Jacke

[3] *das Schnepper:* das Schnappmesser

⁴ *den Zunder oder das Fließpapier auflegen:* Methode zum schnellen Verschließen kleinerer blutender Wunden

Zunder oder Fließpapier⁴ darauf zu tun wäre, und nicht um 4 Kronentaler und um ein Leben, und bringt ihm glücklich den Bart aus dem Gesicht ohne Schnitt und ohne Blut, und dachte doch, als er fertig war. Gottlob! Als aber der Herr aufgestanden war und sich im Spiegel beschaut und abgetrocknet hatte und gibt dem Jungen die 4 Kronentaler, sagt er zu ihm: „Aber junger Mensch, 25 wer hat dir den Mut gegeben, mich zu rasieren, so doch dein Herr und der Gesell sind fortgesprungen? Denn wenn du mich geschnitten hättest, so hätt' ich dich erstochen." Der Lehrjung' aber bedankte sich lächelnd für das schöne Stück Geld und sagte: „Gnädiger Herr, Ihr hättet mich nicht erstochen, sondern, wenn Ihr gezuckt hättet und ich hätt' Euch ins Gesicht geschnitten, so 30 wär' ich Euch zuvorgekommen, hätt' Euch augenblicklich die Gurgel abgehauen und wäre auf und davon gesprungen." Als der fremde Herr das hörte und an die Gefahr dachte, in der er gesessen war, ward er erst blass vor Schrecken und Todesangst, schenkte dem Burschen noch 1 Kronentaler extra und hat seitdem zu keinem Barbier mehr gesagt: „Ich steche dich tot, wenn du 35 mich schneidest."

1. Sprich mit deinem Nachbarn darüber, ob euch das Ende dieser Geschichte ab Zeile 23 überrascht hat. Notiert andere mögliche Erzählschlüsse.

2. Untersuche die Motive für die Entscheidung des Lehrlings, den Herrn zu rasieren, und beurteile sie.

3. Im ersten Satz formuliert der Erzähler die Lehre, die er dann mithilfe der Geschichte verdeutlichen will. Erläutere diese Lehre mit eigenen Worten und zeige, welchen Personen der Geschichte die Lehre gilt.

> Die **Kalendergeschichte** ist eine **kurze**, oft **humorvolle** und **meist** auch **belehrende Erzählung**, die für ein breites Publikum bestimmt ist und ursprünglich **in Volkskalendern veröffentlicht wurde**. In ihrem Mittelpunkt steht häufig ein **Vorfall**, der eine **überraschende Wende** oder eine **Pointe** enthält.
> Die Lehre der Kalendergeschichte wird manchmal vom Erzähler am Beginn oder am Schluss ausdrücklich formuliert.
> Kalender, die zur Unterhaltung ihrer Nutzer auch Geschichten enthielten, konnten sich in früheren Jahrhunderten auch nicht sehr wohlhabende Familien leisten, die außer der Bibel nur wenige Bücher besaßen. Mit der Zeit entwickelte sich die Kalendergeschichte zu einer eigenständigen Erzählform. Im 20. Jahrhundert hat Bertolt Brecht die Kalendergeschichte neu belebt.

4. Formuliere eine Lehre zu Hebels Kalendergeschichte „Unverhofftes Wiedersehen" (☞ S. 111).

Die Parabel

Der Blinde und der Lahme

Ein König richtete einmal ein großes Gastmahl zu und sandte Herolde[1] durch sein ganzes Reich, die alle Menschen, welchen Standes sie auch seien, dazu einladen und ihnen verheißen sollten, dass sie außer dem Mahle auch noch reiche Schätze erhalten sollten.

5 Unter denen, die von der Einladung des Königs hörten, waren auch zwei Männer, von denen der eine stark, aber blind und der andere lahm und schwächlich war, aber gut sehen konnte. Da sprach der Blinde zum Lahmen: „Weh uns, mein Lieber! Nun ist im ganzen Land verkündet worden, dass jedermann vom König zu einem Gastmahle eingeladen ist, bei dem er nicht nur gut und reich-

10 lich bewirtet werden, sondern auch noch dazu reiche Gaben empfangen soll. Doch du bist lahm, und ich bin blind; wir werden also beide nicht zu dem Gastmahle kommen können." Der Lahme antwortete: „Willst du meinem Rate folgen, so werden wir trotzdem daran teilnehmen können." Der Blinde war

15 sogleich bereit, dem Rate des Lahmen zu folgen, und dieser sprach: „Dein Körper ist stark, der meine schwach, und überdies bin ich lahm. Nimm mich also auf deinen Rücken, und da ich gut sehen kann, werde ich dir den Weg weisen. Auf diese Weise werden wir

20 beide zum Gastmahle kommen und unseren Lohn ebenso empfangen wie alle anderen." Der Blinde fand diesen Rat gut und forderte den Lahmen auf, sogleich auf seinen Rücken zu steigen. Dieser tat so und wies dem Blinden den Weg. So kamen beide zum Gast-

25 mahle und erhielten auch die versprochenen Schätze.

[1] *der Herold:* eine Person, die die Nachrichten des Herrschers verbreitet

1. Erkläre mit eigenen Worten, wie es dem Blinden und dem Lahmen gelingt, zum Gastmahl des Königs zu kommen.

2. Formuliere eine Lehre, die zu dieser Geschichte passt.

3. Finde weitere Beispiele aus der heutigen Zeit, die diese Lehre veranschaulichen.

> **Parabel** wird eine eher **kurze lehrhafte Geschichte** genannt, die eine allgemeine Erkenntnis in Form eines **Gleichnisses** darstellt. Welche Einsicht aus dem Text zu ziehen ist, wird in der Parabel selbst nicht ausdrücklich genannt, sodass der Leser/die Leserin zur eigenen Textdeutung angeregt wird.

Inhaltsangabe/Textzusammenfassung

Arten und Aufgaben von Inhaltsangaben

Momo ist ein 1973 erschienener Roman von Michael Ende. In einer Phantasiewelt, die sehr an eine zeitgenössische italienische Kleinstadt erinnert, ist die Gesellschaft der grauen Herren am Werk. Sie versuchen, alle Menschen dazu zu bringen, Zeit zu sparen. In Wahrheit werden die Menschen um ihre Zeit betrogen; während sie versuchen Zeit für später zu sparen, vergessen sie, im Jetzt zu leben. Denn Zeit kann man nicht sparen wie Geld. Je mehr man versucht, Zeit zu sparen, desto „kürzer" werden die Tage und Wochen. Als die Welt schon fast den grauen Herren gehört, beschließt der weise Meister Hora (der geheimnisvolle „Verwalter der Zeit") zu handeln. Er hält die Zeit an, wodurch die ganze Welt zum Stillstand kommt, und schickt seine Schildkröte Kassiopeia mit dem kleinen, hilfsbereiten Mädchen Momo, das eine Stundenblume für eine Stunde Zeit in die Hand bekommt, in den Kampf gegen die übermächtig erscheinenden grauen Herren.

Momo ist ein rätselhaftes, kleines Mädchen, das in ein geheimnisvolles Abenteuer gezogen wird: Sie muss gegen die grauen Herren antreten, die den Menschen ihre Zeit stehlen. Während rings um sie die Welt immer grauer wird, führt die weise Schildkröte Kassiopeia das kleine Mädchen in das Reich des Meisters Hora, des Hüters der Zeit.
Hier wird Momo auf ihre große Aufgabe vorbereitet, doch als sie zu den Menschen zurückkehrt, scheint es fast schon zu spät: Die grauen Herren haben die Welt bereits fest im Griff. Aber Momo gibt nicht auf und stellt sich listig und geschickt den mächtigen Zeitdieben entgegen.

Sabine Engeler (TV-Movie) 2002–01: Michael Endes anspruchsvolles Kinderbuch als Trickfilm mit niedlich animierter Momo? Kann das gut gehen? Es kann! Regisseur Enzo D'Alo nahm sich viel Zeit, das Lieblingsbuch seiner Jugend liebevoll für die Leinwand umzusetzen. Das Ergebnis erweist sich als sehr unterhaltsam und wirkt – trotz seiner nachdenklich stimmenden Inhalte – nie lehrmeisterhaft.

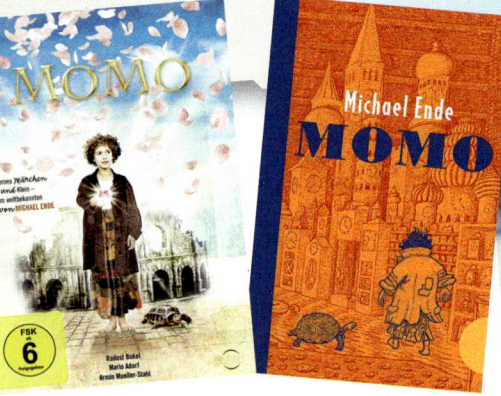

1. Kläre für jedes der Textbeispiele: Welche Absicht verfolgt der Verfasser? Wie erreicht er die gewünschte Wirkung?

2. Sammelt weitere Beispiele für Inhaltsangaben in den unterschiedlichen Medien. Diskutiert, wie diese auf euch wirken.

Die Inhaltsangabe informiert darüber, worum es in einer Geschichte geht, egal, ob diese Geschichte als gedruckter Text, Hörbuch oder als Film vorliegt. Wer eine Inhaltsangabe schreibt, verfolgt meist eine der folgenden Absichten: Information, Werbung oder Kritik.

Eine Inhaltsangabe vorbereiten

Die Anekdote „Das Ei des Kolumbus" (☞ S. 116) hast du schon kennengelernt. Jetzt geht es darum, eine Inhaltsangabe zu diesem Text zu verfassen. Orientiere dich bei der Lösung der beiden folgenden Aufgaben an den vorgegebenen folgenden Beispielen.

1. Markiere in jedem Abschnitt die wichtigsten Schlüsselwörter und Textstellen.

2. Notiere die wichtigsten Handlungsschritte stichwortartig.

Friedrich Wilhelm Foerster
Das Ei des Kolumbus

Markierung der Schlüsselwörter	Handlungsschritte
Der Kardinal Mendoza hielt dem Christoph Kolumbus bei einem Feste, das er ihm zu Ehren veranstaltete, eine große Lobrede. Darin nannte er die Entdeckung Amerikas den größten Sieg, den jemals der Geist eines einzigen Mannes erfochten habe.	Lobrede, in der Kolumbus' Entdeckung als große Tat gewürdigt wird
Die anwesenden Herren vom spanischen Hofe nahmen es übel auf, dass einem Ausländer und noch dazu einem Manne, der nicht einmal von adeliger Herkunft war, so große Auszeichnung erwiesen wurde. „Mich dünkt", hub einer der königlichen Kammerherren an, „der Weg nach der sogenannten Neuen Welt war nicht so schwer zu finden: Das Weltmeer stand überall offen, und kein spanischer Seefahrer würde das Ziel verfehlt haben!" Mit lautem Gelächter gab die Gesellschaft ihrem Beifall zu dieser Äußerung Ausdruck, und mehrere Stimmen erklärten: „Oh, das hätte jeder von uns gekonnt!"	Herren vom spanischen Hof nicht einverstanden mit der Ehrung, weil – Kolumbus = Ausländer und nicht adeliger Herkunft – jeder hätte Weg gefunden
„Ich bin weit davon entfernt", entgegnete Kolumbus, „mir etwas als Ruhm zuzuschreiben, was ich nur einer gnädigen Fügung des Himmels verdanke; indessen kommt es doch bei vielen Dingen in der Welt, welche uns leicht erscheinen, häufig darauf an, dass sie ein anderer uns vormacht. Dürfte ich", sagte Kolumbus zu jenem Kammerherrn gewendet, „Euer Exzellenz wohl ersuchen, dies Ei" – er hatte sich von einem Diener ein Hühnerei bringen lassen – „so auf die Spitze zu stellen, dass es nicht umfällt?"	

Um eine Inhaltsangabe vorzubereiten, musst du folgende Arbeitsschritte einhalten:
- ➜ Überprüfe zuerst dein Textverständnis mithilfe der W-Fragen (Wer?, Wann?, Was?, Wo?, Wie?, Mit welchen Folgen?) und halte die Antworten schriftlich fest.
- ➜ Strukturiere dann den Text und lege Sinnabschnitte fest.
- ➜ Markiere Schlüsselwörter und andere wichtige Textstellen.
- ➜ Notiere wichtige Handlungsschritte stichwortartig.

3. Bearbeite nach dem Vorbild aus Aufgabe 1 und 2 den Schluss des Textes „Das Ei des Kolumbus" (☞ S. 116).

Exzerpieren, einen Stichwortzettel anlegen

Etwas aus einem Buch herausschreiben nennt man exzerpieren (lat. *excerpere* = herausnehmen, auslesen).
Was man dem Text entnimmt, hängt davon ab, welche Informationen für das Ziel, das man verfolgt, wichtig sind.

Für das Ziel „eine Inhaltsangabe schreiben" braucht man alle Informationen, um die Geschichte zu verstehen. Dazu gehören Antworten auf die W-Fragen. Einzelheiten, die z.B. die Spannung steigern oder das Geschehen ausschmücken, sind meist nicht wichtig.

Eine besonders übersichtliche Form des Exzerpts ist der Stichwortzettel, auf dem einzelne Wörter oder Kurzsätze tabellarisch festgehalten werden.

4. Gliedere den Text „Unverhofftes Wiedersehen" (☞ S. 111) in sieben Sinnabschnitte und unterstreiche die wichtigsten Informationen. Übertrage die folgende Tabelle in dein Heft und ergänze sie.

Abschnitt	Stichworte zum Inhalt
Z. 1 – 9	Ort: Falun in Schweden Junger Bergmann steht kurz vor der Hochzeit
Z. 9 – 18	Zeit: vor Sankt Luciä Bergmann verunglückt im Bergwerk, die Braut bleibt allein zurück
Z. 19 – 31	
....	....

Eine Inhaltsangabe schreiben

In der Anekdote „Das Ei des Kolumbus" von Friedrich Wilhelm Foerster macht Christoph Kolumbus dem spanischen Hof durch ein einfaches Experiment klar, worin das Besondere seiner Leistung besteht.

Bei einem Fest, das Kolumbus zu Ehren veranstaltet wird, erhält dieser für seine Entdeckung Amerikas höchstes Lob. Doch die anwesenden Herren vom spanischen Hofe gönnen dem nicht adeligen Kolumbus, der zudem noch Ausländer ist, diese Auszeichnung nicht und behaupten, dass ein jeder so eine Leistung hätte vollbringen können.

Kolumbus lässt sich daraufhin ein Hühnerei bringen und fordert einen Kammerherrn dazu auf, das Ei so auf die Spitze zu stellen, dass es nicht umfällt. Weder dem Kammerherrn noch den anderen Anwesenden gelingt dies, woraufhin sie diese Aufgabe für unausführbar halten. Doch Kolumbus nimmt das Ei und setzt es mit einem leichten Schlag auf den Tisch, so dass es auf der eingedrückten Seite stehen bleibt. Die Anwesenden sind überrascht und behaupten, das hätten sie auch gekonnt, aber Kolumbus macht ihnen deutlich, dass es darauf ankommt, eine Sache nicht nur zu können, sondern zu tun.

1. Vergleiche die Anekdote mit der Inhaltsangabe und halte die Unterschiede und Gemeinsamkeiten fest.

Eine **Inhaltsangabe** muss alle Informationen enthalten, die für das Verständnis des Verlaufs einer Geschichte notwendig sind. Vor allem müssen alle **W-Fragen** (wer? wo? wann? ...) – sofern möglich – beantwortet werden. Sehr wichtig ist es auch, die **Zusammenhänge** deutlich zu machen (warum? zu welchem Zweck?). Die Inhaltsangabe muss so geschrieben sein, dass sie aus sich heraus verständlich ist, nichts voraussetzt und keine Rückfragen nötig sind.

Die Inhaltsangabe ist deutlich **kürzer** als die Vorlage. Alle ausschmückenden Passagen, die zum Verständnis des Handlungsverlaufs nicht notwendig sind, werden zusammengefasst oder entfallen ganz.

Eine **sachliche** Inhaltsangabe schließt Spannung ebenso aus wie persönliche Bewertungen und Kommentare.

Die Inhaltsangabe steht im **Präsens**, **Vorzeitigkeit** wird mit dem **Perfekt** ausgedrückt. Die direkte Rede wird vermieden. Entweder fasst man sie mit wenigen Worten zusammen oder man wandelt sie in die indirekte Rede (S. 124f.) um, wenn die Inhalte für das Verständnis wichtig sind.

Möglichkeiten der Textverkürzung und der Wiedergabe von direkter Rede

1. Im Folgenden lernst du verschiedene Möglichkeiten der Verkürzung kennen. Vergleiche den Ausgangstext links mit der Zusammenfassung rechts. Halte genau fest, wie der Text verkürzt wurde, und untersuche den Tempusgebrauch.

Originaltext	Textverkürzung
Er forderte ein Glas Wein, trank aber nicht, sondern saß ganz wehmütig in einem Winkel, hielt die Hand an den Backen, winselte halblaut für sich, und kehrte sich unruhig bald so her, bald so hin.	Er bestellt ein Glas Wein, trinkt aber nicht, sondern täuscht starke Zahnschmerzen vor.
Die ehrlichen Landleute und Bürger, die im Wirtshaus waren, bildeten sich wohl ein, dass der arme Mensch ganz entsetzlich Zahnweh haben müsse. Aber was war zu tun? Man bedauerte ihn, man tröstete ihn, dass es schon wieder vergehen werde, trank sein Gläslein fort, und machte seine Marktaffären aus.	Die Anwesenden bemerken seinen Zustand wohl, wissen aber auch keinen Rat. Sie versuchen zwar, ihn zu trösten, kümmern sich aber sonst nicht weiter um ihn.
So kam einmal der Herr sehr verdrüßlich nach Hause, und setzte sich zum Mittagessen. Da war die Suppe zu heiß oder zu kalt, oder keines von beiden; aber genug, der Herr war verdrüßlich. Er fasste daher die Schüssel mit dem, was darinnen war, und warf sie durch das offene Fenster in den Hof hinab. Was tat der Diener? Kurz besonnen warf er das Fleisch, welches er eben auf den Tisch stellen wollte, mir nichts, dir nichts, der Suppe nach, auch in den Hof hinab, dann das Brot, dann den Wein, und endlich das Tischtuch mit allem, was noch darauf war, auch in den Hof hinab.	Der Herr kommt eines Tages schlecht gelaunt zum Mittagessen nach Hause. Er hat an allem etwas auszusetzen und wirft schließlich sein Essen zum Fenster hinaus. Der Diener nimmt daraufhin das restliche Essen mitsamt dem Tischtuch und wirft alles hinterher.

2. Überlege, wie du den zweiten Abschnitt der Kalendergeschichte „Unverhofftes Wiedersehen" von Johann Peter Hebel (☞ S. 111) zusammenfassen kannst.

3. Stichworte zur Kalendergeschichte „Der Barbierjunge von Segringen" (☞ S. 117):
Fremder mit starkem Bart trifft ein • befiehlt, Barbier zu holen • hat empfindliche Haut • bedroht jeden Barbier mit Tod • Meister holt Gesellen • Geselle holt Lehrling • Lehrling will Belohnung • Lehrling wünscht sich neue Kleidung für Kirmes und ein Klappmesser • ihm fällt ein Plan ein • er entscheidet sich für Rasur
Verbinde diese Stichwörter zu Satzgefügen, sodass durch deine Formulierung ihr gedanklicher Zusammenhang deutlich wird.
Beispiel: *Um eine Verletzung seiner empfindlichen Haut zu verhindern, droht der Fremde jedem mit dem Tod, der ihn schneidet.*
Weil er eine Verletzung seiner empfindlichen Haut verhindern will, droht der Fremde jedem mit dem Tod, der ihn schneidet.

„Das ist nicht recht, Bursche, dass du reitest und lässt deinen Vater zu Fuß gehen. Du hast jüngere Beine."

4. Untersuche folgende Möglichkeiten, die direkte Rede umzuwandeln, und halte die Unterschiede übersichtlich in Stichpunkten fest:

- Der Wanderer kritisiert, dass der Junge reitet und der Vater zu Fuß gehen muss, da der Junge jüngere Beine habe.
- Der Wanderer fordert den Jungen auf, aufgrund seines Alters zu Fuß zu gehen.
- Der Wanderer beklagt, dass der Junge, obwohl er jünger ist, seinen Vater zu Fuß gehen lässt.

5. Erläutere, wie man den Inhalt der folgenden direkten Reden aus Hebels Text „Der Barbierjunge von Segringen" (☞ S. 117) in einer Inhaltsangabe möglichst sachlich und knapp wiedergeben könnte. Schlage mindestens eine Umformulierung für jedes Beispiel vor.

- „Habt Ihr keinen Barbier im Ort, der mich rasieren kann?"
- „Ihr sollt mir den Bart abnehmen. Wenn Ihr mich nicht ins Gesicht schneidet, so bezahl ich Euch 4 Kronentaler. Wenn Ihr mich aber schneidet, so stech ich Euch tot."
- „Ich wag's."
- „Aber junger Mensch, wer hat dir den Mut gegeben, mich zu rasieren, so doch dein Herr und der Gesell sind fortgesprungen? Denn wenn du mich geschnitten hättest, so hätt' ich dich erstochen."

Die Einleitung der Inhaltsangabe: der Basissatz

1. Diskutiert die folgenden vier Einleitungssätze zur Kalendergeschichte „Das Mittagessen im Hof" (☞ S. 110) und überlegt, welche Informationen wichtig sind. Verfasst selbst eine Einleitung zu der Kalendergeschichte.

(1) In dem Text geht es um einen Mann, der immer an allem etwas auszusetzen hat.

(2) In der Kalendergeschichte „Das Mittagessen im Hof" von Johann Peter Hebel geht es um einen Mann, der nie zufrieden ist und dies seinen Diener oft spüren lässt.

(3) Die Kalendergeschichte handelt von einem Mann, dem durch das ungewöhnliche Verhalten seines Dieners das eigene Fehlverhalten bewusst wird.

(4) Im Text steht ein Diener im Vordergrund, der es seinem Herrn einmal so richtig zeigt.

Der **Basissatz** nennt
- den Autor/die Autorin,
- den Texttitel in Anführungszeichen,
- das Thema des Textes (inhaltlicher Kern).

Formulierungshilfen für den Basissatz sind
- **In** der Geschichte **geht es um** …
- **Die** Geschichte **handelt von** …

Der Basissatz kann ferner Angaben machen zur
- Textsorte,
- Entstehungszeit.

Zwischen dem Basissatz und der eigentlichen Inhaltsangabe wird ein Absatz gemacht.

---

2. Formuliere den Basissatz zu der Kalendergeschichte „Der Barbierjunge von Segringen" (☞ S. 117).

3. Schreibe eine Inhaltsangabe zu der Kalendergeschichte von Hebel (☞ S. 117). Lege deinen Text so an, dass du ihn noch einmal überarbeiten kannst, d. h. mit breitem Rand oder mit einer Leerzeile nach jeder Zeile. Das gilt für handschriftliche oder mit dem Computer geschriebene Entwürfe gleichermaßen.

Die Inhaltsangabe überarbeiten

1. Erstelle dir aus dem, was du bisher über die Inhaltsangabe gelernt hast, eine Checkliste mit den wichtigsten Punkten.

2. Überarbeite den Entwurf deiner Inhaltsangabe mithilfe der Checkliste. Gestalte deine Entwürfe von vornherein so, dass ihre Überarbeitung möglich ist, entweder mit einem genügend breiten Rand oder mit Leerzeilen zwischen den Zeilen, egal ob handschriftlich oder mit dem PC.

Texte in der Schreibkonferenz überarbeiten

Die gegenseitige Überarbeitung von Texten in Schreibkonferenzen ist besonders hilfreich. Viele Augen sehen mehr als zwei. Eine Schreibkonferenz besteht aus drei bis vier Personen.

→ Zuerst einigt sich die Gruppe auf wenige Punkte aus der Checkliste, auf die sie besonders achten will. Dabei kann man auch arbeitsteilig vorgehen.
Beispiel: *Bei einer Überarbeitung der Inhaltsangabe zu Foersters „Das Ei des Kolumbus" legt die Schreibkonferenz fest, dass ein Schüler besonders darauf achtet, ob die Entwürfe einen klaren und korrekten Satzbau verwenden.*

→ Jeder liest alle Entwürfe im Hinblick auf die Punkte der Checkliste durch und kommentiert sie dann schriftlich (den eigenen am besten zuletzt). Dabei beziehen sich die Kommentare auf einzelne Textstellen der Entwürfe.

→ Jeder Kommentar hebt erst hervor, was gut gelungen ist, und geht dann auf Fehler und Schwächen ein.

3. Bildet Schreibkonferenzen und überarbeitet eure Entwürfe gegenseitig.

4. Überarbeite und ergänze nun deine Checkliste, indem du an die erste Stelle deine persönlichen typischen Fehlerquellen schreibst.

5. Überarbeite deinen Entwurf, nachdem er in der Schreibkonferenz korrigiert und kommentiert wurde. Wenn du nicht schon den Entwurf mit dem Computer geschrieben hast, dann gib die verbesserte Fassung in den PC ein. Lass nun eine Rechtschreibkontrolle über deinen Text laufen. Aber Vorsicht! Prüfe sicherheitshalber, ob der Computer auch alle Fehler gefunden hat.

Modalität

Verschiedene Ausdrucksmöglichkeiten für Modalität

Was mag dem Barbier, dem Gesellen und dem Lehrjungen in der Kalendergeschichte „Der Barbierjunge von Segringen" (☞ S. 117) durch den Kopf gegangen sein?

Barbier: *„Ich werde den Fremden nicht rasieren. Er droht mir damit, mich umzubringen, wenn ich ihn schneide. Er meint dies ernst, obwohl er kitzlig ist. Wie leicht kann ich ihn beim Rasieren aus Versehen kitzeln. Ich bin doch nicht lebensmüde. Mein Entschluss steht fest: Ich überlasse diese Arbeit meinem Gesellen."*

Geselle: *„Das ist mal wieder typisch für den Meister: Weil **möglicherweise** sein Leben in Gefahr ist, darf ich für ihn einspringen. Soll ich das tun? So **gern** ich auch das Geld haben möchte, ich kann mich nicht **einfach blindlings** darauf verlassen, dass ich den Fremden nicht kitzeln werde. Nein, ich muss es **genauso** machen wie der Meister und die Arbeit an den Lehrjungen abgeben. Der wird den Fremden für diesen Lohn schon rasieren wollen."*

Lehrjunge: *„Wenn ich den Fremden rasierte und schnitte ihn nicht, müsste er mir vier Taler geben. Was könnte ich mir alles dafür kaufen: Ich könnte mir endlich den neuen Rock für die Kirmes leisten. Dann würde ich vielleicht Kirmeskönig. Und dann reichte das Geld sogar noch für einen Schnepper – und ich bräuchte mich nicht mehr vor dem Grobschmied zu fürchten."*

1. Vergleiche, wie jede Person ihre Einschätzung der Situation *sprachlich* zum Ausdruck bringt. Beachte dazu vor allem die Verbformen und bestimme die Wortart der fettgedruckten Wörter.

2. Versetze dich in die Rolle des Fremden aus der Kalendergeschichte und gib die Entwicklung seiner Gedanken vom Beginn der Geschichte bis zu dem für ihn überraschenden Ende wieder. Verwende dazu die sprachlichen Gestaltungsmittel, die du in den Beispieltexten kennengelernt hast.

Modalität ist die Art und Weise, in der ein Sprecher seine Einschätzung einer Situation zum Ausdruck bringt. Er kann den Inhalt des von ihm Gesagten etwa als wahr, als möglich, als unwahrscheinlich, als wünschenswert, als unwahr ... darstellen.
Als sprachliche Mittel stehen dazu zur Verfügung:
- Drei **Modi** (Sg. Modus) des Verbs:
  - Indikativ (Wirklichkeitsform)
  - Konjunktiv (Möglichkeitsform)
  - Imperativ (Befehlsform)
- **Modalverben**: *sollen, können, dürfen, müssen, mögen, wollen*
- **Modaladverbien**: z.B. *anstandslos, vergebens, besonders, beinahe, glücklicherweise ...*

3. Die Zahl der Adverbien im Deutschen ist sehr groß. Nicht alle haben allerdings modale Bedeutung. Suche aus dem folgenden Wortspeicher die Adverbien mit modaler Bedeutung heraus und bilde damit jeweils einen Satz, der die Bedeutung deutlich macht.
gerne • zuletzt • gestern • dort • frühestens • vermutlich • bald • zweifellos • mittendrin • woanders • kürzlich • unlängst • bereits • heute • gezwungenermaßen • wahrscheinlich

4. Füge die passenden Modalverben ein.

Das Wochenende steht bevor und in der Mittagspause beratschlagen Cindy und ihre

Freunde, was sie alles anstellen könnten:

Paul: „_____ wir ins Kino gehen, der neue Harry-Potter-Film ist

angelaufen?"

Cindy: „Och, nee, dazu habe ich keine Lust. Ich _____ lieber in

den Kletterpark, bei dem schönen Wetter."

Chris: „ Kletterpark gefällt mir, aber wie _____ wir dahin kommen?"

Cindy: „Mein Vater _____ uns fahren, er hat frei und sowieso

nichts zu tun."

Anna: „Ich _____ wahrscheinlich nicht mitkommen, denn ich

habe eine schlechte Note in der Mathearbeit bekommen und _____

zu Hause bleiben. Ich _____ nicht ausgehen. Meine Eltern

_____, dass ich übe. Ihr _____ leider

am Wochenende ohne mich auskommen."

Wiedergabe von Möglichkeit bzw. Unmöglichkeit

1. Betrachte erneut die Gedanken des Lehrjungen (☞ S. 117, Z. 14 – 17). Lege eine Tabelle mit zwei Spalten an und schreibe die Verbformen aus diesen Gedanken in die erste Spalte.

2. Suche in der Kalendergeschichte (☞ S. 118, Z. 29 – 32) die Äußerungen des Lehrjungen gegenüber dem fremden Herrn, nachdem er sich entschieden hat, ihn zu rasieren, und schreibe die Verbformen, die er hier verwendet, in die andere Spalte deiner Tabelle.

3. Vergleiche die Verbformen vor und nach der Entscheidung des Lehrjungen. Erläutere die Unterschiede der beiden Spalten in formaler und inhaltlicher Hinsicht. Setze jeweils eine passende Überschrift über die beiden Spalten deiner Tabelle.

4. Ordne die Verbformen der folgenden Sätze in die richtige Spalte deiner Tabelle ein:
- Wenn ihr am Wochenende zu Besuch käm(e)t, könnten wir nachmittags etwas Schönes unternehmen und hätten dann noch Zeit für ein gemütliches Abendessen.
- Ich hätte in der Arbeit eine bessere Note geschrieben, wenn ich vorher die Fachbegriffe gelernt hätte.
- Wenn du nicht so spät von zu Hause losgegangen wärest, hättest du den Bus nicht verpasst.
- Wenn ich bei jedem Wetter spazieren ginge, würde ich mich nicht so oft erkälten.
- Wenn der Autofahrer das Fahrrad im Rückspiegel gesehen hätte, wäre der Unfall nicht passiert.

5. Bilde zu jeder Spalte deiner Tabelle weitere Beispielsätze.

6. Suche weitere Konjunktiv II-Formen der Gegenwart/Vergangenheit in der Kalendergeschichte über den Barbierjungen (☞ S. 117 f.). Schreibe auf, welcher Konjunktiv vorliegt und welche Art von Möglichkeit bzw. Unmöglichkeit er ausdrückt.

7. Modalität spielt auch noch in anderen Zusammenhängen eine Rolle. Versuche anhand der Beispiele herauszufinden, was der Konjunktiv II noch ausdrückt, und finde weitere Beispielsätze.
- „Könnten Sie mir bitte sagen, wie spät es ist?"
- Wenn ich doch bloß keine Hausaufgaben hätte!
- Er tut so, als ob er alles wüsste.
- Die Nudeln müssten für alle reichen.

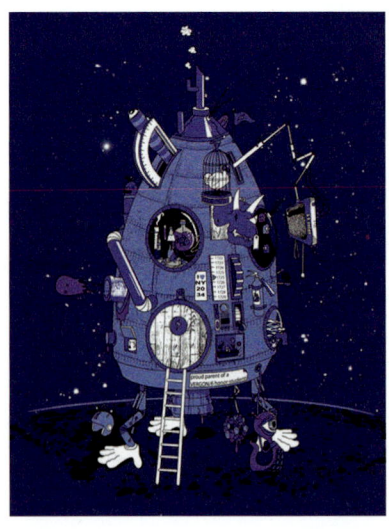

8. Stelle dir vor, du hättest eine Zeitmaschine und könntest ins Jahr 2327 reisen. Erzähle von deinen Abenteuern. Beginne deinen Text mit „Wenn ich ins Jahr 2327 reisen könnte, ...".

1. Der Druckfehlerteufel hat sich eingeschlichen und den folgenden Text ganz durcheinander gebracht. Stelle die richtige Reihenfolge wieder her.

a) „Aber schlagen und hauen ist gleich!" – „Verzeihung, dass ich auch hierin anderer Meinung bin. Sehen Sie, diese prachtvolle Standuhr schlägt die Stunden, aber sie haut sie nicht."

b) Bei einem Festessen hatte Bismarck[1] die Gattin eines ausländischen Diplomaten als Tischdame. Die etwas arrogante Frau suchte die deutsche Sprache als minderwertig hinzustellen, indem sie ihr den Vorwurf machte, im Deutschen gebe es für dieselbe Sache immer wieder verwirrend viele Ausdrücke, z.B. speisen und essen.

c) „Aber in einem müssen Sie mir recht geben, Durchlaucht: Sicher und gewiss ist doch genau dasselbe!" – „Ich bitte um Verzeihung, Gnädigste, dass ich auch hierin gänzlich anderer Ansicht bin. Nehmen wir einmal an, dass hier plötzlich ein Brand ausbricht, so würde es mir eine Ehrenpflicht sein, Sie gnädige Frau, sogleich an einen sicheren Ort zu führen, aber um himmelswillen nicht an einen gewissen Ort."

d) Bismarck verteidigte sich: „Verzeihen Sie Gnädigste. Diese beiden Wörter sind nicht gleichbedeutend. Denn Christus speiste die fünftausend Mann, aber er aß sie nicht."

e) „Das gebe ich zu, aber von den Wörtern senden und schicken ist doch sicher eines ganz überflüssig!" – „Keineswegs. Denn Ihr Gemahl ist zwar ein Gesandter, aber kein Geschickter!"

[1] Otto Graf von *Bismarck*, 1815–1898: Reichskanzler Deutschlands

2. Erkläre, wie Bismarck vorgeht, um den Vorwurf der Diplomatenfrau zu entkräften.

3. Bestimme, ob es sich bei dem Text um eine Kalendergeschichte, eine Anekdote oder eine Parabel handelt. Begründe deine Meinung.

Bertolt Brecht
Der hilflose Knabe

Herr K. sprach über die Unart, erlittenes Unrecht stillschweigend in sich hineinzufressen, und erzählte folgende Geschichte: „Einen vor sich hin weinenden Jungen fragte ein Vorübergehender nach dem Grund seines Kummers. ‚Ich hatte zwei Groschen für das Kino beisammen', sagte der Knabe, ‚da kam ein
5 Junge und riss mir einen aus der Hand', und er zeigte auf einen Jungen, der in einiger Entfernung zu sehen war. ‚Hast du denn nicht um Hilfe geschrien?', fragte der Mann. ‚Doch', sagte der Junge und schluchzte ein wenig stärker. ‚Hat dich niemand gehört?', frage ihn der Mann weiter, ihn liebevoll streichelnd. ‚Nein', schluchzte der Junge. ‚Kannst du denn nicht lauter schreien?', fragte der
10 Mann. ‚Nein', sagte der Junge und blickte ihn mit neuer Hoffnung an. Denn der Mann lächelte.

4. Wähle den passenden Schluss. Begründe deine Wahl.

a) ‚Du Armer', sagte der Mann und gab dem Jungen einen Groschen.

b) ‚Dann gib auch den her.' Nahm ihm den letzten Groschen aus der Hand und ging unbekümmert weiter."

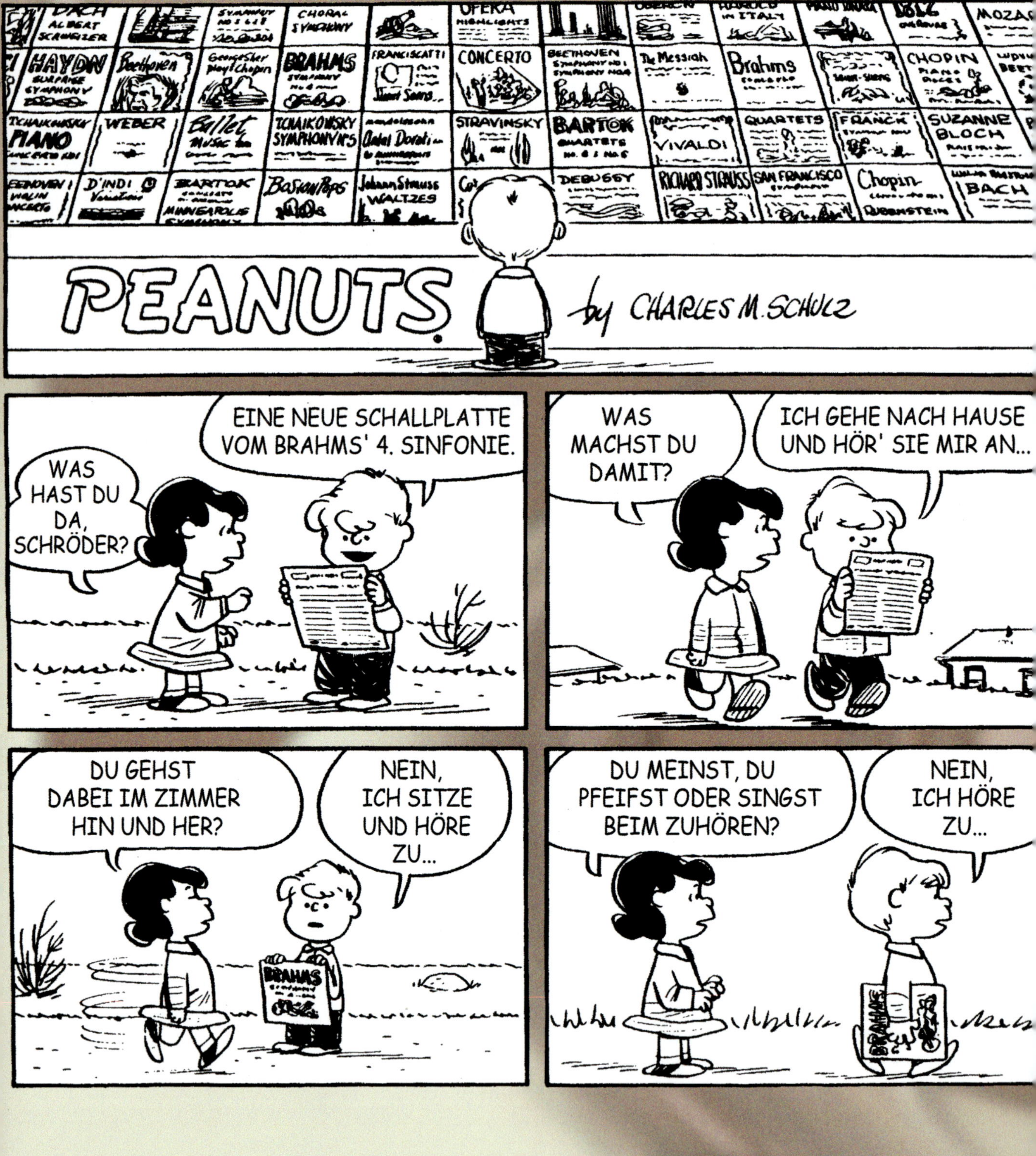

Langeweile? Tu was!

Aufgaben: Seite 143

Rose Ausländer
Langeweile

Langeweile
was ist das

Du siehst
Menschen
5 Bäume Himmel
hörst Worte Lieder
du bewunderst
ein Bild ein Gedicht
erkennst
10 dass alles sich bewegt
und du bewegt wirst
ein Fünkchen Leben
aus der Lebensflamme

Wie
15 kann es
langweilig sein

Freunde am wichtigsten!

Die häufigste Freizeitaktivität der 12- bis 19-Jährigen ist das Zusammensein mit anderen Jugendlichen: 86 Prozent treffen sich mit ihrem Freundeskreis mehrmals pro Woche. Fast drei Viertel der Jugendlichen treiben regelmäßig Sport, zwei Drittel faulenzen ebenso häufig. Ein Fünftel 5 unternimmt regelmäßig etwas mit der Familie oder macht selbst Musik. Sportveranstaltungen besuchen 12 Prozent mehrmals pro Woche. Jeder zehnte Jugendliche macht regelmäßig einen Einkaufsbummel oder geht auf Partys. Etwas weniger besuchen regelmäßig eine Disco. Nur drei 10 Prozent nutzen mehrmals pro Woche Bibliotheken oder schreiben Karten oder Briefe. Deutliche Unterschiede zwischen Jungen und Mädchen zeigen sich vor allem bei sportlichen Aktivitäten, hierbei sind Jungen deutlich aktiver. Auch machen Jungen mehr Musik, treffen sich häufi- 15 ger mit Freunden und gehen häufiger auf Partys. Mädchen hingegen gehen öfter shoppen und betätigen sich kreativ. *(JIM-Studie 2007)*

Ein Jugendlicher hat im Schnitt mehr als 5 Stunden Freizeit pro Tag zu seiner Verfügung. Das entspricht 35 Stunden freier Zeit pro Woche. Oder einer Woche pro Monat.

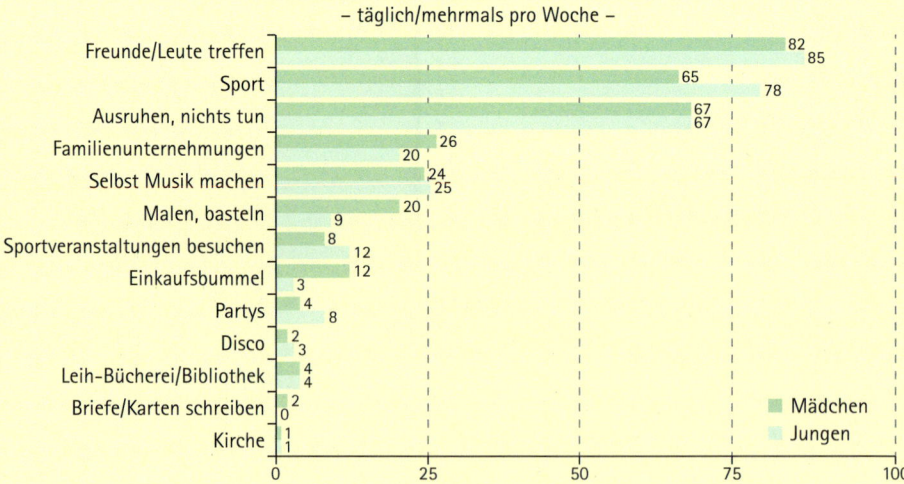

Non-mediale Freizeitaktivitäten 2011
– täglich/mehrmals pro Woche –

Aktivität	Mädchen	Jungen
Freunde/Leute treffen	82	85
Sport	65	78
Ausruhen, nichts tun	67	67
Familienunternehmungen	20	26
Selbst Musik machen	24	25
Malen, basteln	20	9
Sportveranstaltungen besuchen	8	12
Einkaufsbummel	12	3
Partys	4	8
Disco	2	3
Leih-Bücherei/Bibliothek	4	4
Briefe/Karten schreiben	2	0
Kirche	1	1

Mein Verein, dein Verein

Welche Bedeutung haben Vereine und Verbände für Jugendliche in Luxemburg? Dieser Frage sind Forscher der Universität Luxemburg 2007 in der Südregion des Landes nachgegangen. Das Ergebnis:

5 Beinahe die Hälfte der befragten 12- bis 25-jährigen Jugendlichen waren zum Zeitpunkt der Befragung in einem Verein oder einer Organisation aktiv (43%).

Mit Abstand am häufigsten ausgewählt werden dabei die Sportvereine mit 65% aller Nennungen.

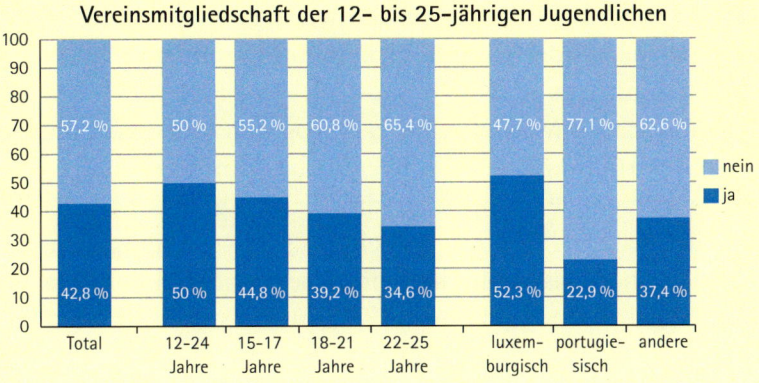

Vereinsmitgliedschaft der 12- bis 25-jährigen Jugendlichen

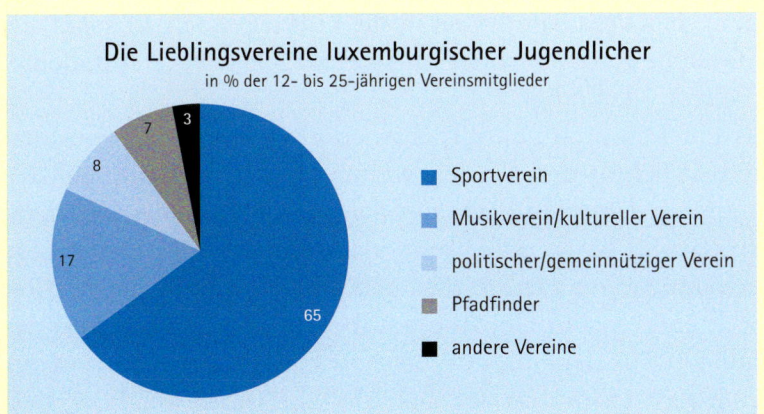

Die Lieblingsvereine luxemburgischer Jugendlicher
in % der 12- bis 25-jährigen Vereinsmitglieder

- ■ Sportverein
- ■ Musikverein/kultureller Verein
- ■ politischer/gemeinnütziger Verein
- ■ Pfadfinder
- ■ andere Vereine

Aufgaben: Seite 143

Nora Clormann-Lietz
Langeweile? Tu was!

Roll möpse
Speise eis
Mal stifte
Rate spiele
5 Bau klötze
Fang körbe
Schüttel reime
Lösch blätter
Schnür senkel
10 Weck gläser
Angel ruten
Back erbsen
Füll hörner
Wähl scheiben
15 Zieh federn
Zerr spiegel
Dreh türen
Tritt bretter
Kipp schalter
20 Tipp fehler
Gieß kannen
Lese zeichen
Fahr spuren
Stoß stangen
25 Klammer beutel
Lenk stangen
Schaukel pferde
Puste blumen
Kneif zangen

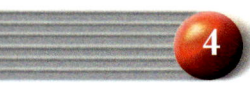

Aufgaben: Seite 143

Ilse Aichinger

Das Fenstertheater

Die Frau lehnte am Fenster und sah hinüber. Der Wind trieb in leichten Stößen vom Fluss herauf und brachte nichts Neues. Die Frau hatte den starren Blick neugieriger Leute, die unersättlich sind. Es hatte ihr noch niemand den Gefallen getan, vor ihrem 5 Haus niedergefahren zu werden.

Außerdem wohnte sie im vorletzten Stock, die Straße lag zu tief unten. Der Lärm rauschte nur mehr leicht herauf. Alles lag zu tief unten. Als sie sich eben vom Fenster abwenden wollte, bemerkte sie, dass der Alte gegenüber Licht angedreht hatte. Da es noch ganz hell war, blieb dieses Licht für sich und 10 machte den merkwürdigen Eindruck, den aufflammende Straßenlaternen unter der Sonne machen. Als hätte einer an seinen Fenstern die Kerzen angesteckt, noch ehe die Prozession die Kirche verlassen hat. Die Frau blieb am Fenster. Der Alte öffnete und nickte herüber. Meint er mich?, dachte die Frau. Die Wohnung über ihr stand leer und unterhalb lag eine Werkstatt, die um diese 15 Zeit schon geschlossen war. Sie bewegte leicht den Kopf. Der Alte nickte wieder. Er griff sich an die Stirne, entdeckte, dass er keinen Hut aufhatte, und verschwand im Inneren des Zimmers.

Gleich darauf kam er in Hut und Mantel wieder. Er zog den Hut und lächelte. Dann nahm er ein weißes Tuch aus der Tasche und begann zu winken. Erst 20 leicht und dann immer eifriger. Er hing über die Brüstung, dass man Angst bekam, er würde vornüberfallen. Die Frau trat einen Schritt zurück, aber das schien ihn zu bestärken. Er ließ das Tuch fallen, löste seinen Schal vom Hals – einen großen bunten Schal – und ließ ihn aus dem Fenster wehen. Dazu lächelte er. Und als sie noch einen weiteren Schritt zurücktrat, warf er den Hut 25 mit einer heftigen Bewegung ab und wand den Schal wie einen Turban um seinen Kopf. Dann kreuzte er die Arme über der Brust und verneigte sich. Sooft er aufsah, kniff er das linke Auge zu, als herrsche zwischen ihnen ein geheimes Einverständnis. Das bereitete ihr so lange Vergnügen, bis sie plötzlich nur mehr seine Beine in dünnen, geflickten Samthosen in die Luft ragen sah. Er stand auf 30 dem Kopf. Als sein Gesicht gerötet, erhitzt und freundlich wieder auftauchte, hatte sie schon die Polizei verständigt.

Und während er, in ein Leintuch gehüllt, abwechselnd an beiden Fenstern erschien, unterschied sie schon drei Gassen weiter über dem Geklingel der Straßenbahnen und dem gedämpften Lärm der Stadt das Hupen des Überfall- 35 autos. Denn ihre Erklärung hatte nicht sehr klar und ihre Stimme erregt geklungen. Der alte Mann lachte jetzt, so dass sich sein Gesicht in tiefe Falten legte, streifte dann mit einer vagen Gebärde darüber, wurde ernst, schien das Lachen eine Sekunde lang in der hohlen Hand zu halten und warf es dann hinüber. Erst als der Wagen schon um die Ecke bog, gelang es der Frau, sich 40 von seinem Anblick loszureißen.

Schlage nach:
- die Brüstung
- der Turban
- der Samt
- vage

Sie kam atemlos unten an. Eine Menschenmenge hatte sich um den Polizei-
wagen gesammelt. Die Polizisten waren abgesprungen, und die Menge kam
hinter ihnen und der Frau her. Sobald man die Leute zu verscheuchen suchte,
45 erklärten sie einstimmig, in diesem Hause zu wohnen. Einige davon kamen bis
zum letzten Stock mit. Von den Stufen beobachteten sie, wie die Männer, nachdem ihr Klopfen vergeblich blieb und die Glocke allem Anschein nach nicht
funktionierte, die Tür aufbrachen. Sie arbeiteten schnell und mit einer Sicherheit, von der jeder Einbrecher lernen konnte. Auch in dem Vorraum, dessen
50 Fenster auf den Hof sahen, zögerten sie nicht eine Sekunde. Zwei von ihnen
zogen die Stiefel aus und schlichen um die Ecke. Es war inzwischen finster
geworden. Sie stießen an einen Kleiderständer, gewahrten den Lichtschein am
Ende des schmalen Ganges und gingen ihm nach. Die Frau schlich hinter
ihnen her.
55 Als die Tür aufflog, stand der alte Mann mit dem Rücken zu ihnen gewandt
noch immer am Fenster. Er hielt ein großes weißes Kissen auf dem Kopf, das
er immer wieder abnahm, als bedeutete er jemandem, dass er schlafen wolle.
Den Teppich, den er vom Boden genommen hatte, trug er um die Schultern.
Da er schwerhörig war, wandte er sich auch nicht um, als die Männer auch
60 schon knapp hinter ihm standen und die Frau über ihn hinweg in ihr eigenes
finsteres Fenster sah.
Die Werkstatt unterhalb war, wie sie angenommen hatte, geschlossen. Aber in
die Wohnung oberhalb musste eine neue Partei eingezogen sein. An eines der
erleuchteten Fenster war ein Gitterbett geschoben, in dem aufrecht ein kleiner
65 Knabe stand. Auch er trug sein Kissen auf dem Kopf und die Bettdecke um die
Schultern. Er sprang und winkte herüber und krähte vor Jubel. Er lachte, strich
mit der Hand über das Gesicht, wurde ernst und schien das Lachen eine
Sekunde lang in der hohlen Hand zu halten. Dann warf er es mit aller Kraft
den Wachleuten ins Gesicht.

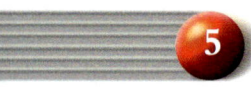

Karla Schneider

Endlich allein

„Willst du wirklich nicht mitkommen?" Die Mutter fragte es zum letzten Mal. Sie hatte schon die Klinke in der Hand.

„Nein, will ich nicht", sagte Caro genervt. Sie stand mit verschränkten Armen an den Türrahmen ihres Zimmers gelehnt. „Hab ich ₅ doch schon zehnmal gesagt. Warum glaubt mir denn keiner? Soll ich's singen, oder was? Ich hab's satt, die ganzen Ferien über im Familienkonvoi aufzutreten und ewig zu warten, bis die Zwerge ihre acht Karussellrunden abgefahren haben. Oder im Gänsemarsch irgendwelche Feldwege lang zu latschen. Ich will weiter nichts, als mal einen Tag für mich sein, ehrlich. Es sind ja, bitte schön, ₁₀ auch meine Ferien!"

Die Mutter ließ die Türklinke los und ging zu Caro hinüber.

„Geht ihr mal schon runter. Papa hat das Auto aus der Garage geholt", rief sie über die Schulter. Lars und Nils, Caros fünfjährige Zwillingsbrüder, rannten ins Treppenhaus. Durch die Tür, die sie offen gelassen hatten, schallte das Klatschen ₁₅ ihrer Sandalen auf den Betonstufen und ihr freudiges Johlen.

„Hör mal zu, meine Große … Du weißt ja schließlich, warum wir dieses Jahr nicht verreisen können." Die Mutter legte die Hand auf Caros Schulter. „Nächstes Jahr wieder. Vielleicht … Sicher … Wir müssen versuchen das Beste draus zu machen. Zu dumm, dass das mit dem Ferienlager nicht mehr geklappt ₂₀ hat."

„Weiß ich doch alles", sagte Caro, „hab ich ja auch Verständnis für. Ich will ja nichts, als bloß mal einen Tag lang nur das tun, was mir Spaß macht. Ohne euer Kinderferienprogramm. Vielleicht geh ich ins Kino oder zum Eis-Italiener oder treff mich mit jemandem oder lade ein paar Leute ein. Irgendwas eben. Ist das ₂₅ so schwer zu verstehen?"

Die Mutter sagte nichts. Sie streichelte nur Caros Schulter und sah bekümmert aus. Dann machte sie die Wohnungstür hinter sich zu. Ohne sich noch einmal umzusehen.

Endlich hatte Caro die Wohnung für sich. Sie hörte durch das angekippte ₃₀ Küchenfenster, das zur Straße lag, wie unten die Autotüren klappten, wie ihr Vater den Motor anließ und wie das Beschleunigungsbrummen nach wenigen Sekunden in der Ferne verschwand.

Stille legte sich wie eine dicke Watteschicht über die Wohnung. Als Erstes holte Caro einen Stapel ihrer CDs und brachte ihn ins Wohnzimmer. Dort waren die ₃₅ Lautsprecher besser als bei ihrem eigenen Apparat. Sie drehte die Lautstärke richtig auf, sodass die Musik in jedem Zimmer zu hören war. Dazu tanzte sie und sah sich selbst dabei zu – ihrem tanzenden, hopsenden, schwingenden Spiegelbild in der Scheibe des Bücherschranks.

Das hätte ihr noch gefehlt! An der Müngstener Brücke aussteigen, im Wiesen- ₄₀ kotten[1] die jungen Enten bewundern, Butterblumen und Margeriten abreißen, nach Schloss Burg fahren, Schnickschnack kaufen, rumlatschen. Dann im über-

[1] *der Wiesenkotten:* Ausflugsgebiet bei Solingen

füllten Ort von einem Lokal zum anderen trotten, ob irgendwo ein Tisch für fünf Personen frei wurde – nee, nicht mit ihr!

45 Irgendwie komisch, dass fast alles, was früher mal Spaß gemacht hatte, jetzt auf einmal die totale Öde war. Dass man sich so verändern konnte. Wer weiß, was da noch alles nachkam. Sie hätte gern gewusst, was ihre Eltern dabei empfanden – auf den Kirmessen, den Spaziergängen, im Freizeitpark. Falls sie sich genauso langweilten wie Caro in diesem Sommer, merkte man ihnen das 50 jedenfalls nicht an. Sie hatten wie verrückt gequiekt, als das Kanu den Wasserfall runtersauste und sie alle nass geworden waren. Sie hatten sich halb totgelacht, als sie sich die altertümlichen Klamotten umhängten und die doofen Hüte aufsetzten, um sich mit Caro und den Zwillingen als „Westernfamily" fotografieren zu lassen.

55 Wenn sie das alles nur veranstalteten, um Caro und den Zwillingen einen Gefallen zu tun, mussten sie sich unheimlich verstellen können. Aber jetzt wollte Caro nicht mehr an die Familie denken. Dieser Tag gehörte ihr, nur ihr. Von der Musik angefeuert, tanzte sie ins Schlafzimmer der Eltern hinüber, stöberte im Kleiderschrank und zog das olivgrüne Satintop ihrer Mutter an, dar-
60 über die ärmellose Glencheckweste. Dazu die scharfen spitzen Stiefel mit den Pumpsabsätzen. Und ihren eigenen neuen Rock, den ihr Vater nur „Gesäßmanschette" nannte.

Sie probierte die Lippenstifte ihrer Mutter und entschied sich nach dreimal wieder Abwischen und Neuauftragen für einen mit Glossanteil in Gold. Jetzt 65 noch die Augen. Tuschen, Kajalstriche, Lidschatten, Highlights oben unter die Augenbrauen. Fertig. Wen sollte sie zuerst anrufen?

Anja war mit ihren Eltern noch an der Nordsee. Berit war irgendwo in Spanien.

„Ja, guten Tag, hier ist Caro. Kann ich bitte mit 70 Mareike sprechen?"

Aber auch Mareike war nicht zu Hause. Mareike habe sich, so berichtete Mareikes Mutter, mit Tana verabredet. Soviel sie wüsste, hätten sie ins Kino gehen wollen und hinterher noch zu einer Party.

75 „Soll ich was ausrichten?"

„Nö, danke."

Zu einer Party? Ins Kino? Bei wem sollte diese Party denn stattfinden, wo so gut wie alle verreist waren? Und wieso hatte Mareike nicht daran gedacht, Caro 80 von dieser blöden Party zu erzählen? Wenn sie Tana mitnahm, hätte sie ebenso gut auch ihr, Caro, Bescheid sagen könne. Und so was nannte sich Freundin!

Richtig schlecht war ihr vor Enttäuschung. Caro legte eine neue CD auf, drehte die Lautstärke noch höher.

Und noch höher. Sie telefonierte noch mit zwei anderen Nummern. Aber Nora war im Schwimmbad, wie ihre große Schwester mitteilte. Nein, in welchem Bad und mit wem, konnte sie nicht sagen. Jenny ging erst gar nicht ran. Die war mit Sicherheit verreist. Jenny, die Angeberin.

Caro stellte sich vor den Badezimmerspiegel und übte Gesichter. Geheimnisvolles Lächeln. Zunge zeigen. Küsschen fortblasen. Trauriger Blick. Große Dame, die angebaggert wird. Filmstar auf dem roten Teppich mit einer schreienden Herde Fans um sich herum.

Auf dem Balkon war schon keine Sonne mehr. Am Morgen frühstückte die Familie jetzt immer auf dem Balkon. Von sieben bis elf war es hier draußen beinah wie in einer richtigen Ferienwohnung. Jetzt nicht mehr.

Caro stand auf dem Balkon und biss am Fingernagel herum. Überall war die blöde Sonne, nur hier war sie nicht. Die Eltern von Tana und Mareike hatten Gärten, wo man sich in die Sonne legen konnte. Der Balkon von Caros Eltern war zu gar nichts zu gebrauchen.

Unzufrieden wanderte sie durch alle Zimmer. Auf einmal kam ihr die Wohnung wie ein Käfig vor. Sie blieb vor jedem Spiegel stehen. So schön wie heute würde sie nie wieder sein. Und niemand war hier, der sie so sehen konnte.

Warum sollte sie eigentlich nicht allein losgehen und in die Stadt fahren? Warum sollte sie sich nicht beim Eis-Italiener einen großen, fetten, überquellenden Eisbecher bestellen? Sie hatte ja noch das ganze Taschengeld. Oder ins Kino gehen, einfach so. Vielleicht würde sie dort sogar Mareike und Tana treffen, das heißt, wenn die in den gleichen Film wollten.

In fünf Minuten ging ein Bus. Caro schmiss Hausschlüssel, Portmonee, Kamm und den Lippenstift ihrer Mutter in ihren Beutel, hängte ihn über die Schulter und rannte zur Wohnungstür.

Dann kehrte sie langsam wieder um, als sei ihr gerade etwas eingefallen.

Allein war das Mist.

Sie rief noch einmal bei Jenny an. Nichts. Niemand ging ran. Caro vertauschte das Satintop, die Weste, die Stiefelpumps gegen ihr altes Lieblingstop und Tennissocken. Sie wischte das Supergirl vom Gesicht. Dann setzte sie sich mit einer halb vollen Schachtel Pralinen, die ihrer Mutter gehörte, auf den Balkon. Der Blick auf die Wohnblocks, auf die hundert Meter entfernte Schnellstraße und auf das von Birken bestandene Gelände der Chemiefabrik sah noch genauso aus wie vor einer Stunde.

Als wenn man eine Videokassette immer wieder abspielen würde. Immer wieder und immer wieder. Caro guckte zu und aß eine Praline nach der anderen. Die mit Himbeergeist, die

mit Cherry Brandy, die mit Kirschwasser und die mit Noisette. Anschließend ging sie in die Küche und machte sich sechs Toastbrote mit Butter. Darauf kam
130 Brombeergelee.

Knusper, knusper, Knäuschen. Was war eigentlich Knäuschen? […]

Sie hatte bereits vier von den Brombeergelee-Toastbroten aufgeschnurpst, als ihr Handy klingelte. Caro stürzte hin und packte es mit ihren klebrigen Fingern.

135 „Hallo, ja?"

Es war Jenny.

„Endlich jemand, der zu Hause ist", sagte Jennys Stimme. Sie klang irgendwie wütend. Oder eher sauer. „Ich hab's auch schon bei allen anderen versucht, kein Schwein geht ran. Hör zu, Caro, ich geb am Freitag eine Abschiedsparty

140 für die ganze Klasse. Das heißt für alle, die nicht verreist sind und kommen können. Kannst du?"

„Freitag? Klar, sicher. Kann ich", sagte Caro eifrig. „Wo fahrt ihr denn dieses Jahr hin?"

Eine Abschiedsparty, bloß weil man in Urlaub fuhr – so was Affiges hatte man

145 ehrlich noch nicht gehört. Typisch Jenny. Immer musste die sich aufspielen. Voriges Jahr war sie mit ihren Eltern auf die Seychellen geflogen, und das Jahr zuvor war sie im Grand Hotel in Velden am Wörthersee gewesen. Zicke!

„Kiel", sagte Jenny. „Aber das ist keine Ferienreise. Wir ziehen weg. Meine Großeltern haben uns dort eine Wohnung besorgt, ganz in ihrer Nähe. Meine

150 Eltern lassen sich nämlich scheiden. Mein Vater ist schon ausgezogen, und meine Schwester und ich gehen mit meiner Mutter nach Kiel. Ich wollte euch alle noch mal sehen, ehe ich verschwinde."

„Oh Scheiße, tut mir leid, echt", sagte Caro. Was sollte man auch sonst sagen. Es tat ihr wirklich leid. […] Caro schämte sich dafür, dass sie eben noch nei-

155 disch auf Jenny gewesen war. „Wann soll ich kommen?"

„Ab sieben." Jennys Stimme war plötzlich ganz hoch und piepsig. Dann schniefte es wie bei jemandem, der fürchterlichen Schnupfen, aber kein Taschentuch hat. Das Einzige, was Caro noch verstehen konnte, war: „… so ein Mist, so ein gemeiner, verfluchter Mist …" Dann wurde aufgelegt.

160 Caro schnappte sich die beiden letzten Toasts und richtete sich im Wohnzimmer ein. Sie zog die Beine aufs Sofa und drückte auf die Fernbedienung. Auf dem Bildschirm rannten Zeichentrickfiguren. Caro bekam nicht mit, worum es ging; sie hatte sich in der zweiten Hälfte des Films eingeschaltet. Es interessierte sie auch nicht besonders. Arme Jenny. Es folgte ein uralter Liebesfilm mit

165 einem komischen Diener, der fortwährend herumgrantelte und sich in alles einmischte, aber dann doch dafür sorgte, dass alles gut ausging. Kurz vor der Tagesschau wurde die Wohnungstür aufgeschlossen, und alle waren wieder da. Nils und Lars hatten jeder wieder irgendwelche gekauften Spielzeugteile umhängen, so Zeug, das flimmerte und quäkte, wenn man draufdrückte.

„Hier, für dich!" Die Mutter legte Caro ein winziges Päckchen in den Schoß. 170
Als Caro es aufmachte, war eine Katze drin, aus bunt glasiertem Steingut, nicht
größer als ein Daumen. Caro sammelte nämlich Katzen. Sie hatte schon 23
Stück – aus Holz, aus Leder, aus Metall und aus Kunststoff. Aber die hier war
mit Abstand die niedlichste. Als Caro aufblickte, stand die Mutter immer noch
vor ihr. Sie lächelte müde und erwartungsvoll, und Caro lächelte zurück. 175
„Ist die süß! Danke." […]
„Was hast du denn Schönes angestellt, so ohne uns?", wollte der Vater wissen,
als er sich mit einer Flasche Bier vor der Tagesschau niederließ.
„Och …" Caro zuckte die Achseln.
„Ja, warst du denn gar nicht draußen? Bei dem herrlichen Wetter?" 180
„Nö." Später, nach dem Abendbrot, als Lars und Nils im Bett waren, sagte
Caro: „Wisst ihr, was ich gerne mal wieder machen würde? Schiff fahren auf
dem Rhein."
Verdutzt starrte sie auf ihre Mutter und ihren Vater, die sich anguckten und wie
auf Kommando in Gelächter ausbrachen. 185
„Wieso lacht ihr? Was ist daran so komisch?"
„Weil wir genau dasselbe auf der Heimfahrt beschlossen hatten. Für übermor-
gen. Morgen legen wir mal einen Ruhetag ein, und übermorgen fahren wir
ganz zeitig los, damit wir spätestens um neun in Königswinter an der Anlege-
stelle sind. Dort wollen wir das Auto stehen lassen und mit dem Schiff nach 190
Assmannshausen fahren. Dann gehen wir an Land, essen Mittag, steigen zum
Denkmal hoch und fahren am späten Nachmittag wieder mit dem Schiff
zurück. Einverstanden?"
„Aye, aye, Sir!" Caro legte die Hand an die Schläfe und salutierte. „Und morgen geh ich vielleicht mal zu Jenny. Das ist eine aus meiner Klasse. Sie zieht 195
weg. Nach Kiel."

Charles M. Schulz, **Peanuts: Was hast du da, Schröder?** *(Seite 132)*

1. Musik bedeutet für Schröder etwas anderes als für Lucie. Diskutiert, warum die beiden auf so unterschiedliche Weise Musik hören.

2. Unterhaltet euch darüber, welche Bedeutung Musik für euch hat. Ändert sich euer Musikgeschmack mit eurer Stimmung oder eurer Umgebung?

1 *Rose Ausländer,* **Langeweile** *(Seite 134)*

1. Erkläre, warum das lyrische Ich nicht versteht, was Langeweile ist.

2 **Textcollage: Zahlen und Diagramme** *(Seite 134)*

1. Ergänze die folgenden Aussagen.

Ich, _____ (Vorname), mache am liebsten _____ .

Langweilig finde ich _____ .

2. Erstelle einen Wochenplan, in dem du auflistest, wie viele Stunden du wofür aufwendest. Passen die Angaben des „Service National de la Jeunesse" über die Freizeit, die Jugendlichen zur Verfügung steht, zu euren Ergebnissen?

3. Fertige auf der Grundlage des Textes „Freunde am wichtigsten" aus dem Jahr 2007 (☞ S. 134) ein Balkendiagramm an. Vergleiche die Ergebnisse mit dem Diagramm aus dem Jahr 2011 auf derselben Seite. Untersuche, ob sich das Freizeitverhalten verändert hat.

4. Startet in eurer Schule eine Umfrage über die Freizeitaktivitäten der 12- bis 19-jährigen Jugendlichen nach Geschlecht. Orientiert euch an den Vorgaben des Diagramms. Fasst die Ergebnisse in einem Balkendiagramm zusammen und zieht Schlussfolgerungen daraus (☞ S. 76).

5. Schau dir den Text und das Diagramm über die Vereinsmitgliedschaft der 12- bis 25-jährigen Jugendlichen in Luxemburg an (☞ S. 135). Untersuche es in Bezug auf die verschiedenen Altersgruppen und Nationalitäten.

6. Ermittelt in der Klasse, ob ihr in das Schema über die Lieblingsvereine luxemburgischer Jugendlicher passt.

3 *Nora Clormann-Lietz,* **Langeweile? Tu was!** *(Seite 135)*

1. Beschreibe, wie die Autorin hier mit Sprache spielt.

2. Suche weitere Begriffe, mit denen sich das Gedicht in der vorgegebenen Form verlängern lässt.

4 *Ilse Aichinger,* **Das Fenstertheater** *(Seite 136)*

1. Beschreibe das Verhalten der alten Frau und erkläre, warum sie die Polizei ruft.

2. Stelle dem Verhalten der alten Frau das Handeln des Mannes in einer Tabelle gegenüber: Welche Motive für ihr jeweiliges Verhalten erkennst du?

3. Untersuche, wie die Reaktionen der Polizei und der Menschenmenge dargestellt werden, und ziehe eine Schlussfolgerung.

4. „Er lachte, strich mit der Hand über das Gesicht, wurde ernst und schien das Lachen eine Sekunde lang in der hohlen Hand zu halten. Dann warf er es mit aller Kraft den Wachleuten ins Gesicht." (Z. 66 ff.)
Erläutere den Schluss der Geschichte (S. 45, Schlussfolgerungen ziehen).
5. Erkläre den Titel der Geschichte und beschreibe die Bedeutung, die das Fenster für die Hauptfiguren der Geschichte hat.
6. Untersuche die Erzählperspektive (S. 22, S. 251) und erkläre, warum die Autorin sich für diese Darstellungsform entschieden hat.

Karla Schneider, **Endlich allein** *(Seite 138)*

1. Erläutere, warum Caro den Tag nicht mit der Familie verbringen will.
2. Stelle in einem Flussdiagramm dar, mit welchen Aktivitäten Caro ihren Tag verbringt und in welcher Stimmung sie dabei ist.
3. Kläre ausgehend von dieser Übersicht, ob Caro mit ihrer Entscheidung zufrieden ist, den Tag allein zu verbringen.
4. Erstellt eine Liste mit Aktivitäten, die Caros Familie in den Ferien unternimmt, und ergänzt diese durch eigene Erfahrungen mit der Freizeitgestaltung in eurer Familie. Geht es euch dabei manchmal so wie Caro?

Über Sprache nachdenken

1. Im Text „Das Fenstertheater" spielt das Lachen eine besondere Rolle. Untersuche, welche Bedeutung das Verb *lachen* und seine verwandten Wörter in den folgenden Ausdrücken und Redewendungen haben.
- *Die Dinge mit einem lachenden und einem weinenden Auge sehen*
- *Nichts zu lachen haben*
- *Zum Lachen in den Keller gehen*
- *Etwas ins Lächerliche ziehen*
- *Das ist doch lachhaft!*
- *Ausgelacht haben*
- *In schallendes Gelächter ausbrechen*
- *Einen Vorschlag belächeln*
- *Jemandem ins Gesicht lachen*
- *Da lachen ja die Hühner!*

2. Suche nach weiteren Beispielen.

Recherchieren, informieren und standardisierte Texte schreiben

„Wëllkomm zu Lëtzebuerg": andere informieren

1. Der Besuch einer Klasse deiner deutschen Partnerschule steht an. Ein solcher Schüleraustausch will ernsthaft vorbereitet sein. Schließlich wollen die deutschen Schüler wissen, wohin sie in Luxemburg kommen und was sie dort erwartet: Programm, Stadt, Transportmittel etc.

a) Verfasse ein Info-Blatt mit den wichtigsten Informationen und Daten zu deiner Schulstadt und deiner Schule. Entscheide, wann du ganze Sätze schreiben musst und wo Stichwörter ausreichen.

b) Finde eine geeignete Form, wie man das Programm der Schüler übersichtlich darstellen könnte (vormittags: Schule / nachmittags: Besichtigungen, Sport, Kultur, Freizeit ...).

Informierende Texte sind in einem sachlichen Stil verfasst.
- Sie wollen nicht unterhalten, sondern Wissen vermitteln.
- Sie können dies am besten, wenn sie übersichtlich gegliedert sind.
- Inhalt und Schwierigkeitsgrad der Sprache hängen von dem Adressaten ab, für den die Information gedacht ist.

Schreiben:
Recherchieren, informieren und
standardisierte Texte schreiben

145

Langeweile? Tu was!

Informationen suchen – im World Wide Web

Timo recherchiert
im Internet.

Um die Besichtigungen und Freizeitaktivitäten für eure Partnerschüler vorzubereiten, müsst ihr euch im Internet über die verschiedenen Angebote informieren.

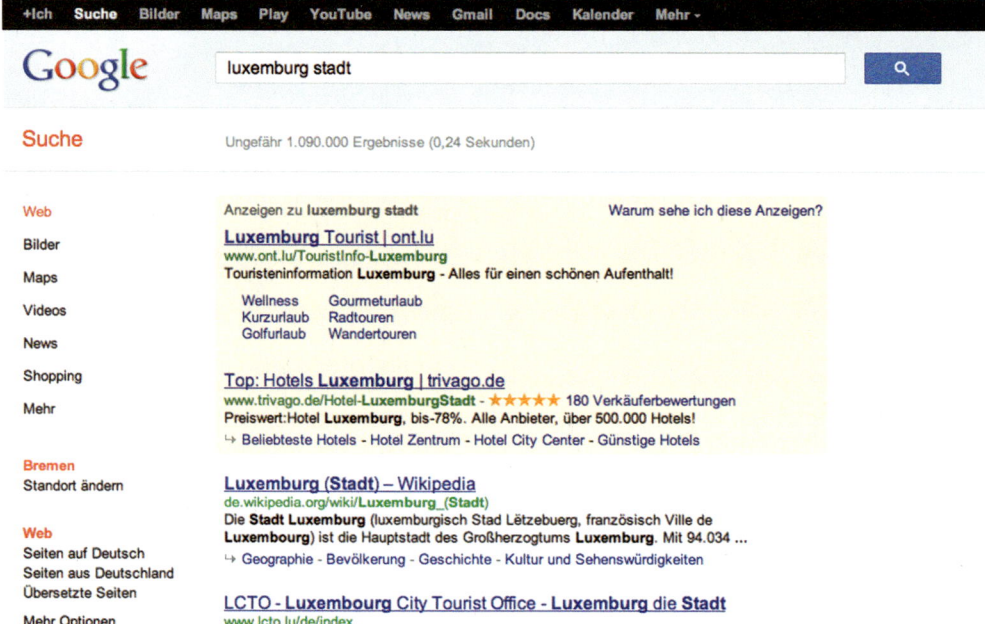

1. Erklärt die Abbildung, indem ihr euer Wissen über den Aufbau von Computerseiten zusammentragt.

2. Besprecht, welche Seiten nützlich sind, um Informationen über die Sehenswürdigkeiten der Stadt Luxemburg zusammenzutragen. Beschreibt, wie ihr bei der Auswahl vorgeht.

3. Leitet daraus einige Ratschläge zur Informationsbeschaffung im Internet ab und haltet sie auf einem Plakat fest. Ihr solltet z.B. Hinweise zur Stichwortsuche geben, erklären, wie man den Aufbau einer Suchmaschine nutzen kann und in welcher Reihenfolge man die gefunden Links verfolgen sollte.

Langeweile? Tu was! **146** Schreiben:
Recherchieren, informieren und
standardisierte Texte schreiben

Beim Surfen auf den von der Suchmaschine gefundenen Seiten stößt man in der Regel auf Dokumente, die weitere Links zu Texten, Bildern, anderen Seiten usw. enthalten. Solche Dokumente heißen **Hypertexte**.

Suchmaschinen helfen beim Auffinden von Informationen im Internet, indem sie zu Suchbegriffen eine Liste mit Internetseiten liefern, die diese Begriffe enthalten. Über Hyperlinks (Querverbindungen, kurz: Links) gelangt man von der Liste direkt auf die gefundenen Seiten. Besonders wichtig beim Recherchieren ist es, sich geeignete Suchstrategien zu überlegen und diese konsequent zu verwenden, um schnell zum Ziel zu gelangen und die wesentlichen Informationen aufzufinden.

Hinweise darauf, ob das Öffnen eines Links sich lohnt, geben schon der kurze Infotext, den die Suchmaschine mitliefert, und die Webadresse, die am Ende des Treffers angegeben ist.

4. Entscheide, welcher der beiden unten stehenden Links für deine Recherche zu den Sehenswürdigkeiten der Stadt Luxemburg am interessantesten ist. Begründe deine Wahl.

Luxemburg (Stadt) – Wikipedia
de.wikipedia.org/wiki/**Luxemburg_(Stadt)**
Die **Stadt Luxemburg** (luxemburgisch Stad Lëtzebuerg, französisch Ville de **Luxembourg**) ist die Hauptstadt des Großherzogtums **Luxemburg**. Mit 94.034 ...
↳ Geographie - Bevölkerung - Geschichte - Kultur und Sehenswürdigkeiten

LCTO - Luxembourg City Tourist Office - **Luxemburg** die **Stadt**
www.lcto.lu/de/index
Internetseite der **Stadt Luxemburg** vom touristischen Standpunkt aus gesehen, mit Auskünfte über Tourismus, Kultur, Übernachtung, Hotels, Gastronomie, ...
↳ Sehenswürdigkeiten - Besichtigungen und ... - E-Shop - City Highlights 2012

Lesestrategien für Hypertexte

Gehe beim Lesen von Hypertexten mit dem Ziel der Informationsbeschaffung folgendermaßen vor:

- → Verschaffe dir zunächst einen groben Überblick über den Inhalt und die Angebote des Dokumentes, in dem du dich befindest.
- → Verfolge nur diejenigen Links, die mit den von dir gesuchten Informationen zusammenhängen. Dabei kann es durchaus vorkommen, dass du auf Aspekte deines Themas stößt, nach denen du ursprünglich nicht gesucht hast, die aber dein Wissen erweitern.
- → Lasse dich nicht von themenfremden Informationen so sehr ablenken, dass du dein ursprüngliches Ziel aus den Augen verlierst.
- → Achte darauf, dass du nicht zu viele Links gleichzeitig öffnest. Dein Weg von deinem Ausgangsdokument aus (und damit die von dir verwendeten Quellen) muss für dich nachvollziehbar bleiben.

Schreiben: **147** Langeweile? Tu was!
Recherchieren, informieren und
standardisierte Texte schreiben

5. Nicht alle Informationen, die man im Netz findet, sind brauchbar. Manche sind ungenau oder sogar falsch. Diskutiert in eurer Klasse die folgende Aufstellung zur Prüfung von Informationen im Internet und ergänzt sie aus eurer Erfahrung um weitere Fragen.

Prüfung von Informationen aus dem Internet

1. Gibt der Autor seinen Namen und eine Kontaktadresse (Post oder E-Mail) an?
2. Ist der Verfasser ein Experte auf seinem Gebiet (man sieht dies z.B. durch die Angabe des Berufes)? Stammt die Seite von einer öffentlichen Einrichtung (z.B. einer Behörde)?
3. Werden die Informationen auf der Seite belegt, z.B. durch Angabe ihrer Herkunft (beispielsweise aus Büchern)?
4. Ist die Seite, soweit dazu eine Angabe vorhanden ist, in den letzten zwölf Monaten überarbeitet worden?
5. Ist die Seite übersichtlich gestaltet (führen z.B. Links von einer Startseite aus zu verschiedenen Teilgebieten, die mit dem Thema zusammenhängen)?
6. Ist die Seite frei von Werbung?

Addiert die Anzahl der Fragen, die ihr mit „ja" beantworten könnt. Eine Seite, die weniger als vier Jas erhält, solltet ihr am besten gar nicht weiter beachten.

6. Recherchiert nun selbst im Internet nach Informationen über die Sehenswürdigkeiten der Stadt Luxemburg. Arbeitet dazu zu zweit. Prüft die ermittelten Seiten mithilfe der oben stehenden Fragen, bevor ihr euch eingehend mit dem Inhalt der Seiten befasst.

7. Einigt euch in der Klasse auf drei Websites, auf die ihr euch bei euren Recherchen konzentrieren wollt. Begründet in der Diskussion, warum euch diese Seiten besonders interessant erscheinen.

8. Erstellt eine Liste mit zwölf Sehenswürdigkeiten, die ihr euren deutschen Gästen zeigen möchtet. Teilt die Sehenswürdigkeiten untereinander auf und stellt im Zweierteam alle notwendigen Informationen für eine Stadtführung zusammen. Fasst eure Ergebnisse in Stichworten in einer Textdatei zusammen, in die ihr auch das Datum eurer Recherche eintragt. Wichtige Angaben wie Öffnungszeiten, Eintrittspreise und Ansprechpartner könnt ihr mit der „Copy-Paste"-Funktion in eure Datei integrieren. In allen Fällen gilt: Kopiert hinter jede Information die Internet-Adresse der Website.

Für Referate, aber auch für andere Zwecke, kann das **Internet** eine wertvolle Informationsquelle darstellen, besonders wenn es auf sehr aktuelle Informationen ankommt. Dabei musst du jedoch die Herkunft und die Qualität der Webseiten prüfen, ehe du das gefundene Wissen weiterverarbeitest.

Langeweile? Tu was! **148** Schreiben:
Recherchieren, informieren und
standardisierte Texte schreiben

9. Ein guter Stadtführer präsentiert seinen Gästen nicht nur trockene Daten und Fakten, sondern wartet auch mit der einen oder anderen interessanten Geschichte oder Anekdote auf, die von den Luxemburgern und ihren Eigenheiten erzählt. Besprecht in der Klasse, was ihr euren Besuchern über die Besonderheiten eures Landes und seiner Bewohner erzählen möchtet. Recherchiert auch zu diesen Punkten die noch notwendigen Informationen.

10. Verfasst nun auf der Grundlage eurer Recherche für die Stadtführung einen unterhaltsamen Text über eure Sehenswürdigkeit und etwas typisch Luxemburgisches. Bearbeitet in einer Schreibkonferenz (☞ S. 127) gegenseitig eure Texte.

11. Damit eure Gäste eine Erinnerung an Luxemburg mit nach Hause nehmen können, solltet ihr eine kleine Informationsbroschüre zusammenstellen, in der jede Sehenswürdigkeit auf einer Din-A4-Seite mit einem Foto und einem kurzen, informativen Text vorgestellt wird. Verfasst im Team einen solchen Text mithilfe der Fakten, die ihr bei eurer Recherche zusammengetragen habt. Achtet dabei darauf, dass ihr den Originaltext nicht einfach übernehmt. Gebt am Ende eures Textes eure Quellen und das Datum eurer Recherche an.

12. Ihr wollt euren deutschen Besuchern die Kasematten unter dem Bockfelsen zeigen. Dazu müsst ihr eine Führung beantragen. Informiert euch auf der Website des Luxembourg City Tourist Office, an wen ihr euch dafür wenden müsst, und verfasst eine entsprechende Anfrage. Orientiert euch dabei an den nachfolgenden Vorgaben für standardisierte Texte.

Unter **standardisierten Texten** versteht man Texte, die einem ganz bestimmten Muster folgen. Dazu gehören Briefe mit Anfragen, Anträgen, Beschwerden, Entschuldigungen u. Ä. an Personen, Behörden und Firmen etc., also nicht an Adressaten, mit denen man privat befreundet ist. Standardisierte Texte sind sachlich, höflich im Stil und drücken ohne Umwege ganz präzise das Anliegen aus. Auf den Briefbogen gehören zusätzlich zum eigentlichen Brieftext:
- Name, Adresse und Telefonnummer des Absenders
- Name/Amtsbezeichnung und Anschrift des Adressaten
- das Anliegen in Kurzform (Betreffzeile)
- Datum

Der Brief wird mit dem Computer geschrieben, aber handschriftlich unterschrieben. Achtung: E-Mail-Kommunikation ersetzt nur dann den Brief, wenn solche Möglichkeiten ausdrücklich vorgesehen sind (z. B. Vordrucke für Anträge im Netz). Aber auch bei der E-Mail-Kommunikation muss man sich höflich und korrekt ausdrücken und darf nicht den lässigen Stil aus dem Mail-Verkehr mit Freunden übernehmen.

Schreiben: **149** Langeweile? Tu was!
Recherchieren, informieren und
standardisierte Texte schreiben

PROJEKT

Internetrecherche

Zusammen mit deinen Klassenkameraden hast du bereits eine Internetrecherche zu den Sehenswürdigkeiten der Stadt Luxemburg durchgeführt und aus den Ergebnissen eine Informationsbroschüre erstellt.

Erweitere nun deine Suche und füge der Broschüre weitere Kapitel über die verschiedenen Sehenswürdigkeiten des Luxemburger Landes und die Freizeitaktivitäten hinzu, an denen Jugendliche hier teilnehmen können. Alle nötigen Angaben findest du unter den folgenden Links:

- **Allgemeine Links:**
http://www.snj.public.lu
http://www.visitluxembourg.lu

- **Sportliche Aktivitäten quer durchs Land:**
http://www.mullerthal-trail.lu
http://www.bedandbike.lu
http://www.radtouren.lu
http://www.naturpark.lu
http://www.youthhostels.lu
http://www.ont.lu/spor-de.html

- **Echternach:**
http://www.echternach-tourist.lu
http://www.willibrord.lu

- **Clerf:**
http://www.tourisme-clervaux.lu
http://www.family-of-man.public.lu

- **Mosel:**
http://www.visitmoselle.lu

- **Südregion:**
http://www.mnm.lu
http://www.train1900.lu
http://www.fond-de-gras.lu

- **Schlösser:**
http://www.associationchateaux.lu

- **Festivals:**
http://www.bdcontern.lu
http://www.rockafield.lu
http://www.e-lake.lu
http://www.festival-terresrouges.lu

Langeweile? Tu was! **150** Schreiben:
Recherchieren, informieren und
standardisierte Texte schreiben

Informieren – diskutieren – appellieren

Informationen anschaulich vermitteln

Timo soll ein Referat über das Buch „Level 4 - Die Stadt der Kinder" von Andreas Schlüter halten. Er hat die folgenden beiden Vortragsfolien zusammengestellt, kann sich aber nicht für eine entscheiden.

Der Inhalt:
Ben liebt Computerspiele über alles, besonders seine Neuerwerbung „Die Stadt der Kinder". Doch irgendetwas läuft schief. Was eigentlich nur auf dem Bildschirm passieren sollte, wird plötzlich unheimliche Realität: Alle Erwachsenen verschwinden aus der Stadt! Zunächst sind die Kinder begeistert, denn endlich können sie all das tun, was sie schon immer machen wollten. Doch Ben und seine Freunde begreifen den Ernst der Lage ...

Andreas Schlüter: Level 4 – Die Stadt der Kinder

Thema: Computerspiel → Realität

Hauptpersonen: Ben, Jennifer, Miriam, Thomas, Frank

Kolja ↕ Gegenspieler

Handlungsverlauf: Computerspiel
↓
Erwachsene verschwinden
↓
Kinder müssen sich selbst organisieren
↓
Abenteuer führen in verschiedene Levels

Ende: ☺ Selbst lesen! ☺

1. Helft Timo bei seiner Entscheidung. Setzt euch dazu in Arbeitsgruppen zusammen und macht euch zunächst klar, welchem Zweck die Folien dienen sollen und was daher bei ihrer Gestaltung beachtet werden muss. Untersucht anschließend beide Folien im Hinblick auf gelungene und verbesserungswürdige Aspekte.

2. Formuliert auf der Grundlage eurer Ergebnisse aus Aufgabe 1 Tipps für eine gelungene Foliengestaltung.

Vortragsfolien gestalten

➡ Wähle eine gut lesbare Schriftart (Arial, Times ...) und eine ausreichende Schriftgröße. Eine Faustregel für die Schriftgröße ist: Wenn du die Folie vor dich auf den Boden legst, musst du – stehend – die Schrift lesen können.

➡ Gliedere deine Folie übersichtlich und achte auf eine begrenzte Textmenge. Verwende nicht Fließtext (Ausnahme: kurze Zitate), sondern nur Stichworte.

➡ Arbeite mit Pfeilen, Symbolen und Farben, um Zusammenhänge zu verdeutlichen und Wichtiges hervorzuheben.

➡ Veranschauliche deine Stichworte möglichst durch passende Abbildungen, Schaubilder, Diagramme etc. Achte dabei auf eine sinnvolle Text-/Bildzuordnung.

3. Recherchiert im Internet über die Geschichte von Facebook und über andere soziale Netzwerke. Berücksichtigt dabei die Vorgaben für die Internet-Recherche in diesem Kapitel.

4. Gestalte die erste Folie für einen Vortrag zu diesem Thema.

Informationen weitergeben

Timo weiß aus den letzten Schuljahren, dass es für einen gelungenen Vortrag unter anderem auch darauf ankommt, möglichst frei zu reden. Zwar stellen seine Vortragsfolien bereits eine gute Gedächtnisstütze dar, doch sieht er die Gefahr, zu oft an die Projektionswand oder auf den Overheadprojektor schauen zu müssen und damit den wichtigen Blickkontakt zu seinen Zuhörern zu verlieren. Aus diesem Grund beschließt er, zusätzlich einen Stichwortzettel anzufertigen.

1. Erläutere, wie Stichwortzettel im Vergleich zu Vortragsfolien gestaltet werden sollten.

2. Fertige einen Stichwortzettel für Timos Vortrag an. Verwende dazu die vorangegangenen Ergebnisse und orientiere dich an den folgenden Tipps.

Ein Stichwortzettel unterstützt den Redner beim freien Vortrag und hilft ihm, den „roten Faden" nicht zu verlieren. Deshalb sollte er übersichtlich gestaltet sein:
- Wenig Text
- Nur das Wichtigste: Überschriften, Schlüsselbegriffe, Zitate, Seitenzahlen (falls aus dem Buch vorgelesen werden soll; zusätzliches Lesezeichen im Buch), Erklärungen von (unvermeidlichen) Fremdwörtern und Fachwortschatz
- Große Schrift
- Breite Zeilenabstände
- Richtige Reihenfolge
- Mit Farbe Stellen vermerken, an denen Medien eingesetzt werden sollen (z.B. „Hier: Folie 1")
- Symbole (Pfeile ...)
- Nur einseitig beschriften
- Bei mehreren Stichwortzetteln: durchnummerieren

3. Überlege dir einen motivierenden Einstieg für deinen Vortrag über Facebook & Co. Vergleicht eure Ideen und entscheidet, welcher Einstieg am gelungensten ist.

4. Formuliert einen Schluss für euer Referat, sodass sich daraus eine Diskussion in der Klasse ergibt bzw. die Zuhörer die Möglichkeit haben, Fragen zu stellen.

5. Gestaltet ein Informationsplakat mit Tipps für einen gelungenen Vortrag. Beispiele: Laut und deutlich sprechen / Pausen machen ...

6. Bereitet nun eure Referate über Facebook & Co. für den Vortrag in der Klasse vor.

Kurzreferate erarbeiten und halten

Ein Kurzreferat informiert in einem vorgegebenen Zeitrahmen über ein klar begrenztes Thema. Seine Erarbeitung läuft in folgenden Schritten ab:

1. Schritt: **Informationsbeschaffung**: Zur Recherche eignen sich gedruckte Medien (Bücher, Lexika, Zeitschriften etc.), aber auch digitale Medien (CD-ROMs, Internet usw.).

2. Schritt: **Informationsaufbereitung**: Gliederung erarbeiten → geeignete Präsentationsmedien zur Veranschaulichung auswählen und gestalten → Stichwortzettel als Gedächtnisstütze erstellen → Vortrag zur Probe halten und dabei Zeit messen.

3. Schritt: **Informationsweitergabe**: Interesse weckender und das Thema nennender Einstieg → frei vortragen, Blickkontakt halten, nicht zu schnell, laut und deutlich sprechen → Referatende signalisieren → Fragen beantworten

Über Informationen diskutieren

Caroline Kikisch
Wa(h)re Freundschaft?

Eine Sache muss klar sein: Freundschaft im Netz ist bares Geld. Nicht unbedingt für dich und mich, aber auf jeden Fall für die Betreiber einer Internetplattform, auf der du deine Kontakte pflegen kannst. Zwar bezahlst du nichts für die Bereitstellung der Technik von Facebook oder SchülerVZ, aber durch deine Aktivitäten und Daten werden die Seiten auch für Firmen, die Werbung 5 schalten, interessant. Und wenn du dort bist, kommen vielleicht auch noch deine Freundinnen und Freunde auf diese Seite, die nichts verpassen und auf keinen Fall Außenseiter sein wollen.

So wachsen die Teilnehmerzahlen – und dadurch die potenziellen Kunden 10 der werbenden Firmen. StudiVZ und SchülerVZ haben nach eigenen Angaben über sechs Millionen User (Stand Ende 2010) in Deutschland, Österreich und der Schweiz, das entspricht knapp 15 60 Prozent aller deutschsprachigen Schüler zwischen 12 und 21 Jahren. Facebook gab seine Nutzerzahl Anfang 2011 allein in Deutschland mit 20 Millionen NutzerInnen an. 20

> **Mobbfer (Mopfer** *das*; **-s, -).**
> **umgangsprachliche Zusammenfügung der Wörter**
> **„Mobbing" und „Opfer".**
> „Mobbing" findet heutzutage nicht nur auf dem Schulhof statt, sondern auch im Internet, beispielsweise in sozialen Netzwerken wie Facebook. Kinder werden mit peinlichen Fotos aufgezogen oder mit öffentlichen Nachrichten belästigt und geärgert. Das sogenannte „Cybermobbing" fällt oftmals drastischer aus als „Mobbing" auf Schulhöfen.

Doch auch Game-Portale profitieren von dir und deinen Daten. Das Spiel ist immer das gleiche: Du stellst bestimmte Daten von dir zur Verfügung (insbesondere die Verknüpfungsdaten zu anderen Usern sind für die Firmen interessant, weil sie auch verraten, wie oft du auf ihrer Seite online bist und mit wem du dich dort austauschst), im Gegenzug 25 kannst du den Dienst kostenlos oder gegen geringes Entgelt nutzen. Dafür wiederum musst du mit Werbeanzeigen leben, die aufgrund der Daten, die man von dir hat, auf dich abgestimmt sind und dich damit verleiten sollen, teure Klingeltöne oder Apps herunterzuladen. Mit dem Begriff *Freundschaft* ist also Geld zu machen. Aber nicht alles, was diesen Namen trägt, ist ihn wert. 30

1. Diskutiert ausgehend von euren Vorträgen (☞ Aufgabe 6/S. 153) und den oben stehenden Texten Vorzüge und Gefahren der sozialen Netzwerke.

2. Gestaltet ein Plakat mit Tipps und Verhaltensregeln für junge Internetnutzer.

3. Formuliert Regeln für gute Umgangsformen in sozialen Netzwerken, die ihr auf eurer Profilseite „posten" könnt.

> Texte, die jemanden zu etwas bewegen wollen, heißen **appellative Texte**. Da sie den Leser besonders intensiv ansprechen wollen,
> * benutzen sie bestimmte sprachliche Mittel (z. B. Ausrufe, direkte Anrede, kurze Sätze),
> * verwenden sie ein auffallendes Layout (z. B. gut lesbare Schrift, Bilder).

Patrick Durner[1]

Süchtig machend

Computerspiele sind so programmiert, dass sie jeder in einer gewissen Zeit lernen kann. Talent braucht es dazu nicht, und körperliche Voraussetzungen spielen keine große Rolle. Und für jeden noch so kleinen Fortschritt wird man belohnt. Je fesselnder ein Spiel, desto bessere Kritiken bekommt es in Spiele-
5 Zeitschriften oder auf einschlägigen Gamer-Internetseiten. Dementsprechend setzen Spiel-Entwickler viel daran, die Sogwirkung der Spiele immer weiter zu erhöhen. Sei es durch ansprechende Grafiken, durch ein ausgeklügeltes Belohnungssystem, spielerische Freiheiten, die nicht mehr nur einer linearen Story folgen oder auch durch detaillierte Darstellung von Gewaltausübung etc. Schon
10 einige Male habe ich als Eigenwerbung für ein Spiel Sätze wie „Macht absolut süchtig" gesehen. Auch Jugendliche nutzen die Bezeichnung „süchtig machend" als Qualitätskriterium. In einigen Spiele-Zeitschriften wird bei Testberichten sogar das Suchtpotenzial mit angegeben, wobei ein hohes Suchtpotenzial natürlich FÜR das Spiel spricht.

[1] Patrick Durner ist Experte für Computerabhängigkeit

4. Arbeite heraus, welche Haltung der Autor gegenüber dem Qualitätssiegel „Süchtig machend" für Computerspiele einnimmt.

5. Suche selbst nach Anzeigen und Rezensionen von Computerspielen. Untersuche die sprachlichen Mittel und das Layout. Diskutiert darüber, wie der Käufer für das Spiel gewonnen werden soll.

6. Diskutiert, ob dieses Graffito rechts eure Lebenseinstellung widerspiegelt.

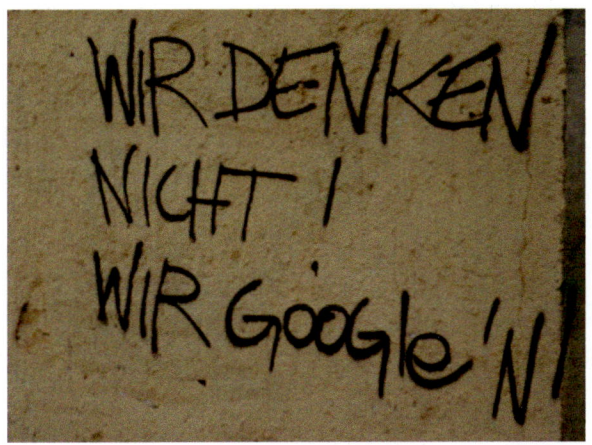

In meiner Welt

Edvard Munch, Mädchen auf der Brücke (1900)

Ernst Jandl
gezeiten

wenn sich das meer zusammenrollt
ziehen die frauen und die alten
männer die schuhe aus.

hinter den kindern steigen sie
5 den muscheln nach in den nackten schlamm,
den krabben die
nicht rasch genug laufen.

wenn sich das meer ausdehnt
greifen die fischer nach den stangen. draußen
10 rollt einer die kleider zusammen.

hinter den kindern stehen die
frauen und die alten männer. in den körben
kämpfen krabben.

Aufgaben: Seite 161

Walter Helmut Fritz

Das Kind sieht den Kreisen nach

Als der Vormittag
in einem Boot
vorübergefahren ist,
als die Stille
5 am stärksten leuchtet,
wirft das Kind
den Stein in den See
und sieht den Kreisen nach,
die nicht aufhören
10 sich auszubreiten,
ihre Grenzen
nicht finden werden.

Aufgaben: Seite 161

Hans-Jürgen Heise

Hinter der Ziegelscheune

Der Wind kam den Pfad entlang
weiter war nichts

Ich hatte ein kleines Feuer
unter den Händen: eine Glasscherbe
5 voll Sonnenschein
damit spiegelte ich
den Spatzen
Papageienfedern zu

Janet Frame
Ein Engel an meiner Tafel

Der Text stammt aus einer Autobiografie. Janet Frame erzählt die Geschichte ihrer Kindheit in Neuseeland.

Aufgaben: Seite 161

Während der ersten Woche in unserem Haus in Glenham entdeckte ich einen Platz, meinen Platz. Ich ging allein auf Entdeckungsreise und fand einen versteckten Platz unter alten, umgefallenen Bäumen an einem winzigen Bach, wo man auf einem moosbedeckten Stamm sitzen konnte und wo die Zweige
5 der Birke mit ihrem frischen Laub ein Dach bildeten, das den Himmel ausschloss, bis auf die ein Muster bildenden Löcher aus Sonnenlicht. Der Boden war mit einer Unmenge alter, abgefallener Blätter bedeckt, matschig, schlüpfrig, nass. Ich saß auf dem Stamm und blickte um mich. Ich wurde überwältigt von einem köstlichen Gefühl der Entdeckung, der Dankbarkeit, des Besitzerstolzes.
10 Ich wusste, dass dieser Platz einzig und allein mir gehörte; mir gehörte das Moos, das Bächlein, der Stamm, das Geheimnis. Es war eine neue Art des Besitzes …

Ich kann mich an mein überwältigendes Gefühl der Vorfreude und Erregung über die Welt
15 erinnern – wobei die Welt mein Platz bei der umgefallenen Birke war, mit dem Gras, den Insekten im Gras, dem Himmel, den Schafen und Kühen und Kaninchen, den Wachsaugen und den Habichten – allen Dingen unter
20 freiem Himmel. Ich erinnere mich an mein besonderes Gefühl für den Himmel, so weit über mir, dort oben... und wie ich von Sehnsucht danach erfüllt war, von einer Art Heimweh, das mein Bruder und meine Schwestern
25 ein paar Jahre später mit mir teilten, als wir ein altes Schulbuch mit einem Gedicht fanden, welches mit folgenden Worten begann:

> Ein Knäblein lag auf dem Rücken im Gras,
> das Gesicht zum Himmel gewandt,
30 > und sah zu, wie langsam, träge und sacht
> zog vorüber das Wolkenband.

Wir lagen alle zusammen im langen Sommergras, blickten zum Himmel empor, sagten das Gedicht auf und wussten, dass jeder dasselbe
35 Heimweh und dieselbe Sehnsucht nach dem Himmel empfand.

Albrecht Dürer (1471–1528), Großes Rasenstück (1503)

Aufgaben: Seite 161

M.C. Escher (1898–1972), Pfütze (1952)

Aufgaben: Seite 161

Tschingis Aitmatow

Der weiße Dampfer

Tagsüber, meist um die Mittagszeit, verzog sich der Junge gern ins dichte Schilf. Das Schilf steht hier hoch, Blüten hat es nicht, doch es riecht wunderbar und wächst in Grüppchen stellenweise in Mengen und lässt kein anderes Kraut an sich heran. 5
Die Schilfstängel sind wirkliche Freunde. Besonders, wenn man wieder mal gekränkt wurde und einem zum Heulen war, dann konnte man sich ins Schilf verkriechen, da sah einen keiner. Sie riechen wie Kieferngehölz am Waldes-rand. Warm und ruhig war es im Schilf. Vor allem ließen die Halme den Him-mel frei. Man brauchte sich nur auf den Rücken zu legen und schon konnte 10
man den Himmel sehen. Zuerst war vor lauter Tränen gar nichts zu erkennen. Dann aber kommen Wolken angeschwebt, werden zu Figuren, alles, was man sich einfallen lässt. Die Wolken wissen, dass es dir nicht sehr gut geht, dass du fortlaufen willst oder wegfliegen, damit dich niemand mehr findet und keiner aus dem Seufzen und Stöhnen herauskommt, jetzt ist er weg, dieser Bengel, ob 15
wir den je wiedersehen. Und damit es dazu nicht kommt, damit du nirgendwo-hin läufst, sondern still liegen bleibst und der Anblick der Wolken dich tröstet, werden die Wolken jede beliebige Gestalt annehmen, was immer du wünschst. Aus ein und denselben Wolken konnten ganz unterschiedliche Dinge entste-hen. Man musste nur erkennen, was die Wolken darstellten. 20
Im Schilf war es still, und den Himmel verdeckte es auch nicht. So ein Schilf war das, und obendrein roch es warm nach Kiefernnadeln …

Ernst Jandl, **gezeiten** *(Seite 157)*

1. Benenne die Gezeiten und gib an, wie sie im Gedicht beschrieben werden.
2. Untersuche, wie die Menschen sich während der Gezeiten verhalten.

Walter Helmut Fritz, **Das Kind sieht den Kreisen nach** *(Seite 158)*

1. „Der Vormittag fährt in einem Boot vorüber" (vgl. V. 1-3). Finde Bilder für die Art und Weise, wie ein Morgen, ein Nachmittag, ein Abend und eine Nacht vorübergehen.
2. Versetze dich in das Kind, das vielleicht bäuchlings auf einem Bootssteg liegt und ins Wasser schaut. Schreibe in der Ich-Form auf, was dem Kind dabei durch den Kopf gehen könnte.

Hans-Jürgen Heise, **Hinter der Ziegelscheune** *(Seite 158)*

1. Beschreibe in eigenen Worten, was die Person im Gedicht tut.
2. In diesem Gedicht steht „weiter war nichts" (V. 2). Verfasse auch du einen kurzen Text über einen Moment, der dich beeindruckt hat, auch wenn eigentlich nichts Besonderes geschehen ist.

Janet Frame, **Ein Engel an meiner Tafel** *(Seite 159)*

1. Fertige eine Bild-Collage über Janets Lieblingsplatz an. Beginne damit, dass du den Satz des Textes, den du für den wichtigsten hältst, in die Mitte des Blatts schreibst. Fülle dann das Blatt drumherum mit Wörtern und Zeichnungen.
2. Schreibe alle Wörter heraus, die das Besondere an Janets „Platz" zeigen. Erkläre das „Geheimnis" dieses Platzes.

Bild von M.C. Escher, **Die Pfütze** *(Seite 160)*

Beschreibe die Zeichnung in wenigen kurzen Sätzen, die du zu einem Gedicht gestaltest.

Tschingis Aitmatow, **Der weiße Dampfer** *(Seite 160)*

1. Schreibe in zwei Spalten heraus,
- wie sich der Junge fühlt,
- was das Schilf und der Himmel für ihn bedeuten.
2. Erkläre den Satz „Man musste nur erkennen, was die Wolken darstellten." (Z. 20).

Kreativer Umgang mit Gedichten

Dein ganz persönliches Gedichte-Heft anlegen

Gefallen dir bestimmte Song-Texte so gut, dass du sie auswendig mitsprechen kannst? Findest du ein Gedicht aus dem vorliegenden Buch besonders schön oder interessant? Erinnerst du dich an Verse, die dich immer, wenn du sie hörst, zum Schmunzeln bringen (z. B. „Dunkel war's, der Mond schien helle …“)? Erinnerst du dich an ein verblüffendes Bildgedicht (z. B. den „Apfel“ mit dem „Wurm“)? Magst du vielleicht ein Gedicht aus deiner nicht-deutschen Muttersprache besonders oder eines, das im Dialekt geschrieben ist? Hast du ein Gedicht selbst geschrieben, auf das du stolz bist?

Bestimmt fällt jedem von euch etwas zu diesen Fragen ein, auch dem ärgsten „Lyrik-Muffel“!

Dann

⇒ sammle diese Texte,

⇒ schreib sie ab (handschriftlich oder mit dem Computer) oder scanne sie ein, sodass jeder Text auf einem eigenen Blatt steht,

⇒ verziere die Blätter passend (wenn du magst) oder füge Bilder hinzu,

⇒ füge die Blätter in einen Ordner ein,

⇒ verfasse ein Inhaltsverzeichnis,

⇒ schreibe ein Nachwort, in dem du deine Auswahl begründest,

⇒ gestalte ein Titelblatt.

[1] die *Anthologie:* ausgewählte Sammlung

Fertig ist deine ganz persönliche Lyrik-Anthologie[1]! Übrigens ist ein Gedichte-Heft auch ein schönes Geschenk für Familienangehörige oder gleichaltrige Freunde.

Dein eigenes Gedicht schreiben

Wie du auf Ideen kommst

1. Suche dir einen Begriff, z.B. eine Eigenschaft, schreibe ihn mitten auf ein leeres Blatt. Dann schreibst du rund um dieses Wort alles auf, was dir dazu einfällt (☞ S. 164). Aus diesen Einfällen kann sich ein Text entwickeln.

Wenn du z.B. eine Farbe wählst, kann das, was entsteht, so aussehen:

„Grau"

Der Nebel ist grau, wenn die Wolken über dem Boden schweben.
Grau ist der Himmel, wenn Regen ansteht.
Grau wird der Himmel auch, wenn der Rauch eines Feuers aufsteigt.
Grau sind Ruinen, wo keiner lebt und Asche liegt.
5 Grau kann eine einsame Farbe sein, wenn man allein ist.
Grau kann auch lebhaft sein wie eine wilde Maus.
Grau werden wir alle, unsere Haare und unsere Gedanken.

„Blau"

Blau sind Wollfäden und Lenas Pulli.
Blau ist das Wasser und auch der Himmel.
Blau sind Fensterrahmen und Wärme.
Blau ist eine Augenfarbe, sind aber auch Blutergüsse.
5 Blau ist unser Franzbuch.
Blau ist Tinte und dadurch auch meine Hand.

2. Beschreibe, wie in diesen Texten die Sätze gebaut und wie sie angeordnet sind.

3. Suche dir ein eigenes Adjektiv – es muss keine Farbe sein – und verfasse ein Gedicht darüber.

Artur Steiner

„Grün"

Wenn ich ein Haus hätte,
müsste es grün sein.

Grüne Häuser
sind grün in der Dürre.

5 Grüne Häuser
sind grün im Schnee.

In grünen Häusern
wohnen grüne Leute.

Wenn ich ein Haus hätte,
10 müsste es grün sein.

Dieses Gedicht hat ein Schriftsteller über die Farbe Grün geschrieben.

4. Beschreibe, wie das Gedicht aufgebaut ist.

5. Die Farbe Grün bekommt in diesem Gedicht eine besondere Bedeutung. Erkläre die Bedeutung.

6. Zeichne die grünen Leute aus der vierten Strophe.

Wie du deine Ideen ordnen kannst

Zu dem Begriff *Radfahren* hat eine Schülerin Folgendes aufgeschrieben:

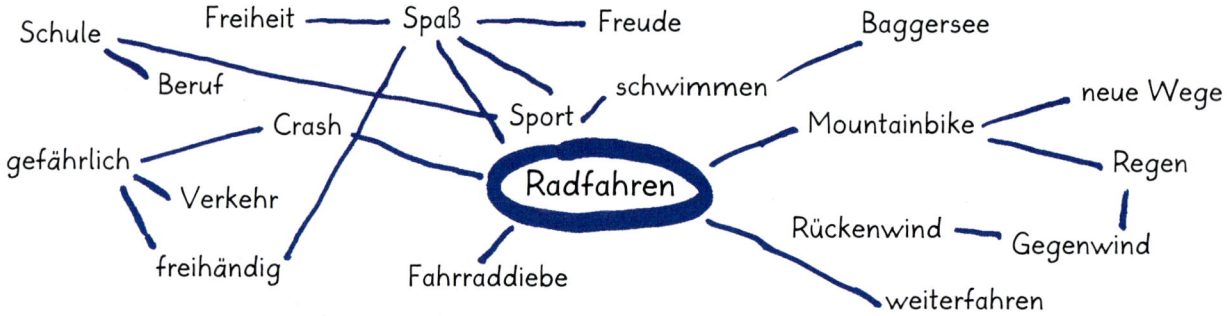

Kreatives Schreiben – Ideen finden und ordnen

Wörter, die einem spontan zu einem Thema einfallen, nennt man Assoziationen. Wenn man Ideen zu einem Thema, über das man schreiben will, schriftlich sammelt, entsteht ein Cluster.

Ein **Cluster** ist ein Geflecht von Wörtern. Man schreibt einen Begriff in die Mitte eines Blattes; alle Wörter, die einem spontan einfallen, werden um diesen Begriff herum aufgeschrieben. Anschließend werden die Wörter durch Striche miteinander verbunden und so in eine gewisse Ordnung gebracht.

Anschließend haben drei Schülerinnen ihre Fassungen eines Textes formuliert. Lies die
Aufgaben dazu auf der nächsten Seite.

Radfahren

Freiheit
Spaß
Freude
Sport
5 zur Schule fahren
zum Beruf
im Verkehr
und zum Baggersee
schwimmen
10 freihändig fahren
Gefahr
Crash
Fahrraddiebe
mit dem Mountainbike
15 im Regen
im Gegenwind
neue Wege fahren.

Radfahren

fahren
zur Schule
zur Arbeit
aus Spaß
5 als Beruf
als Sport
zur Freude
einfach weiterfahren
Freiheit
10 freihändig
gefährlich
Rückenwind
Regen
Gegenwind
15 zum Baggersee fahren und
schwimmen
durch den Verkehr
neue Wege finden
Crash
20 Mountainbike
Fahrraddiebe

Radfahren

fahren
zur Schule
zur Arbeit
als Sport
5 zur Freude
Rückenwind
Regen
Gegenwind
einfach weiterfahren
10 neue Wege finden
Freiheit
freihändig
Crash

1. Vergleiche die drei Fassungen:
a) Beschreibe, wie die Texte aufgebaut sind.
b) Zeige, was für den Verfasser in den drei Fassungen jeweils das Wichtigste ist.
c) Begründe, welche Fassung du für die beste hältst.

2. Erkläre, was die Verse „neue Wege fahren (V. 17) / finden (V. 18, V. 10)" bedeuten.

Darauf solltest du beim **Verfassen eines Gedichts** achten:

➜ Die Reihenfolge der Verszeilen sollte sinnvoll sein, sodass „der Schluss" auch am Ende des Textes steht.

➜ Jede Strophe hat ein Thema oder einen thematischen Zusammenhang.

➜ Wiederholungen verwendet man, wenn man damit etwas Bestimmtes aussagen bzw. hervorheben will.

➜ Wörter können eine Doppelbedeutung haben, die man nutzen kann. Eine solche doppelte Bedeutung hat z. B. der Ausdruck *neue Wege finden*. Aber auch die Begriffe *Rückenwind* und *Gegenwind* kann man bildhaft verstehen.

Wie du deine Texte verbessern kannst

Wenn du deine Texte verbessern willst, kannst du dir helfen lassen. Eine Arbeitsgruppe, die gemeinsam Texte liest, kritisiert und verbessert, nennt man Schreibkonferenz.

Gedichte überarbeiten und verbessern in der Schreibkonferenz

Bei einer Schreibkonferenz überarbeitet und verbessert ihr in einer Arbeitsgruppe vorher entstandene Texte. Der Autor des Textes erhält durch die Schreibkonferenz eine Rückmeldung, mit deren Hilfe er in den Überarbeitungsprozess eintreten kann. Neben der Korrektur von Rechtschreibung und Grammatik geht es vor allem um eine inhaltliche Verbesserung.

➜ In eurer Arbeitsgruppe gehen in einer ersten Phase die Texte reihum und werden mit einem Kommentar versehen. Dieser Kommentar soll folgendermaßen aufgebaut sein:
- Zuerst wird dargelegt, wie man den Text verstanden hat oder was einem Besonderes aufgefallen ist.
- Dann zeigt man, was einem an dem Text gefallen hat, und begründet dies.
- Schließlich schreibt man auf, an welchen Stellen man den Text verbessern würde, begründet dies und äußert an manchen Stellen auch Verbesserungsvorschläge.

➜ In der zweiten Phase erhält jeder Autor seinen mit den Kommentaren versehenen Text und macht sich an die Überarbeitung.

➜ In einer dritten Phase können die verbesserten Texte noch einmal der Arbeitsgruppe vorgelesen und kurz diskutiert werden. Letzte Korrekturen sind dann noch möglich.

Gedichte untersuchen

Gestaltungsmittel: das lyrische Ich

Sarah Kirsch
Die Nacht streckt ihre Finger aus

Die Nacht streckt ihre Finger aus
Sie findet mich in meinem Haus
Sie setzt sich unter meinen Tisch
Sie kriecht wird groß sie windet sich

5 Und der Rauch schwimmt durch den Raum
Wächst zu einem schönen Baum
Den ich leicht zerstören kann –
Ich rauche einen neuen, dann

Zähl ich alle meine lieben
10 Freunde an den Fingern ab
Es sind zu viele Finger, die ich hab
Zu wenig Freunde sind geblieben

Streckt die Nacht die Finger aus
Findet sie mich in meinem Haus
15 Rauch schwimmt durch den leeren Raum
Wächst zu einem Baum

Der war vollbelaubt mit Worten
Worten, die alsbald verdorrten
Schiffchen schwimmen durch die Zweige
20 Die ich heut nicht mehr besteige

1. Versetze dich in die Rolle des lyrischen Ichs. Schreibe aus seiner Sicht auf, was es tut, was es sieht, worüber es nachdenkt und wie es sich fühlt.

2. Sprecht darüber, welche Bedeutung die „Finger der Nacht" haben könnten.

> Wenn in einem Gedicht ein „Ich" redet, ist das nicht unbedingt der Autor oder die Autorin selbst. Man nennt dieses Ich **„lyrisches Ich"**, „lyrisches Wir" oder „Sprecher".
> Es gibt auch ein „lyrisches Du".

3. a) Formuliere den Text um, sodass ein lyrisches Du das lyrische Ich ersetzt.
b) Besprecht, wie sich dadurch die Stimmung im Text verändert.

Gestaltungsmittel: Bilder

Johann Wolfgang von Goethe
Gedichte sind gemalte Fensterscheiben

Gedichte sind gemalte Fensterscheiben!
Sieht man vom Markt in die Kirche hinein,
Da ist alles dunkel und düster;
Und so sieht's auch der Herr Philister[1]:
5 Der mag denn wohl verdrießlich sein
Und lebenslang verdrießlich bleiben.

Kommt aber nur einmal herein!
Begrüßt die heilige Kapelle;
Da ist's auf einmal farbig helle,
10 Geschicht' und Zierrat[2] glänzt in Schnelle,
Bedeutend wirkt ein edler Schein;
Dies wird euch Kindern Gottes taugen,
Erbaut euch und ergetzt[3] die Augen!

[1] *der Philister:* der Kleinbürger, der Spießbürger

[2] *der Zierrat:* die Verzierung

[3] *ergetzen:* ergötzen, erfreuen

1. a) Stelle die erste und die zweite Strophe einander gegenüber, indem du die Wörter in einer Tabelle auflistest, die für die eine und die andere Strophe jeweils typisch sind.
b) Untersuche die Begriffe, die du für die zweite Strophe aufgelistet hast. Beschreibe mit eigenen Worten, welche Wirkung Goethe den Lesern verspricht.

Georg Heym
April

Das erste Grün der Saat, von Regen feucht,
Zieht weit sich hin an niedrer Hügel Flucht.
Zwei große Krähen flattern aufgescheucht
Zu braunem Dorngebüsch in grüner Schlucht.

5 Wie auf der stillen See ein Wölkchen steht,
So ruhn die Berge hinten in dem Blau,
Auf die ein feiner Regen niedergeht,
Wie Silberschleier, dünn und zitternd grau.

2. Erkläre die Bestandteile der Vergleiche mithilfe des folgenden Kastens.

ERINNERT EUCH! Ein **Vergleich** von zwei Dingen macht Texte anschaulicher. Was verglichen wird, muss etwas gemeinsam (ein „tertium comparationis") haben. Einen Vergleich erkennst du an den Vergleichspartikeln *als, als ob* oder *wie*: *schlau **wie** ein Fuchs.*

3. Schreibe einen Text über deinen Tag:
• Mein Aufwachen ist wie … • Mein Frühstück ist wie …

4. In den beiden folgenden Gedichten werden Flüsse beschrieben.
a) Untersuche, womit die Flüsse bzw. die Flussläufe hier verglichen werden.
b) Untersuche auch einzelne Bilder innerhalb der Vergleiche.
c) Male ein Bild, das eines der beiden Gedichte illustriert.

Georg Britting
Der Strom

Der große Strom kam breit hergeflossen
Wie ein großer silberner Fisch. Wälder warn seine Flossen.
Mit dem hellen Schwanz hat er am Himmel angestoßen.
So schwamm er schnaubend in die Ebene hinein.
5 Licht wogte um ihn, dunstiger Schein.
Dann war nur mehr er, nur mehr er, der silberne, nur mehr er allein.

Hans Arp
Aus dem irdischen Irrgarten

Wasserfälle fallen
tosend übereinander
tosend durcheinander
zerzausen ihre Schaumbärte
5 und fressen sich auf.
Verdaut auferstanden und sanft
ziehen sie alsdann
harmonisch durch die Ebene dahin.

5. Nur in einem der beiden Gedichte findest du einen „richtigen" Vergleich. Formuliere für das andere Gedicht eine zusätzliche Zeile, sodass aus dem Bild ein Vergleich wird.

6. Finde ein Vergleichsbild für eine Stadt, einen Hafen, einen Berg oder für deine Schule. Beschreibe dieses Vergleichsbild.

> Sprachliche Bilder nennt man **Metaphern**. Eine Metapher kann man als abgekürzten Vergleich bezeichnen. Metaphern, die in Gedichten verwendet werden, sind häufig ungewöhnlich und lassen uns die Dinge neu und anders sehen: *Gedichte sind gemalte Fensterscheiben.*
>
> **ERINNERT EUCH!**

7. Der nächste Text ist ein zerschnittenes Gedicht; die Zeilen sind vertauscht und verstreut. Eine der Zeilen ist die Überschrift!

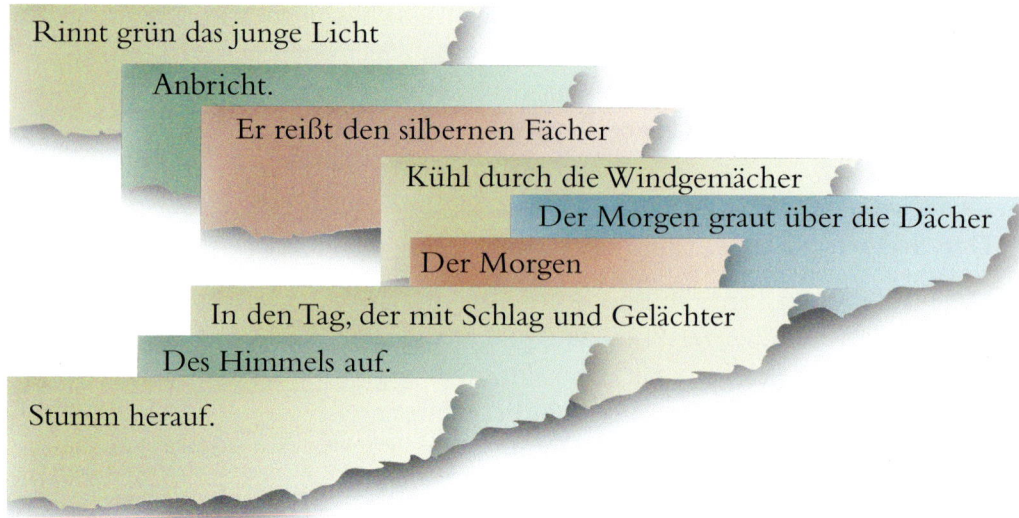

Rinnt grün das junge Licht

Anbricht.

Er reißt den silbernen Fächer

Kühl durch die Windgemächer

Der Morgen graut über die Dächer

Der Morgen

In den Tag, der mit Schlag und Gelächter

Des Himmels auf.

Stumm herauf.

a) Schreibe die einzelnen Zeilen auf Papierstreifen und verschiebe sie so lange, bis ein sinnvoller Text entsteht. Du brauchst nichts an den einzelnen Zeilen zu verändern. Erläutere deinen Bauplan für das Gedicht.
b) Wenn du eine sinnvolle Zeilenfolge gefunden hast, schreibst du die Adjektive und die wichtigen Verben und Nomen in der Reihenfolge der Zeilen heraus. Untersuche die Reihenfolge, verbinde die Wörter, die zueinander gehören, mit Strichen und beschreibe mit eigenen Worten den Ablauf des Geschehens.
c) Lass dir von deiner Lehrkraft das komplette Gedicht von Georg Britting geben, dessen einzelne Zeilen du nun schon kennst. Vergleiche damit deine Fassung.

8. In einer der Zeilen steht *„Rinnt grün das junge Licht"*. *Rinnen* kannst du fühlen, Wasser rinnt *grün*, das siehst du. Zwei Sinneseindrücke sind verschmolzen. Untersuche in dem gesamten Gedicht, welche Sinne angesprochen werden.

9. Schreibe ein Riechen-Sehen-Fühlen-Gedicht über den Sommer. Dieses Gedicht wird dir am besten gelingen, wenn du die Möglichkeit hast, nach draußen zu gehen und dort das Gedicht zu entwerfen.

10. Und wie ist es mit dem Schmecken? Beschreibe, wie ein Tag schmeckt.

Wenn zwei oder mehr Sinneseindrücke auf ungewöhnliche Art in einem Bild verschmelzen, nennt man dies eine **Synästhesie**: *Golden wehn die Töne nieder.*

11. Auch im Alltag benutzen wir Synästhesien. Erkläre: Was ist *eine sanfte Melodie, eine kalte Farbe, heiße Musik?*

Als der Vormittag in
einem Boot vorüber-
gefahren ist

So ruhn die Berge …

Die Wolken wissen,
dass es dir nicht sehr
gut geht.

August Macke
(1887–1914),
Landschaft bei
Hammamet
(1914)

12. Erkläre, was Vormittag, Berge und Wolken in diesem Gedicht „tun".

Wenn sich Dinge – Vormittag, Wolken, Berge – wie Menschen (Personen) verhalten, nennt man diese besondere Art eines Bildes **Personifikation** oder **Personifizierung**: *Die Sonne lacht.*

13. Suche in den Gedichten dieses Kapitels weitere Personifizierungen.

Gestaltungsmittel: lyrische Motive

Elisabeth Borchers
Herbst

Es stürzen Blatt um Blatt
Und jedes Blatt stürzt
sich zu Tode

Hilde Domin
Es knospt

Es knospt
unter den Blättern
das nennen sie Herbst

Rainer Brambach
Flugzeit

Laub fällt, und sichtbar werden
leere Vogelhäuser im Geäst.
Es regnet, regnet weiter
bis zum Schnee –
5 Kommt noch ein Tag, auf Nebelhörnern
kühl November blasend,
stehn wir in Wolle eingewickelt
bis zum Kinn und prüfen unser Dach.
Die offnen Stellen füllen wir mit Sorge.
10 Zeit wär's zu fliegen.

1. Auf drei verschiedene Arten haben sich die Autoren mit dem „Herbst" beschäftigt. So wie du verschiedene Fotografien mit demselben Motiv machen könntest, haben sie jeweils etwas anderes über den Herbst ausgesagt. Der Herbst ist ihr **Motiv**. Tragt zusammen, welche weiteren Bedeutungen das Wort *Motiv* noch haben kann.

2. Nimm eines der drei Gedichte, male ein Bild dazu oder gestalte eine Collage. Gib dem Bild oder der Collage eine Überschrift, aus der hervorgeht, welche Bedeutung der Herbst hier hat.

Gestaltungsmittel: Reime und Klänge

Christian Morgenstern
Das ästhetische[1] Wiesel

Ein Wiesel
saß auf einem Kiesel
inmitten Bachgeriesel

Wisst ihr
5 weshalb?

Das Mondkalb
verriet es mir
im Stillen:

Das raffinierte Tier
10 tat's um des Reimes willen.

1. Erkläre, wie sich das Wiesel in diesem Gedicht um „Schönheit" bemüht.

2. Du hast in diesem Kapitel einige Gedichte kennengelernt, die ganz ohne Reim auskommen. Für viele Gedichte aber ist der Endreim sehr wichtig. Er hat dir auch geholfen, das Gedicht „Der Morgen" auf Seite 170 in eine sinnvolle Reihenfolge zu bringen. Beschreibe das Reimschema des Gedichts „Der Morgen", das du zusammengesetzt hast. Jede Zeile erhält einen Buchstaben, zwei sich reimende Zeilen den gleichen Buchstaben.

ERINNERT EUCH!

Drei **Reimarten** kommen in Gedichten besonders häufig vor:

Kreuzreim: a b a b / c d c d / usw.

Paarreim: a a / b b / c c / usw.

Umschließender Reim: a b b a / c d d c / usw.

3. Manchmal „stimmen" die Reime nicht ganz, in Goethes Gedicht (→ S. 168) reimt sich z.B. *düster* auf *Philister*. Solche Reime nennt man **unreine Reime**. Suche sie auch in dem Gedicht auf Seite 175.

4. Ein auffälliges Stilmittel vieler Gedichte findest du im folgenden Beispiel. Um dir etwas zu helfen, wurden einige Buchstaben fett gedruckt. Lies das Gedicht laut und beschreibe, wie seine Klangwirkung zustande kommt.

Christian Morgenstern
Möwenlied

Die Möwen sehen **a**lle **a**us,
als ob sie Emma hießen.
Sie tragen einen weißen Flaus
und sind mit **Sch**rot zu **sch**ießen.

Ich schieße keine Möwe tot.
Ich **l**ass sie **l**ieber **l**eben
und füttre sie mit Roggenbrot
und rötlichen Zibeben[1].

[1] *die Zibebe:* große Rosine

> Manchmal fangen mehrere betonte Wörter in einer Zeile oder nahe beieinander-stehend mit dem gleichen Laut an. Das nennt man **Alliteration**: *durch dick und dünn gehen.*

5. Schreibe einen Text, in dem möglichst viele Wörter mit dem gleichen Laut anfangen, zum Thema „In meiner Welt".

6. In dem Gedicht von Georg Britting „Der Strom" (→ S. 169) findest du in der letzten Zeile eine sehr auffällige Wiederholung. Erkläre, was sie aussagt.

7. In manchen Texten gibt es besondere Formen von Wiederholungen. Die verschiede-nen Wiederholungen im nebenstehenden Text sagen gleichzeitig etwas über den Inhalt aus. Beschreibe diese Wechselwirkung. Das ganze Gedicht von Hans Arp steht auf Seite 169.

> *Wasserfälle fallen*
> *tosend übereinander*
> *tosend durcheinander*

> Manche Texte wirken besonders stark, weil einzelne Wörter wiederholt werden. Wenn das gleiche Wort am Anfang mehrerer Zeilen steht, fällt dieses Wort beson-ders auf. Diese besondere Form der Wiederholung nennt man **Anapher**. Auch in Pro-satexten gibt es Anaphern. Sie stehen jeweils am Satzanfang: *Gut war das Leben, gut der Anfang, gut das Ende.*

Gestaltungsmittel: Versmaß

1. In Gedichten nennt man die betonten Silben Hebungen und die unbetonten Silben Senkungen. Um die Hebungen und Senkungen festzustellen, zerlegt man die einzelnen Zeilen in Silben und klatscht bei jeder Silbe in die Hände oder klopft auf den Tisch. Wie musst du bei der folgenden Zeile klopfen?

Das erste Grün der Saat, von Regen feucht

x x́x x́   x x́   x x́x x́

2. Und wie klopfst du bei dieser Zeile? Markiere die Hebungen mit einem Akzentzeichen.

Wasserfälle fallen

x x x x x

3. Und bei dieser? Notiere betonte und unbetonte Silben.

Und leerten die Becher mit funkelndem Wein

Unbetonte und betonte Silben können auf unterschiedliche Weise kombiniert werden. Die Kombinationen nennt man **Versfüße**.
Es gibt vier verschiedene Versfüße:
Jambus: x x́   usw.: unbetont, betont
Trochäus: x́ x   usw.: betont, unbetont
Anapäst: x x x́ usw.: unbetont, unbetont, betont
Daktylus: x́ x x usw.: betont, unbetont, unbetont
Die Anzahl der Betonungen in einer Zeile bestimmen das Versmaß oder Metrum.

---

4. An den folgenden Gedichtzeilen, die alle in diesem Lesebuch stehen, kannst du üben, wie man das Versmaß bestimmt:

- *Die Nacht streckt ihre Finger aus* (→ Kirsch, S. 167)
- *Licht wogte um ihn, dunstiger Schein* (→ Britting, S. 169)
- *Gedichte sind gemalte Fensterscheiben!* (→ Goethe, S. 168)

5. Wenn du ein Gedicht vorträgst, musst du dich einerseits an das Versmaß halten. Andererseits wird dein Vortrag langweilig, wenn du nur das Metrum beachtest. Dann „leierst" du. Um das zu vermeiden, solltest du wichtige Wörter und Silben stärker betonen und andere, unwichtige Betonungen fast verschwinden lassen. Für den Vortrag sind auch Pausen wichtig. Und du darfst an manchen Stellen über das Zeilenende hinweg lesen. Solche besonderen Betonungen, Pausen und „Zeilensprünge" solltest du im Text markieren. Versuche dies mit den Gedichten „Der Strom" von Georg Britting (☞ S. 169) und „Aus dem irdischen Irrgarten" von Hans Arp (☞ S. 169). Auf Seite 231 findest du weitere Hilfen zur Vorbereitung von Textvorträgen.

6. Das folgende Gedicht von Mascha Kaléko beschäftigt sich mit einer besonderen Sorte von Bücherfreunden. Lerne es auswendig und trage es vor.

Für den Vortrag ist es wichtig, dass du zuerst die regelmäßige Betonung anhand des Metrums erarbeitest und anschließend die freie Betonung für den Vortrag.

Mascha Kaléko
Ansprache eines Bücherwurms

Der Kakerlak nährt sich vom Mist,
Die Motte frißt[1] gern Tücher,
Ja selbst der Wurm ist, was er ißt.
Und ich, ich fresse Bücher.

5 Ob Prosa oder Poesie,
Ob Mord – ob Heldentaten –
Ich schmause und genieße sie
Wie einen Gänsebraten.

Ich bin ein sehr belesner Herr,
10 Nicht wie die andern Viecher!
Daß Bücher bilden, wißt auch ihr
Und ich – ich fresse Bücher.

Die Nahrung, sie behagt mir wohl,
Verleiht mir Grips und Stärke.
15 Was andern Wurst mit Sauerkohl,
Das sind mir Goethes Werke.

Ich fraß mich durch die Literatur
So mancher Bibliotheken;
Doch warn das meiste, glaubt es nur,
20 Bloß elende Scharteken[2].

Das Bücherfressen macht gescheit.
So denken sich's die Schlauen.
Doch wer zu viel frißt, hat nicht Zeit,
Es richtig zu verdauen.

25 Drum lest mit Maß, doch lest genug,
Dann wird's euch wohl ergehen.
Bloß Bücher *fressen* macht nicht klug!
Man muß sie auch verstehen.

[1] gesamter Text in alter Rechtschreibung

[2] *die Scharteke:* altes, wertloses Buch, Schmöker

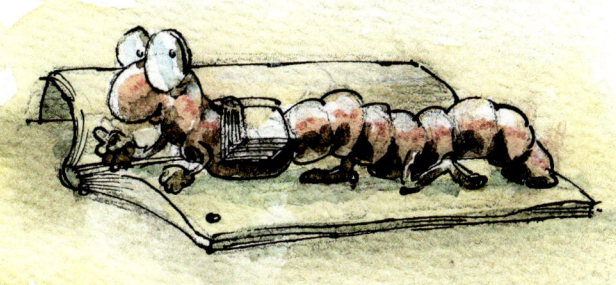

Joseph Conrad (1857–1924)

„Das Ziel des Schreibens ist es,
andere sehen zu machen."

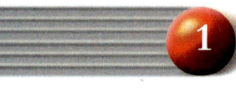

Aufgaben: Seite 188

Maren Gottschalk

Der Tag, an dem sie versteht

Am Morgen des 1. Februar 1933 ist alles anders als sonst. Die Mutter hat rot geweinte Augen und flüstert mit dem Vater. Auf dem Weg zur Schule fällt Ruth[1] die Hakenkreuzfahne am Vereinshaus auf. Hing die gestern 5 schon dort? Ein Mitschüler ruft ihr über die Straße etwas Unfreundliches zu. Verunsichert geht sie weiter. Im Klassenzimmer rücken die Freundinnen von ihr ab, keine will neben ihr sitzen und der geliebte Deutschlehrer übersieht sie, wenn sie sich meldet. Ruth weint erst auf dem Heimweg. 10

Der Tag nach der Machtergreifung Hitlers zeigt auch den gutgläubigsten Juden in Deutschland, woher der Wind weht. Für Ruth Löwenthal vermischt sich das Bewusstsein, eine Jüdin zu sein, Tag für Tag mit neuen Demütigungen. Auch Margot, die bildschöne, geliebte und bewunderte Schwester, trifft es. Sie besucht 1933 bereits die israelitische Schule in Fürth und wohnt während der 15 Woche bei den Großeltern. Jeden Freitag, wenn sie nach Rückersdorf kommt, warten die verliebten Jungen am Bahnhof, um ihr den Koffer zu tragen. Auch am 3. Februar 1933 warten sie. Diesmal jedoch wollen sie etwas anderes. Die Jungen beschimpfen Margot, jagen sie durch die Straßen und bewerfen sie mit Dreck. „Wir waren fast den ganzen Abend lang damit beschäftigt, den Gestank 20 abzuwaschen. Ich rieche es heute noch, das nasse, feine Haar, das an diesem Abend nicht nach Seife duftete, sondern nach Mist stank." Ein paar Wochen später wird Ruths Onkel Jacob in Fürth brutal zusammengeschlagen, weil er eine „arische" Freundin hat. Halb tot schleppen ihn Freunde nach Rückersdorf. Noch in derselben Nacht geht der Vater in den Wald und wirft seinen 25 Revolver in einen Teich.

Auch Richard Löwenthal hat verstanden. Obwohl er im Ersten Weltkrieg gekämpft und sich das Eiserne Kreuz zweiter Klasse verdient hat, will dieses Vaterland ihn nicht mehr haben. Er verliert seine Arbeit am 1. April 1933 und verlässt kurz darauf das Land. Entfernte Verwandte aus Südafrika hatten ihm auf 30 Grund der beunruhigenden Nachrichten eine Schiffspassage geschickt. Richard Löwenthal reagiert schnell. Er wandert aus und will sich in Johannesburg eine neue Existenz aufbauen. Erst dann soll seine Familie nachkommen.

Selma Löwenthal findet mit ihren Töchtern bei den Großeltern Cohen in Fürth Zuflucht. Auch ihre beiden unverheirateten Schwestern wohnen dort. Es 35 ist eng in der Wohnung, aber gemütlich. Am liebsten jedoch sitzt Ruth in Großvaters Buchbinderwerkstatt unter dem Tisch und liest. Auch sie besucht jetzt die israelitische Schule. Sie versteht nicht, warum mancher Banknachbar von einem auf den anderen Tag für immer verschwindet oder warum plötzlich ein neuer Lehrer vor der Klasse steht. Auf der Straße versucht sie nicht aufzu- 40 fallen. Ihr grausames Fazit lautet: „Zusammengeschlagen wurde ich nie, nur zweimal überfallen." (…)

---

[1] *Ruth:* Gemeint ist die jüdische Journalistin Ruth Weiss, die am 26. Juni 1924 als Ruth Löwenthal in Fürth bei Nürnberg zur Welt kommt. Bekannt geworden ist sie später für ihren Einsatz gegen die Apartheid in ihrer Exilheimat Südafrika, der sie erneut zu einer Verfolgten machte.

1936 reist Selma Löwenthal mit ihren beiden Töchtern nach Hamburg, wo sie
das Frachtschiff „Tanganyika" besteigen, eine der letzten Fluchtmöglichkeiten
45 für deutsche Juden. Niemand erklärt den Kindern, worum es hier eigentlich
geht. „Es gab keinen Abschied, es gab keine Vorbereitung, man wollte kein Auf-
sehen erregen, und da sagte man den Kindern nicht vorher, wann man fährt.
Diese Heimlichkeit vor den Kindern war sehr groß. Die haben gedacht, Kinder
sind dumm." Die Kinder schlucken die Fragen hinunter und wundern sich,
50 was das für „Wiesen" sind, wenn die Erwachsenen immer von „Devisen"[2]
reden.

[2] *die Devisen:* das Geld einer fremden Währung

Auf dem Schiff ist ihnen schnell klar, dass sie nur zu den armen, geduldeten
Passagieren gehören. In der dritten Klasse werden die fünfundzwanzig Emi-
granten, Menschen ohne Pass und Geld, auf engstem Raum zusammenge-
55 pfercht. Zum Glück gibt es eine große Schiffsbibliothek, die Ruth von vorne
bis hinten durchliest. [...]
Die Fahrt nach Südafrika dauert sechs Wochen, Zeit genug, um über den Verlust von Großeltern und Freunden zu trauern. Genug Zeit auch, um zu begreifen, dass sie einer Welt entgegensteuert, in der nichts so sein wird wie zu Hause.
60 „Eine unserer Tanten wartete bei unserer Ankunft in Kapstadt auf uns: eine
schöne, dunkelhaarige Frau mit Sonnenschirm. Als sie meine Schwester und
mich begrüßte, kniff sie die Augen zusammen und sagte: ‚Ganz nett ... Gute
weiße Haut. Ich werde euch sofort Sonnenhüte kaufen, damit
ihr nicht braun werdet. Hier schätzt man weiße Haut sehr.'"
65 [...]
Die Löwenthals sind arm – aber stolz. Sie wollen die reichen
Tanten aus den Vororten nicht um noch mehr Hilfe bitten.
Doch das Geld ist immer knapp, denn der Vater ist kein guter
Geschäftsmann, er lässt viele Kunden anschreiben. So wird
70 nun auch die Mutter im Laden gebraucht und die Familie
sucht ein *girl* für die Hausarbeit. Als die junge schwarze Jenny
sich vorstellt, bringt sie ihr Baby mit. Während die Eltern mit
Jenny sprechen, spielen Ruth und Margot mit dem Kind und
sind völlig fasziniert von seiner glänzenden Haut und den
75 großen braunen Augen. Später nimmt auch Selma Löwenthal
das Baby auf den Arm und wiegt es, bis Jenny sich verabschiedet. Die kleine Szene wird von den Nachbarinnen beobachtet. Sofort beschweren sie sich bei der Familie Löwenthal:
„Man fasst kein schwarzes Kind an, das gehört sich nicht. Das
80 ist hier ein Verstoß gegen die guten Sitten." So lernt Ruth die
Rassentrennung unter neuen Vorzeichen kennen.

Ruth Löwenthal (r.) und ihre Schwester Margot

Ruth Weiss

Meine Schwester Sara

Jo, der 14-jährige Ich-Erzähler der Geschichte, erinnert sich an seine Kindheit und Jugend in Südafrika, zur Zeit der Apartheid. Jos Familie gehört zu den Buren, den Nachfahren weißer Siedler. Um das deutsche Volk in der Nachkriegszeit zu unterstützen, hat Jos Vater Sara, eine deutsche Kriegswaise, aufgenommen. Die vierjährige blonde Sara lebt schon eine Weile in der Familie, als der Vater eines Tages mit einer Neuigkeit nach Hause kommt.

¹ *stoep:* d.h. in der Sprache Südafrikas (Afrikaans): Veranda

Pa ließ mich auf die stoep¹ rufen, um mit mir zu sprechen. Um mir mitzuteilen, dass Sara Jüdin sei. „Die Papiere kamen heute", sagte er, er sprach schneller, als es sonst seine bedächtige Art war. „Es stellt sich heraus, dass wir einen falschen Eindruck von dem … diesem Mädchen hatten."

Er ging auf und ab, während er sprach, die Hände hielt er hinter dem Rücken 5 verschränkt. Ma saß kerzengerade auf einem Stuhl und starrte ins Dunkel. Ich hörte das Zirpen der Grillen, sah keinen Mond, der Himmel war bewölkt, das war selten in diesen Monaten der Trockenzeit.

„Die Mutter war Jüdin, das steht fest. Sie ist keine deutsche Kriegswaise. Sie ist Hebräerin." 10

² *veld:* Afrikaans: Feld

Pa schwieg jetzt, ging jedoch weiter auf und ab. Vom dunklen veld² kam der Todesschrei eines Tieres. Wir waren sehr nah an einem der Nationalparks, öfters streunte Wild auf benachbarte Farmen. Ma fuhr leicht zusammen. Sie sagte: „Es wird immer alles durcheinander gewirbelt nach einem Krieg. Man wollte nur das Beste für das Kind. Deswegen haben die Pfleger sie auf die Transportliste 15 gesetzt. Bei uns hat sie eine Zukunft vor sich."

Pa blieb stehen. „Bei uns!?"

„Wo sonst, Zach? Willst du sie etwa zurückschicken?" Mas Stimme klang heiser.

Ich hatte es noch immer nicht ganz begriffen. Sara war keine Deutsche – und 20 deswegen sollte sie nicht mehr zu uns gehören? Denn das schien doch das Gespräch zu bedeuten, Pa hatte ein deutsches Kind haben wollen, nun hatte er erfahren, dass Sara das Kind von Eltern einer anderen Religion war. Ich wusste, sie fühlte sich wohl und geborgen bei uns, jeder mochte sie gern. Ich sah nicht ein, warum sie aus der Familie entfernt werden sollte. 25

„Ich bin nicht überzeugt, dass es richtig ist, meine Kinder mit einer Hebräerin als Schwester aufwachsen zu lassen. Die Deutschen sind mit Buren blutsverwandt. Hebräer sind eine andere Rasse." Er sprach mit Missbilligung, fast mit Ekel. „Wir haben uns für Sara verpflichtet", sagte Ma mit einer Bestimmtheit, die mir fremd vorkam. Pa schnitt ihr heftig das Wort ab. „Das kommt nicht in 30 Frage." Ich war wie vor den Kopf geschlagen. Zum ersten Mal waren sich Ma und Pa nicht einig! Noch nie zuvor hatte ich eine Auseinandersetzung zwischen meinen Eltern erlebt. Und nun, in einer so wichtigen Frage, waren sie

unterschiedlicher Ansicht! Ma, die sonst in allem Pa zustimmte! Wie konnte sie
35 ihm in Gegenwart ihres Sohnes widersprechen? Das war unfassbar. Beängsti-
gend.

Eine kleine Stimme flüsterte in meinem Kopf: Das war mutig von Ma. Ich
spürte, wie mein Herz klopfte, dass mein ganzer Körper heiß geworden war.
Ma! Ich habe meine Mutter immer geliebt. In jenem Moment verehrte ich sie
40 glühend. Ich war alt genug, um zu wissen, welche Überwindung es für sie
bedeutete, sich Pa entgegenzustellen. Man forderte Pa nicht ohne Folgen heraus. Pa war unsere höchste Autorität. Toleranz wurde wenig in unserer Familie
gepredigt. Alles hatte seinen Platz. Jeder seinen Rang. Wie in der Weltordnung:
Gott war der Herr der Welt, Jesus sein Sohn. Als Kleinkind, als ich noch halb-
45 wild mit den schwarzen Kindern herumziehen durfte, wusste ich bereits, dass
wir beide einen höheren Status hatten als die Eingeborenen. Obwohl sie diejenigen waren, die uns zeigten, welche wilden Früchte man essen konnte, wie
man dem Ruf eines Honigvogels folgte und dann den Honig raubte.

Ich hatte Pa als Vorbild gesehen. Nun war ich bedrückt, verspürte gleichzeitig
50 Trauer und Wut. Fühlte mich verraten. Pas Haltung verunsicherte und ent-
täuschte mich. Hatte ich Pa nicht als die Verkörperung des Guten gesehen? Nie
hatte ich mich ihm widersetzt. Bis jetzt. Nun verstand ich seine Haltung nicht,
fand, dass er Unrecht hatte. Sara war noch dasselbe Mädchen, das wir am Hafen
abgeholt hatten, nichts an ihr hatte sich geändert, auch wenn er nun wusste,
55 dass ihre Mutter eine Hebräerin gewesen war. Warum sollte er sie deswegen
ablehnen?

Bei diesem Gespräch, in dem er Sara noch mehrmals als Hebräerin bezeichnete, spürte ich, dass mir etwas Wichtiges verloren gegangen war. Mein Respekt
vor Pa. Das tat weh.
60 Ich musste unwillkürlich daran denken, wie tierlieb Pa war. Wir hatten immer
Tiere – Hunde, Katzen. Einmal war ich dabei, wie Pa einen Hund aus einer
Falle befreite, die Wilderer aufgestellt hatten. Pa hatte das verletzte Tier selbst
versorgt.

Tiere konnte er lieben. Sara, die Hebräerin, nicht.

Südafrika 1948

Mit dem Wahlsieg der National Party kommen die Afrikaner (weiße, Afrikaans sprechende
Südafrikaner) an die Macht und rufen mit der Apartheid eine neue Ära des Rassismus aus.
Die Lebensbedingungen für Südafrikas schwarze Bevölkerung verschlechtern sich drama-
tisch. Das angestrebte Gesellschaftssystem basiert auf Rassentrennung und weist damit Pa-
rallelen zur Judenverfolgung im erst drei Jahre zuvor untergegangenen Dritten Reich auf.
Ehen zwischen Mitgliedern verschiedener Rassen werden verboten, die Bevölkerung nach
Rassen geordnet und gesetzlich voneinander getrennt.

3

Aufgaben: Seite 188

Marina Schnurre

Wolfdietrich Schnurre

Wolfdietrich Schnurre schrieb einmal über sich: „Zur Welt kam ich 1920 in Frankfurt am Main; geboren wurde ich 1928 im Nordosten Berlins." Von 1928 bis zu seiner Einberufung[1] 1939 lebte Wolfdietrich Schnurre in Weißensee. Mutter Erni hatte sich kurz nach seiner Geburt aus der Familie verabschiedet, und Vater[2] hatte, was damals alles andere als selbstverständlich war, vor Gericht durchgesetzt, dieses Kind allein erziehen zu dürfen.

Die Zweisamkeit von Vater und Sohn wurde nur hin und wieder unterbrochen von einer neuen Eroberung Vaters, die als Voraussetzung fürs Zusammenleben eine Vorliebe für Vögel und Natur haben musste und der weder die sonntäglichen Ausflüge bei Wind und Wetter in die Umgebung Berlins noch das stundenlange Suchen und Bestimmen von Gewölle etwas ausmachen durften.

Die handfeste Frieda in diesen Geschichten[3] war so eine Freundin von Vater gewesen. Für den kleinen Wolfdietrich war sie damals eine der wichtigsten Ersatzmütter, und er hat ihr schon in „Als Vaters Bart noch rot war" ein literarisches Denkmal gesetzt. Dass Frieda in Wirklichkeit anders hieß, Malerin war und dem Schnurre lange Zeit verübelt hat, dass er sie, wie sie meinte, so verkennend[4] porträtiert habe, steht auf einem anderen Blatt.

Die Ansammlung schrulliger, arbeitsloser, größerer und kleinerer Schlitzohren[5], die sich in den Geschichten tummeln, haben meist einen realen Hintergrund. Sie waren Freunde, Nachbarn und Bekannte von Otto Schnurre. Sicher hat auch das Leben auf der Straße in dem als kommunistisch[6] verschrienen[7] Arbeiterbezirk den Blick des Jungen geschärft.

1928 bis 1934 ging er auf eine sogenannte „weltliche Volksschule"; das hieß, dass es keinen Religionsunterricht gab. Rektor und Lehrer galten als kritisch und auch in der beginnenden Nazizeit als unangepasst. Ein Erlebnis, das Wolf immer wieder erzählte, war: „Eines frostigen Februarmorgens, Hitler war keine vierzehn Tage an der Macht, hat eine Hakenkreuzfahne auf unserer schönen Schule geweht. Wir weigerten uns, den Schulhof zu betreten, und sangen, mit den Lehrern zusammen, wieder und wieder die Internationale[8], bis wir heiser zu werden begannen." Und dann sei der Rektor gekommen und habe eine kurze Ansprache gehalten. „Ich sehe noch den rauchenden Atem vor seinem Gesicht und die machtvollen schwarzen, auf- und niedersteigenden Brauen unter der silbernen Tolle[9]. Seine Stimme klang ganz anders: heiser, würgend, gepresst. Er stelle es jedem anheim, das Schulgebäude, gar die Klassenräume zu betreten. Was ihn anginge jedoch, er könne nur sagen, jene Fahne dort oben habe aus seiner Schule eine fremde Schule gemacht. Er fühle sich hier fehl am Platze. Darauf schwang er sich auf sein Fahrrad und fuhr weg."

Wolfdietrich Schnurre

Der Verrat

Mit einem Schlag war es Frühling. Auf der abgestorbenen Ulme im Hof sang früh eine Drossel, die Spatzen verschwanden mit ellenlangen Strohhalmen hinter der Dachrinne, und in den Schaufenstern der Papierhand-
5 lungen waren rotgelbe Triesel[1] und stumpf glänzende Murmeln zu sehen.

Vater stand jetzt wieder früher auf, und wir gingen morgens immer in den Tiergarten, wo wir uns auf eine Bank in der Sonne setzten und dösten oder uns Geschichten erzählten, in denen Leute vorkamen, die Arbeit hatten und jeden Tag satt wurden.

10 War die Sonne mal weg, oder es regnete, gingen wir in den Zoo. Wir kamen umsonst rein; Vater war mit dem Mann an der Kasse befreundet.

Am häufigsten gingen wir zu den Affen; wir nahmen ihnen meist, wenn niemand hinsah, die Erdnüsse weg; die Affen hatten genug zu essen, sie hatten bestimmt viel mehr als wir.

15 Manche Affen kannten uns schon; ein Gibbon war da, der reichte uns jedesmal alles, was er an Essbarem hatte, durchs Gitter. Nahmen wir es ihm ab, klatschte er über dem Kopf in seine langen Hände, fletschte die Zähne und torkelte wie betrunken im Käfig umher. Wir dachten zuerst, er machte sich über uns lustig; aber allmählich kamen wir dahinter, er verstellte sich nur, er wollte uns der
20 Peinlichkeit des Almosenempfangens entheben.

Er sparte richtig für uns. Er hatte eine alte Konservenbüchse, in die tat er alles, was man ihm am Tag zu essen gegeben hatte, hinein. Wenn wir kamen, sah er sich jedesmal erst besorgt um, ob uns auch niemand beobachten könnte; dann griff er in seine Büchse und reichte uns die erste Erdnuss, nachdem er sie sorg-
25 fältig am Brustfell saubergerieben hatte, durchs Gitter.

Er wartete, bis wir eine Nuss aufgegessen hatten, darauf reichte er uns die nächste hinaus. Es war mühsam, sich da nach ihm zu richten; aber er hatte wohl seine Gründe für diese umständliche Art, uns die Nüsse zu geben; und wir mochten ihn auch nicht beleidigen, denn er hatte Augen, so alt wie die Welt,
30 und Vater sagte immer: „Wenn das stimmt mit der Seelenwanderung und so, dann wäre es wohl das Beste, als Gibbon wiederzukommen."

Einmal fanden wir ein Portemonnaie mit zwanzig Pfennigen[2] drin. Erst wollten wir uns Brötchen kaufen; aber dann nahmen wir uns zusammen und kauften dem Gibbon ein Viertelpfund Rosinen dafür.

35 Er nahm die Tüte auch an. Er öffnete sie vorsichtig, roch behutsam am Inhalt, und darauf nahm er Rosine um Rosine heraus und legte sie achtsam in seine Konservenbüchse; und als wir am nächsten Tag kamen, reichte er uns das ganze Viertelpfund wieder, Rosine um Rosine, durchs Gitter, und uns blieb nichts weiter übrig, als sie zu essen; denn er war leicht zu verstimmen.

40 Einige Tage später war große Aufregung im Affenhaus. Der Zoodirektor war drin und schnauzte den Oberwärter an, und der Oberwärter schnauzte den Wärter an, und der Wärter schnauzte die Leute, die drum herumstanden, an,

Aufgaben: Seite 188

[1] *der Triesel:* der Kreisel

[2] *der Pfennig:* kleinstes Geldstück während der D-Mark (und Reichsmark)

Schlage nach:

- mit den Zähnen fletschen
- torkeln
- die Almosen
- die Seelenwanderung
- achtsam
- der Pfau
- die Büste
- der Zenit
- schnalzen
- ruppig
- der Hauer
- (sich) rammen
- die Seele aushauchen
- die Fäuste zusammenkrampfen
- Kredit haben
- jemandem etwas borgen
- sich Geld pumpen
- sich räuspern

und endlich kam raus: Die Käfigtür hatte offengestanden, und der Gibbon war weg.

Uns ging es gerade wieder ein bisschen besser an dem Tag; wir hatten zwei Mark mit Teppichklopfen verdient und dem Gibbon eine Banane gekauft. Wir liefen den ganzen Tag über herum und halfen dem Wärter ihn suchen – umsonst. Da vergruben wir die Banane im Tiergarten und schworen uns, sie auch beim ärgsten Hunger nicht auszugraben; sie sollte ein Opfer sein; wir hofften damit zu erreichen, dass dem Gibbon kein Unglück passierte.

Am nächsten Tag waren wir wieder im Zoo; den Gibbon hatte niemand gesehen. Es suchte ihn auch schon gar keiner mehr; die Wärter sagten: „Der ist abgehauen in den Tiergarten[3] rüber." Aber wir suchten trotzdem weiter nach ihm, allerdings nicht mehr sehr lange; wir waren zu traurig.

Den Rest des Tages saßen wir bloß vor seinem leeren Käfig und starrten hinein; und dann fing die Sonne an unterzugehen, und Vater sagte: „Komm, laufen wir noch ein bisschen herum."

Der Abend war milde. Die Eingänge waren schon zu, aber wir kannten ein Loch in der Mauer hinter dem Verwaltungsgebäude, da konnte man durchkriechen. So hatten wir Zeit jetzt und sahen den Löwen zu, die zum Abendbrotnachtisch den Rost von den Käfigstangen leckten, und besuchten das Nilpferd, das schon in seinem gekachelten Stall war und, vom Lichtwiderschein einer nackten Glühbirne verschont, vor einem Heufuder stand und genüsslich auf einem Ampferhalm kaute.

Auf einmal hielt mich Vater am Arm fest. „Da –!", sagte er heiser und nickte zu der Eichengruppe im Rentiergehege hinüber.

Man musste die Augen zukneifen, es war zu viel Abendrot-Gold in den Zweigen. Aber dann sah auch ich ihn: Dort hing er, an einem seiner langen Arme baumelnd, im Licht der schläfrigen Sonne und lauste[4] sich wohlig.

Wir sahen uns erst sorgfältig um, ob auch keiner der Wärter den Gibbon entdeckt hätte, dann stellten wir uns unter das überhängende Dach des Rentiergeheges und beobachteten ihn.

Das Abendrot mischte sich langsam mit Grau. Man hörte die S-Bahn vom Hochbahnhof rüber und die Seehunde jauchzen; ein Pfau kreischte fern, und auf der Marmorbüste des ersten Direktors saß eine Amsel mit einem sich krümmenden Regenwurm im Schnabel. Es roch nach Frühling, nach Raubtier und nach Benzin; die Luft war wie aus gläsernem Spinnweb gesponnen.

[3] *der Tiergarten:* großer öffentlicher Park in Berlin

[4] *sich lausen:* das Tier sucht in seinem Fell nach Läusen

Der Gibbon hatte seine Arbeit jetzt unterbrochen, er stand freihändig, die Arme ausgebreitet wie zögernde Flügel, auf seinem waagrechten Ast und hatte die flache Nase witternd zum Zenit aufgehoben. Plötzlich stieß er einen schnalzenden Freudenlaut aus, seine Spachtelhände griffen einen höheren Ast, er schwang sich einmal vor, einmal zurück, und dann flog er mit einem riesigen Satz zum Nachbarbaum rüber und von dem zum nächsten Baum hin; Vater und ich rannten aufgeregt mit.

Aber auf einmal blieben wir stehen, und ich dachte, das Herz ginge mir kaputt vor Schreck: Wieder flog der Gibbon jetzt durch die Luft, er wollte zu der Baumgruppe im Wildschweingehege hinüber. Aber er hatte sich in der Entfernung verschätzt, mitten im Sprung brach die Brücke seines Schwungs plötzlich ab; es sah aus, als stünde er einen Augenblick verloren und ratlos still in der Luft; dann stürzte er Hals über Kopf ins Wildschweingehege.

Ich wollte schreien, aber ich bekam keine Luft; da rannte ich Vater nach und half ihm, aufs Gitter zu steigen. Er wickelte sich oben den Mantel um den Arm, und dann sprang er hinab.

Es war höchste Zeit, schon standen drei ruppige Wildschweine um den Gibbon herum; sie grunzten böse, und eins, dem vier mächtige gelbe Hauer aus der Steckdosenschnauze ragten, hatte einen der langen Arme des Gibbon gepackt und zerrte an ihm.

Vater hielt sich den Mantelknäuel vor den Bauch und gab dem Wildschwein einen Tritt. Es bekam einen Schreck; es ließ den Gibbon los und sprang quiekend zur Seite. Vorsichtig hob Vater den Gibbon nun auf und zog sich im Zeitlupentempo mit ihm zum Gitter zurück.

Ich war raufgeklettert und nahm ihm den Leblosen ab; er war wie tot; ich wunderte mich, wie leicht er sich anhob.

Jetzt hatte sich das Wildschwein wieder gefasst, es gurgelte eine Beschimpfung und raste mit gesenktem Schädel auf Vater zu. Der duckte sich und sprang zur Seite, und der Kopf des Wildschweins krachte gegen das Gitter. Es war sehr benommen darauf, und die Pause, die es zum Nachdenken brauchte, benutzte Vater, um wieder rüberzukommen.

Nun rannten alle Wildschweine ans Gitter und hoben die Rüssel und beschimpften uns grunzend und sahen uns heimtückisch an.

„Tut mir leid", sagte Vater zu dem, das sich den Kopf gerammt hatte, „war leider nicht anders zu machen."

Dann packten wir den Gibbon in Vaters Mantel ein und schlichen auf Umwegen zu dem Loch in der Mauer; wir wollten nicht gern gesehen werden, denn der Zooarzt war Veterinär, „und Pferdedoktoren", sagte Vater, „die verstehen sich nun mal auf Affenseelen nicht gut."

Doch es sah beinah so aus, als hätte der Gibbon seine schon ausgehaucht. Als Vater ihn zu Hause aufs Bett legte, war nicht mal sein Atem zu spüren. Vater horchte ihn ab.

Ich hielt so lange die Luft an, bis ich dachte, das Herz bliebe mir stehen. „Na –?", fragte ich schließlich.

Vater richtete sich auf; er räusperte sich, seine Stimme klang heiser. „Er lebt", sagte er dann. 130

Drei Tage lang machten wir kein Auge zu; wir saßen nur am Bett und krampften die Fäuste zusammen und schworen, dem Schicksal mindestens eine Mark einzugraben, wenn es den Gibbon wieder zu sich kommen ließe.

Am dritten Tag fing er dann auch an zu reden im Fieber; es war eine merkwürdige, sanfte und ans Zerbrechen von Gummibaumblättern erinnernde 135 Sprache.

„Er redet vom Urwald", sagte Vater, „und wohl auch von seinen Geschwistern und von den schmackhaften Käfern und Larven und zarten Lianentrieben, die er zu Hause gegessen hat."

Einmal wachte er auch auf und sah uns an. Er fletschte etwas die Zähne, aber 140 wir waren nicht sicher, ob es ein Lächeln bedeutete. Immerhin, er nahm uns ein wenig Milch ab, und am nächsten Tag aß er sogar schon Kartoffelpüree mit geriebenen Mohrrüben drin. Er schien sich nichts gebrochen zu haben; nur seine Seele hatte den Sturz zu den Wildschweinen noch nicht überwunden; sie hatte wohl schon zu viel Freiheit gewittert und konnte sich nun nicht so recht 145 damit abfinden, wieder gefangen zu sein. Auch die Stelle, an der ihn das Wildschwein gebissen hatte, begann ihm jetzt zu schaffen zu machen.

Zum Glück hatten wir bei der Apotheke Kredit; Vater legte dem Gibbon einen Verband an, und in den folgenden Tagen machten wir auch die ersten Gehversuche mit ihm. Wir nahmen ihn jeder an eine Hand und gingen langsam mit 150 ihm im Zimmer umher. Das mochte er gern; er sah zu uns auf und fletschte die Zähne dazu. Aber er hielt nie lange durch, er war noch zu schwach; der Sturz musste wohl doch allerhand in ihm durcheinandergeschüttelt haben.

Leider hatten wir nur in der Apotheke Kredit; die Lebensmittelgeschäfte borgten uns schon lange nichts mehr. Anfangs pumpten wir uns immer noch ein 155 paar Pfennige zusammen und kauften wenigstens dem Gibbon noch was zu essen. Aber wir hatten auch Hunger.

Ein paarmal gingen wir abwechselnd auf Froschjagd; die Frösche verkauften wir an das Seruminstitut[5] der Charité[6]; man kriegte da fünfzig Pfennige fürs Dutzend. Damit kamen wir ein bisschen weiter. Aber dann wollten sie eines Tages 160 keine Frösche mehr haben, und da wussten wir, jetzt war es endgültig aus.

Vater versuchte es noch mal mit Teppichklopfen; doch die Zeit des Frühjahrs-Großreinemachens war endgültig vorbei, und zu was anderem taugten wir nicht.

Einmal war ich im Zoo, um dem Gibbon im Affenhaus ein paar Erdnüsse zu 165 besorgen. Auf dem Rückweg erzählte mir der Mann an der Kasse, sie hätten eine Belohnung ausgesetzt: wer den Gibbon zurückbrächte, der bekäme zwanzig Mark ausbezahlt.

[5] *das Seruminstitut:* eine Einrichtung, die Impfstoff herstellt

[6] *die Charité:* das Universitätskrankenhaus von Berlin

Ich rannte nach Hause und erzählte es
Vater.

Vater saß auf dem Bettrand; seit wir dem
Gibbon kein Obst und kein Gemüse
mehr geben konnten, war er wieder
kränklich geworden; seine langen Arme
auf dem Deckbett sahen wie trockene
Farnrispen aus, und seine alten Weltau-
gen blickten abwesend ins Leere.

„Schäm dich", sagte Vater nach einer längeren Pause. Ich schämte mich auch; aber
in der Nacht kamen wir beide fast zur
gleichen Zeit drauf zu sprechen; wir hatten einfach zu großen Hunger.

Der Gibbon wusste genau, was ihm
bevorstand, als wir ihn am nächsten
Morgen dann einpackten. Er zog die
Mundwinkel runter und ließ pausenlos
den Kopf hin und her pendeln. Wir
kannten diese Geste an ihm, sie bedeutete Trauer.

Nur mühsam bezwang ich mich, nicht
zu heulen, und auch Vater begann schon
zu schlucken.

Aber im Hausflur legte der Gibbon Vater plötzlich die langen Arme um den
Hals, und da räusperte Vater sich, und wir machten wortlos kehrt und legten
den Gibbon wieder ins Bett.

Doch in der Nacht fing er an, in seiner Blätterzerknacksprache zu reden, und
da wussten wir, morgen musste er weg, er würde sonst sterben vor Hunger.

Ich war zu erledigt, um zum Zoo zu gehen; so sagte Vater ihnen Bescheid. Aber
als er dann wiederkam und sagte, er hätte es wirklich getan, da hielt ich es nicht
aus, dabei zu sein, wenn sie ihn holten; und ich lief weg und versteckte mich
bis zum Abend. Gegen sieben kam ich zurück.

Vater hatte schon eingekauft; er stand am Fenster und sah raus auf den Hof, wo
in der abgestorbenen Ulme die Drossel ihr Abendlied sang.

„Iss", sagte er.

„Und du –?", fragte ich. Vater sagte, er hätte schon.

Ich sah erst das Brot an, darauf die Wurst; von beidem war noch nichts abge-
schnitten. Da trat ich neben ihn, und wir kuckten eine Weile zusammen auf die
Müllkästen runter.

„Am liebsten", sagte ich, „würd ich's vergraben."

„Geht mir genauso", sagte Vater.

1 *Maren Gottschalk,* **Der Tag, an dem sie versteht** *(Seite 178)*

1. Beschreibe, welche Veränderungen die Machtergreifung Hitlers für die einzelnen Familienmitglieder mit sich bringt.

2. Stelle dar, wie Ruth die Emigration und die damit verbundenen Folgen erlebt.

3. Erkläre, was Ruth an diesem Tag verstanden hat.

4. Arbeite am Text heraus, welche Bedeutung das Lesen für Ruth gewinnt.

2 *Ruth Weiss,* **Meine Schwester Sara** *(Seite 180)*

1. Lege in eigenen Worten dar, um welchen Konflikt es im Text geht.

2. Erläutere, welche Welten sich im Text gegenüberstehen.

3. Sara ist Jüdin: Beschreibe die Reaktion des Vaters und die der Mutter.

4. Stelle dar, wie sich die Haltung des Vaters auf die Beziehung des Ich-Erzählers zum Vater und zur Mutter auswirkt.

3 *Marina Schnurre,* **Wolfdietrich Schnurre** *(Seite 182)*

1. Erläutere, welche besonderen Umstände die Kindheit von Wolfdietrich Schnurre prägen.

2. Untersuche, wie Wolfdietrich Schnurre die Machtergreifung Hitlers erlebt und vergleiche seine Erfahrung mit der von Ruth Weiss.

3. Beschreibe und beurteile das Verhalten des Direktors.

4. Arbeite heraus, was die Figuren in Schnurres Werk prägt und was dies mit den Erfahrungen seiner eigenen Kindheit zu tun hat.

Wolfdietrich Schnurre (1920–1989)

4 *Wolfdietrich Schnurre,* **Der Verrat** *(Seite 183)*

1. Suche im Text nach Hinweisen darauf, dass Vater und Sohn nicht genug zum Leben haben.

2. Beschreibe, wie es Vater und Sohn gelingt, sich über Wasser zu halten.

3. Untersuche das Verhalten des Gibbons vor seiner Flucht.

4. Stelle mit eigenen Worten dar, wie Vater und Sohn den Gibbon retten.

5. Erläutere den Titel und dessen Bezug zum Ende der Geschichte.

6. Diskutiert die Entscheidung von Vater und Sohn, den Gibbon dem Zoo zurückzugeben. Hätte es auch eine Alternative gegeben?

7. „... und ich lief weg und versteckte mich bis zum Abend." (Z. 198 f.) Ergänze den Text an dieser Stelle und erzähle, was der Junge an diesem Nachmittag tut, denkt und fühlt. Gib die Gedanken des Jungen in einem inneren Monolog (☞ S. 22) wieder.

Biografie und Schreiben

Roger Manderscheid
Gymnasium

Der Text ist ein Auszug aus dem Roman „Der Papagei auf dem Kastanienbaum" des luxemburgischen Autors Roger Manderscheid (1933–2010). Die Geschichte schildert die Nachkriegszeit in Luxemburg aus der Perspektive des jugendlichen Christian Knapp.

Im Klassenzimmer herrschte eine Atmosphäre zum Schneiden. Vor allem im Winter. Was ebenfalls an dem Ofen lag. Der Ofen stand vorne neben der Tafel. Es war ein hoher, runder Ofen, in dem man Holz und Kohlen verbrennen konnte. Wenn der Geschichtsprofessor Petit morgens in der ersten Stunde auf
5 der Septima B war, taute er zunächst einmal eine ganze Weile sein gläsernes Auge auf. Er hielt sein Taschentuch gegen den Ofen und tupfte damit auf sein rechtes Auge, während er den Schülern von den römischen Kaisern erzählte. Auch die Lampen, die von der Decke hingen, dicke, runde Kugeln, produzierten ein derart schweres, honigfarbenes Licht, dass Christian das Gefühl hatte,
10 dieses Licht da hättc ein Bauer in einen Sack stecken und auf den Feldern aussäen können. Und dann der Geruch des Holzes. Der Bänke und des Fußbodens. Nach Harz und nach Tannenrinden. Wenn der Fußboden frisch geölt worden war, war er beinahe schwarz. Dieser Geruch blieb einem im Halse stecken, so sehr kratzte er. Wenn es zudem draußen regnete und die Tropfen
15 vom Wind gegen die Fenster gejagt wurden, wurde es mit einem Mal, sofern nicht gerade eine Klassenarbeit auf dem Programm stand, richtig gemütlich in dem großen Raum. Christian riss Augen und Ohren auf, um nicht in aller Ruhe einzudösen, saß steif in seiner Bank, auch drei Monate nach Schulbeginn immer noch fest davon überzeugt, nach den Weihnachtsferien zuhause bleiben
20 zu müssen. Eine Ungenügende im Rechnen stand jetzt schon fest. Latein war gar nicht so kompliziert, wie er befürchtet hatte. Im Französischen begann der Unterricht wieder von vorne. Das alles beherrschte er bereits. Geschichte langweilte ihn. All diese Geschichtchen über all diese Völkchen, die längst untergegangen und in der Erde verscharrt waren. Wo sind eigentlich die Milliarden
25 und Milliarden von Toten, die es bisher auf der Welt gegeben hat? Wo liegen ihre Knochen? Wie lange dauert es noch, bis dieser Knochenberg so hoch ist, dass sein Gipfel an die Wolken reicht? Auf solche Wege gerieten seine Gedanken, wenn Petit von den Kriegen von Cäsar und anderen Kaisern erzählte und schwärmte. Was lag Christian an den Germanen, den Ostgoten, den Franken,
30 den Wikingern, den Normannen, den Belgiern und den Aquitanern? Das einzig Interessante an Hannibals Schlachten waren die Elefanten und ihr berühmter Marsch über die Alpen. Darunter konnte er sich wenigstens etwas vorstellen. Was vorbei ist, ist vorbei. Ist tot. Rührt sich nicht mehr. Soll man vergessen. Mich interessiert, was jetzt ist, jetzt geschieht, und das, was in Zukunft sein

wird. Das sollen sie uns erzählen: etwas über das Leben von morgen und über- 35
morgen, wenn ich erwachsen sein werde, etwas über die Erfindungen der Amerikaner, doch darüber spricht niemand, das gehört nicht in eine Gymnasiumsklasse. In sämtlichen Zeitungen steht geschrieben, dass die Amerikaner die Atome spalten und damit irgendwann billigen Strom für die ganze Menschheit produzieren werden, dass sie Flugzeuge mit Düsenantrieb bauen, die in den 40
kommenden zwanzig Jahren immer höhere Geschwindigkeiten erreichen werden, sodass man sich vorstellen kann, morgens in Luxemburg zu frühstücken, mittags in New York zu Mittag und abends wieder zuhause zu Abend zu essen. Das wird's einmal geben, sagte Räm. Hie und da brachen seine Gedanken aus, machten sich selbstständig, schlugen, angeregt von den Erzählungen des Profes- 45
sors, die fantastischsten Umwege ein. Dann tauchten, mitten in der Mathematikstunde, nacheinander Jull, Aline und Giovanna auf. Stellten sich, unsichtbar, wie sie für die übrigen Schüler waren, hinter den Professor und ahmten dessen Gesten nach oder setzten ihm, von hinten, Hörner auf. Dann brach er in lautes Lachen aus, sodass alle ihn anstarrten und sich fragten, ob ein Pferd ihn getreten 50
habe. Obwohl Giovanna ihn kläglich im Stich gelassen hatte, kirmesmontagabends, als sie noch einmal zum Tanzen gegangen waren. An dem Abend hatte sie nur ein einziges Mal mit ihm und zwanzig Mal mit Michel getanzt. An dem Abend saß er neben der Tanzmusik, eifersüchtig und plattgeschlagen wie ein Soldat zweiter Klasse, dem die Klasse abhanden gekommen ist. Böse war er auf 55
die schwarze Windhexe aus der Minettegegend, wie sein Vater Giovanna bezeichnet hatte, nur an jenem Abend, am nächsten Tag, in der Schule, verflog seine Wut wie von selbst. *Was hätte er auch mit Giovanna anstellen sollen? In seinem Alter?*

Zuhause konnte oder wollte, mit Ausnahme seiner Mutter, niemand mit ihm 60
lernen. Weil nie jemand Zeit hatte (oder nie jemand richtig Lust). Häufig saß er dort am runden Tisch und schrieb, und um ihn herum saßen, wie vor dem Krieg, Onkel Vic, Tante Marie und, nach langer Zeit wieder einmal, Felix, redeten und lachten. Er musste sich gehörig konzentrieren, um nicht dauernd von seinen Hausaufgaben wegzugleiten und einfach zuzuhören. Das tat er ohnehin 65
stets, mit einem Ohr. In jener Zeit kamen in den Gesprächen Namen wie Hermann Göring, Rudolf Hess, Baron von Neurath, Fritz Sauckel, Baldur von Schirach, Julius Streicher, Erich Raeder, Frick und Seyss-Inquart vor, und jeder war überzeugt, dass demnächst der Nürnberger Kriegsverbrecherprozess beginnen würde. Damit diese Blutsäufer endlich aufgehängt werden, sagte Felix. Mit 70
was für Dummheiten sich die Erwachsenen beschäftigen, dachte Christian, jetzt, da der Krieg zu Ende ist, ist es doch gleichgültig, was mit denen passiert, Hauptsache, der Krieg ist vorbei. Und dennoch stellte er sich vor, wie der dicke Göring am Galgen hing, den Hals in der Schlinge und die Wangen rot geschwollen. Nominativ: rosa, Genitiv: rosae, Dativ: rosae, Akkusativ: rosam, 75
Ablativ: rosa, deklinierte er, und seine Mutter verglich mit dem Buch.

1. Arbeite Christians Verhältnis zur älteren und jüngeren Geschichte heraus.

2. Informiere dich in der Bibliothek, im Internet und bei Zeitzeugen über das Leben in Luxemburg in den Jahren nach dem Zweiten Weltkrieg.

3. Ergänze den Lebenslauf von Roger Manderscheid. Füge dazu die Informationen bzw. die Verben aus der Randspalte an passender Stelle in den Text ein. Verwende das korrekte Tempus.

Kindheit und Jugend

- 1. März 1933 in Itzig
- Athenäum in Luxemburg von 1945–1952
- drei Monate Vertretungslehrer in Consdorf

Roger Manderscheid

wurde

_____

_____

_____

_____.

Roger Manderscheid (1933–2010)

Von _____ bis _____ besuchte er _____

_____.

Anschließend _____

_____ tätig.

Beruf / Erwachsenenleben

- 1953 bis 1956 Reserveoffizier der Luxemburger Armee
- 1956 bis 1973 Eisenbahnbeamter
- dann Beamter im Arbeitsministerium
- Beamter im Kulturministerium von 1977–1993

Nachdem er von _____ bis _____

_____,

arbeitete er _____

_____.

Danach wechselte er als _____

_____. Schließlich

_____

_____

_____.

→

Schriftstellerische Tätigkeit

beeindrucken/berichten/empfinden/ehren/erhalten/sich festlegen/finden/kennen/schreiben/sein (3 x)/übertragen/verfassen/verfilmen

Roger Manderscheid _____ einer der bedeutendsten luxemburgischen Schriftsteller des ausgehenden 20. und beginnenden 21. Jahrhunderts. Er _____ in luxemburgischer und deutscher Sprache. Seine Werke _____ durch ihre Vielseitigkeit und den originellen Schreibstil. So _____ er _____ nie auf einen bestimmten Literaturzweig _____ _____, sondern _____ sowohl Kurzgeschichten als auch Romane, Gedichte und Hörspiele. Zudem _____ Roger Manderscheid auch ein begeisterter Maler und Polaroid-Fotograf. Bis 1997 _____ er Präsident, anschließend Ehrenpräsident des Luxemburger Schriftstellerverbandes. Ein breites Publikum _____ ihn als Autor des in luxemburgischer Sprache verfassten Romans „Schacko Klak", der 1990 _____ _____. In diesem Buch _____ er, wie er die Kriegszeit als kleiner Junge _____ _____. Eine Fortsetzung _____ diese Geschichten im Roman „De Papagei um Käschtebam" mit Szenen aus der Nachkriegszeit. Für dieses Prosawerk, das auch ins Deutsche _____,

	_____ er 1992 den Literaturpreis der "Fondation Servais". Bereits 1990 _____ _____ man ihn mit dem Nationalen Literaturpreis "Prix Batty Weber" _____ _____ .
Lebensende † 1. Juni 2010	Roger Manderscheid _____ im Alter von 77 Jahren.

4. Arbeite heraus, welchen Bezug es zwischen Roger Manderscheids Leben und dem im Romanauszug "Gymnasium" geschilderten Geschehen gibt. Ermittle dazu auch die Erzählperspektive (☞ S. 22).

5. Schau dir die Texte im Lesebuchteil noch einmal an. Finde heraus, ob Erzähler und Autor ein und dieselbe Person sind. Ziehe dazu die Informationen über die Autoren im Register am Ende deines Buches zu Rate. Recherchiere wenn nötig mehr über das Leben der Autoren.

Erklärung

das Register: das alphabetische Verzeichnis der Namen oder Begriffe in einem Buch

6. Stelle mithilfe der nachfolgenden Begriffsdefinitionen fest, um welche Art von Text es sich jeweils handelt.

- Die **Biografie** ist die Beschreibung der Lebensgeschichte einer Person durch einen Autor oder Journalisten.
- In einer **Autobiografie** stellt eine bekannte Persönlichkeit (Schriftsteller, Schauspieler, Politiker ...) die eigene Lebensgeschichte in literarischer Form dar.
- **Autobiografische Erzählungen und Romane** sind literarisch gestaltete, wirklichkeitsnahe Darstellungen eigener Lebenserfahrungen durch einen Autor, wobei die Lebensbeschreibung nicht in allen Details mit der tatsächlichen Biografie übereinstimmen muss.

7. Markiere in den Texten des Lesebuchteils autobiografische Äußerungen der vorgestellten Persönlichkeiten.

8. Untersuche, inwiefern sich die Lebenserfahrungen von Ruth Weiss und Wolfdietrich Schnurre in ihren Erzählungen widerspiegeln.

Personenbeschreibung und Personengestaltung

Personenbeschreibung

Ein Selbstporträt

In einem Interview mit der Autorin Maren Gottschalk 1999 erinnert sich Ruth Weiss an ihre Zeit als Teenager, die nicht besonders glücklich war:

„Ich mochte mich überhaupt nicht, ich hatte vorstehende Zähne, und dann dieses krause schwarze Haar, und meine Brille störte mich auch. Was ich ganz schön fand an mir, war, dass ich ganz sportlich aussah, obwohl ich es ja gar nicht war, ich war schlank und konnte mich gut bewegen …"

1. Sicher hast auch du dich schon einmal kritisch im Spiegel betrachtet. Wie würdest du dich selbst beschreiben? Welches sind deine Vorzüge? Schreibe ein Selbstporträt.

Ruth Weiss, Meine Schwester Sara (Textausschnitt 2)

Als Sara, die Waise aus Deutschland, in Südafrika eintrifft, erwartet ihre neue Familie sie am Hafen.

Pa nickte, kehrte sich von uns ab und ging mit seinen festen Schritten auf das Gebäude zu, die Kleine uns überlassend. Es ist zu schnell gegangen, beschwerte sich Ma, die Erzieherin sprach zu schnell, frag, wie sie heißt, ich hab's nicht richtig verstanden. Sie hatten mich mitgenommen, weil ich in der Schule Deutsch lernte. Blickte zum ersten Mal in die großen dunkelblauen Augen, deren Tiefe mich verblüffte, sah ein schmales, ovales Gesicht, umrahmt von zerzausten, hellen Locken. Die Haut war blass, sie schien fast durchsichtig. Es schien mir, als ob sie nicht von dieser Welt sei […]. War sie hübsch? Ich war mir nicht sicher. Anziehend. Faszinierend. Aber hübsch, das waren meine Schwestern, mit ihren lebhaften Augen und pausbäckigen Gesichtern, ihren langen Zöpfen. Ich stellte dem Kind die mir aufgetragenen Fragen. Es antwortete nicht. Nur die Augen schienen zu sprechen. Ich konnte den Ausdruck seines Gesichtes nicht deuten, ob es ängstlich oder erfreut war, es hatte die Lippen fest zusammengepresst, schien lächeln zu wollen. Ich wiederholte die Frage mit anderen Worten. „Wie hat dich deine Mama gerufen?"
Diesmal senkte es den Kopf, auf dem es eine rote Kappe trug, die unter dem Kinn mit einem Band festgehalten war, ich spürte, wie sein Körper unerwartet zitterte, da ich noch seine schmalen Schultern umklammerte. Die Kleine blieb stumm. Ihr Gesichtsausdruck änderte sich nicht, es war, als ob sie eine Maske

20 aufgesetzt hätte. War sie den Tränen nah? Ich schüttelte den Kopf, als Ma nochmals nach dem Namen drängte. Dachte, wie dumm von mir, sie ist etwa drei Jahre alt, der Krieg ist seit drei Jahren vorbei, sie kann ihre Mutter nicht gekannt haben. Außerdem ist sie vielleicht irgendwie behindert, sie sieht nicht sehr kräftig aus.

2. Untersuche, wie der Ich-Erzähler Sara beschreibt: Notiere, was du zu folgenden Punkten erfährst: Geschlecht, Alter, Größe, Gestalt, Kleidung, Gesicht, Haar, Mimik, Gestik ...

3. Fertige ein Bild von Sara an.

4. Ein paar Tage später ist Sara spurlos verschwunden. Die Eltern des Ich-Erzählers gehen zur Polizei und geben eine Vermisstenanzeige auf. Schreibe diese Vermisstenanzeige, in der du sachlich alle Angaben zum Aussehen und zur Person Saras festhältst.

5. Um eine Person treffend zu beschreiben, benötigt ihr einen entsprechenden Wortschatz. Sammelt weitere beschreibende Adjektive und Ausdrücke.

Körpergestalt:	kräftig, untersetzt ...	Nase:	Hakennase, Stupsnase ...
Körperhaltung:	verkrampft, gebückt ...	Mund:	schmale Lippen, wulstig ...
Kleidung:	elegant, nachlässig ...	Zähne:	gerade, vorstehend, Zahnspange ...
Gesichtsform:	oval, rund ...	Ohren:	Segelohren, anliegend ...
Haare:	gelockt, strähnig ...	Kinn:	ausgeprägt, fliehend ...
Augen:	groß, weit oder eng zusammenstehend	Hals:	dünn, faltig ...
Stirn:	hoch, niedrig, flach ...	Haut:	rosig, mit Sommersprossen übersät ...

6. Wichtig für die Beschreibung ist nicht nur die Person, sondern auch die Umgebung, in der sie sich befindet. Auch diese sollst du mit beschreiben. Überlege, wo sich der Junge auf dem Bild aufhält.

Jabulane Jele (13) schaut mit anderen verwaisten Kindern der US-Nationalmannschaft beim Fußballspielen zu. Trotz der schwierigen Vergangenheit erwartet sie eine vielleicht eine bessere Zukunft.

7. Beschreibe den Jungen auf dem Foto, seine Umgebung und seine Stimmung.

Personenbeschreibungen kommen in verschiedenen Situationen vor:

- Als **Steckbrief** oder **Suchmeldung**, wenn eine Person gesucht oder vermisst wird
- In einer **Biografie** oder **Autobiografie**, wenn eine reale Person beschrieben wird
- Als **direkte Charakterisierung** einer fiktiven Person in einem literarischen Werk

In der **Personenbeschreibung** wird das **Äußere** eines Menschen beschrieben. Auch hier gilt die Regel: vom Allgemeinen zum Besonderen.

Beachte beim Verfassen einer Beschreibung:

➤ In der **Einleitung:**

- Mache bei einem Bild Angaben zum Foto (Name des Fotografen, Entstehungszeit/-ort, Ort der Veröffentlichung, besondere Umstände der Entstehung ...).
- Gib bei einer dir bekannten Person an, woher du die Person kennst, in welcher Beziehung du zu ihr stehst und warum du sie beschreibst.

➤ Im **Hauptteil:**

- Beschreibe zunächst, wie (Nahaufnahme, Großaufnahme ...) und in welcher Situation die Person dargestellt wird.
- Anschließend machst du Angaben zu **Geschlecht**, **Alter** und **Größe** (geschätzt).
- Sodann beschreibst du Körpergestalt und -haltung (Gestik) sowie die Kleidung.
- Dann werden Gesicht und Mimik beschrieben.

➤ Im **Schluss:**

- Beschreibe den Eindruck, den die Person auf dich macht. Dabei solltest du überlegen, ob Mimik und Gestik Rückschlüsse auf Gedanken und Gefühle der Person zulassen, und diese entsprechend formulieren.

Die Personenbeschreibung steht im Präsens.

8. Schau dir das Foto von Ruth Weiss an. Beschreibe die Autorin.

9. Beschreibe deine beste Freundin/deinen besten Freund oder eine andere Person aus deiner Familie oder deinem Bekanntenkreis. Füge deiner Beschreibung ein Foto bei.

Personengestaltung

1. Wolfdietrich Schnurre beschreibt in seinem Text „Der Verrat" (S. 183) den Vater auch über sein Handeln und seine Aussagen. Suche weitere Textstellen heraus, die etwas über den Vater und seinen Charakter verraten. Gib an, was du dabei über ihn erfährst.

Textstelle	Charaktereigenschaften des Vaters
Vater stand jetzt wieder früher auf, und wir gingen morgens immer in den Tiergarten, wo wir uns auf eine Bank in der Sonne setzten und dösten oder uns Geschichten erzählten, in denen Leute vorkamen, die Arbeit hatten und jeden Tag satt wurden. (Z. 6 ff.)	– Der Vater lässt sich trotz seiner Arbeitslosigkeit nicht gehen. – Der Vater kümmert sich um seinen Sohn. – Der Vater ist gelassen und vermittelt seinem Sohn eine positive Einstellung zum Leben. – Der Vater hat Fantasie.
War die Sonne mal weg, oder es regnete, gingen wir in den Zoo. Wir kamen umsonst rein; Vater war mit dem Mann an der Kasse befreundet. (Z. 10 f.)	
Vater sagte immer: „Wenn das stimmt mit der Seelenwanderung und so, dann wäre es wohl das Beste, als Gibbon wiederzukommen." (Z. 30 f.)	
Einmal fanden wir ein Portemonnaie mit zwanzig Pfennigen drin. Erst wollten wir uns Brötchen kaufen; aber dann nahmen wir uns zusammen und kauften dem Gibbon ein Viertelpfund Rosinen dafür. (Z. 32 ff.)	
...	

Personengestaltung untersuchen

Um herauszufinden, wie ein Erzähler die Personen seiner Geschichte gestaltet, muss man untersuchen, welche Verhaltensweisen und Handlungen mitgeteilt und mit welchen Ausdrücken diese dargestellt werden. Dabei können die Adjektive besonders wichtige Hinweise geben.

Lasst uns reden!

Eugen Roth
Das Ferngespräch

Ein Mensch spricht fern, geraume Zeit,
mit ausgesuchter Höflichkeit,
legt endlich dann, mit vielen süßen
Empfehlungen und besten Grüßen,
5 den Hörer wieder auf die Gabel –
doch tut er nochmal auf den Schnabel,
(nach all dem freundlichen Gestammel)
um dumpf zu murmeln: Blöder Hammel!
Der drüben öffnet auch den Mund
10 zu der Bemerkung: Falscher Hund!
So einfach wird oft auf der Welt
die Wahrheit wieder hergestellt.

Liegt ein Sportler im Bett. Kommt der Arzt und misst Fieber. Sagt der Arzt: „Oh, Sie haben fast 40 Grad." Antwortet der Sportler: „Und bei wie viel Grad liegt der Weltrekord?"

„Nun, Fritz", fragt der Lehrer in der Schule, „hast du gestern auch eine gute Tat getan, wie ich es euch geraten hatte?" – „O ja, das habe ich, Herr Lehrer", erwidert Fritz strahlend. „Ich habe unseren Hund auf einen Mann gehetzt, der auf dem Weg zum Bahnhof war." – „Was?! Und das nennst du eine gute Tat?", fragt der Lehrer tadelnd. „Jawohl, Herr Lehrer", beteuert Fritz, „auf diese Weise hat er seinen Zug noch erreicht."

Fragt der Sohn seinen Vater:
„Sag mal, Papa, wer ist wohl meistens der Klügere, der Sohn oder der Vater?"
„Natürlich der Vater, mein Sohn."
„Du, und weißt du, wer die Relativitätstheorie aufgestellt hat?"
„Das weiß ich wohl – das war Albert Einstein."
„Aha. Und warum war es nicht sein Vater?"

Das Telefon im Restaurant klingelt. Ein Ober nimmt ab.
„Guten Tag, ich würde gerne bei Ihnen heute einen Tisch bestellen!"
Der Ober antwortet sauer: „Wie oft soll ich noch sagen, dass wir keine Möbel verkaufen?"

Aufgaben: Seite 204

Loriot

Feierabend

Situation: Ein älteres Ehepaar ist zu Hause. Der Mann sitzt gemütlich in seinem Sessel, während seine Frau in der Küche arbeitet.

Sie: „Hermann …"
Er: „Ja …"
Sie: „Was machst du da?"
Er: „Nichts …"
5 Sie: „Nichts? Wieso nichts?"
Er: „Ich mache nichts …"
Sie: „Gar nichts?"
Er: „Nein …"
(Pause)
10 Sie: „Überhaupt nichts?"
Er: „Nein, ich sitze hier …"
Sie: „Du sitzt da?"
Er: „Ja …"
Sie: „Aber irgendwas machst du doch?"
15 Er: „Nein …"
(Pause)
Sie: „Denkst du irgendwas?"
Er: „Nichts Besonderes."
Sie: „Es könnte ja nicht schaden, wenn du mal etwas spazieren gingest."
20 Er: „Nein, nein."
Sie: „Ich bringe dir deinen Mantel."
Er: „Nein, danke."
Sie: „Aber es ist zu kalt ohne Mantel."
Er: „Ich gehe ja nicht spazieren."
25 Sie: „Aber eben wolltest du doch noch …"
Er: „Nein, du wolltest, dass ich spazieren gehe."
Sie: „Ich? Mir ist es doch völlig egal, ob du spazieren gehst."
Er: „Gut …"
Sie: „Ich meine nur, es könnte dir nicht schaden, wenn du mal spazieren
30 gehen würdest."
Er: „Nein, schaden könnte es nicht."
Sie: „Also, was willst du denn nun?"
Er: „Ich möchte hier sitzen."
Sie: „Du kannst einen ja wahnsinnig machen!"
35 Er: „Ach …"

Sie: „Erst willst du spazieren gehen, dann wieder nicht. Dann soll ich deinen Mantel holen, dann wieder nicht. Was denn nun?"

Er: „Ich möchte hier sitzen…"

Sie: „Und jetzt möchtest du plötzlich da sitzen."

40 Er: „Gar nicht plötzlich, ich wollte immer nur hier sitzen und mich entspannen."

Sie: „Wenn du dich wirklich entspannen wolltest, würdest du nicht dauernd auf mich einreden!"

Er: „Ich sag ja nichts mehr."

45 (Pause)

Sie: „Jetzt hättest du doch mal Zeit, irgendwas zu tun, was dir Spaß macht."

Er: „Ja …"

Sie: „Liest du was?"

Er: „Im Moment nicht."

50 Sie: „Dann lies doch mal was."

Er: „Nachher, nachher vielleicht."

Sie: „Hol dir doch die Illustrierten."

Er: „Ich möchte erst noch etwas hier sitzen."

Sie: „Soll ich sie dir holen?"

55 Er: „Nein, nein, vielen Dank."

Sie: „Will der Herr sich auch noch bedienen lassen, was?"

Er: „Nein, wirklich nicht."

Sie: „Ich renne den ganzen Tag hin und her. Du könntest doch wohl einmal aufstehen und dir die Illustrierten holen."

60 Er: „Ich möchte jetzt nicht lesen."

Sie: „Dann quengle doch nicht so rum."

Er schweigt.

Sie: „Hermann!"

Er schweigt.

65 Sie: „Bist du taub?"

Er: „Nein, nein."

Sie: „Du tust eben nicht, was dir Spaß macht, stattdessen sitzt du da!"

Er: „Ich sitze hier, WEIL es mir Spaß macht!"

Sie: „Sei doch nicht gleich so aggressiv!"

70 Er: „Ich bin doch nicht aggressiv!"

Sie: „Warum schreist du mich dann so an?"

Er: „ICH SCHREIE DICH NICHT AN!"

Max Bolliger

Sonntag

„Was möchtest du?", fragte der Vater.

Daniela studierte die Karte und entschied sich für Riz colonial. „Gern!", sagte der Kellner. Er behandelte Daniela wie eine Dame. Das Restaurant war bis auf den letzten Platz besetzt. Am Nebentisch saß ein Ehepaar mit zwei Kindern. Die beiden stritten 5 sich wegen einer kleinen Puppe aus Plastik. Die Mutter versuchte den Streit zu schlichten. Daniela sah, wie der Junge seine Schwester unter dem Tisch dauernd mit den Füßen stieß. Das Dessert machte dem Gezänk ein Ende. Daniela erinnerte sich, wie sehnlichst sie sich einmal ein Schwesterchen gewünscht hatte. 10

„Wie geht es in der Schule?", fragte der Vater.

„Wie immer", antwortete Daniela.

„Wird es fürs Gymnasium reichen?"

„Ja, ich hoffe es."

Daniela wusste genau, dass ihre Noten weder in Mathematik noch in Franzö- 15 sisch genügten. Dann eben eine kaufmännische Lehre... oder Arztgehilfin... Sie wollte jetzt nicht daran denken.

„Für mich waren Prüfungen nie ein Problem", sagte der Vater. Daniela war froh, als der Kellner das Essen brachte. Der Reis mit Fleisch und Früchten schmeckte ihr. 20

„Deine Mutter konnte nie richtig kochen", sagte der Vater.

Daniela gab darauf keine Antwort.

„Ich brauche einen neuen Wintermantel", sagte sie.

„Schon wieder?"

„Ich bin seit dem letzten Jahr zehn Zentimeter gewachsen." 25

„Wofür bezahl' ich eigentlich Alimente?"

„Mutter sagt, das Geld reiche nur für das Nötigste."

„Gut! Aber ich will die Rechnung sehen."

„Wünschen die Herrschaften ein Dessert?"

Der Kellner versuchte mit Daniela zu flirten. 30

„Nein, danke!", sagte sie, obwohl sie sich heute früh in der Kirche ausgedacht hatte, Vanilleeis mit heißer Schokoladensoße zu essen. Nach dem Essen fuhren sie am See entlang. Der Vater hatte ein neues Auto. Er sprach über Autos wie die Jungen in der Schule. Daniela verstand nicht, warum man sich über ein Auto freuen konnte, nur weil es einen starken Motor hatte. Aus dem Radio 35 erklang Volksmusik. Sie fiel Daniela auf die Nerven. Aber sie stellte sie trotzdem lauter.

„Hast du viel Arbeit?", fragte sie.

„Wir bauen eine neue Fabrik."

Der Vater war Ingenieur. Daniela betrachtete ihn von der Seite, neugierig, wie 40 einen Gegenstand. Sein Gesicht war braun gebrannt, sportlich. Der Schnurrbart stand ihm gut. Hatte er ihre Gedanken erraten?

„In zwei Wochen werde ich vierzig! Aber alle schätzen mich jünger."
Daniela lachte. Ihr schien er älter.

45 „Wie alt bist du eigentlich?"

„Hundert!", sagte Daniela.

„Nein, ehrlich…!"

„Das solltest du doch wissen. Du fragst mich jedes Mal… Im Februar dreizehn."

„Dreizehn! Hast du einen Freund?"

50 „Nein!", sagte Daniela.

„Das wundert mich. Du siehst hübsch aus!" „Findest du?" „So…erwachsen!"

Auf einer Terrasse am See tranken sie Kaffee. Daniela beobachtete die Segelschiffe. Der schöne Herbstsonntag hatte unzählige Boote aufs Wasser hinausgelockt. Der Vater war verstummt und schaute alle fünf Minuten auf seine Uhr.

55 „Ich habe um vier Uhr eine Verabredung."

„Also, gehen wir doch", sagte Daniela und erhob sich.

Der Vater schien erleichtert. „Ich bringe dich nach Hause", sagte er.

„Ach, du bist schon wieder da?", sagte die Mutter.

Sie war noch immer im Morgenrock. Während der Woche arbeitete sie halbtags
60 in einer Modeboutique.

„Sonntags lasse ich mich gehen", sagte sie zu ihren Freunden, „sonntags bin ich nicht zu sprechen."

„Er hatte eine Verabredung", erzählte Daniela.

Die Mutter lachte. „Ich möchte wissen, warum er eigentlich darauf besteht,
65 dich zu sehen. Im Grunde liegt ihm doch nichts daran. Nur weil es das Gericht so entschieden hat und um mich zu ärgern."

Daniela wurde wütend. „Es geht ihm ausgezeichnet", sagte sie. „Er hat sich ein neues Auto gekauft und sieht prima aus."

Die Mutter zuckte bei ihren Worten zusammen.

70 „Und den Wintermantel?", fragte sie. „Bewilligt!"

Die Mutter griff sich mit der Hand an die Stirne.

„Diese Kopfschmerzen!", stöhnte sie. „Hol mir eine Tablette im Badezimmer!"

Daniela gehorchte.

75 „Ich gehe jetzt", sagte sie nachher.

„Hast du keine Aufgaben?"

„Nein!"

„Aber komm nicht zu spät zurück!"

„Ich esse bei Brigitte."

80 „Gut, bis neun Uhr. Ich lege mich wieder hin."

Als Daniela die Tür des Lokals öffnete, schlug ihr eine Welle von Rauch- und Kaffeegeruch entgegen. An den niederen Tischen saßen junge Leute, die meisten in Gespräche vertieft. Die Wände waren mit Poster tapeziert. Danielas Augen gewöhnten sich allmählich an das Halbdunkel. Suchend schaute sie sich um. Der Discjockey nickte Daniela zu. „Well, I left my happy home to see what I could find out", sang Cat Stevens. Ja, er hatte Recht. Um herauszufinden, wie die Welt wirklich war, musste man sein Zuhause verlassen. Heinz hatte Daniela den Text übersetzt. Heinz war schon sechzehn Jahre alt. Sie war stolz darauf. Er saß in einer Ecke und winkte. Aufatmend setzte sich Daniela neben ihn. Er legte einen Arm um ihre Schultern. „Hast du den Sonntag überstanden?", fragte er.

„Ja, Gott sei Dank!"

„War es schlimm?"

„Es geht ... wie immer."

„Mach dir nichts draus."

Daniela kuschelte sich an ihn.

„Was meinst du, werden wir es besser machen?", fragte sie. „Wenn wir einmal erwachsen sind?"

In ihrer Stimme klangen Zweifel.

„Natürlich", sagte Heinz, „natürlich werden wir es besser machen."

Eugen Roth, **Das Ferngespräch und Witze** *(Seite 198 und 199)*

1. Beschreibe, wie die beiden Gesprächspartner sich während des Gesprächs und nach dem Telefonat zueinander verhalten.

2. „Du sollst immer die Wahrheit sagen." „Du sollst nicht unhöflich sein." Sprecht darüber, in welchen Situationen es schon mal schwierig war, beides zu befolgen.

3. Erläutere, auf welchen Missverständnissen die verschiedenen Witze beruhen.

Loriot, **Feierabend** *(Seite 200)*

1. Beschreibe die unterschiedlichen Erwartungen des Mannes und der Frau.

2. Analysiere, warum das Gespräch scheitert.

Max Bolliger, **Sonntag** *(Seite 202)*

1. Untersuche das Gespräch zwischen Daniela und ihrem Vater und halte fest, was dieses über die Beziehung zwischen Vater und Tochter aussagt.

2. Analysiere den Dialog zwischen Daniela und ihrer Mutter.

3. Stelle dar, wie die Eltern zueinander stehen.

4. „Natürlich", sagte Heinz, „natürlich werden wir es besser machen." (Z. 101)
Klärt, was Heinz mit „es" meint, und diskutiert darüber, was die beiden besser machen können. Nennt konkrete Verbesserungsvorschläge.

5. Überlege, welche Gedanken Daniela an folgenden Stellen des Dialogs durch den Kopf gehen. Formuliere diese im Präsens und in der Ich-Form.

a) „Deine Mutter konnte nie richtig (...).
Daniela gab darauf keine Antwort. (Z. 21 f.)

b) „Wie alt bist du eigentlich?" (Z. 45) bis „Nein!", sagte Daniela. (Z. 50)

Kommunikation

Die vier Seiten einer Nachricht

In den Texten im Lesebuchteil geht es häufig um Gespräche. Oft laufen sie nicht so, wie man es sich eigentlich wünschen würde.

Dass Unterhaltungen so schwierig sein können, kommt daher: Selten hört und versteht jemand genau das, was wir ihm sagen wollen. Ebenso geht es uns, wenn wir Zuhörer sind.

Beispiel:

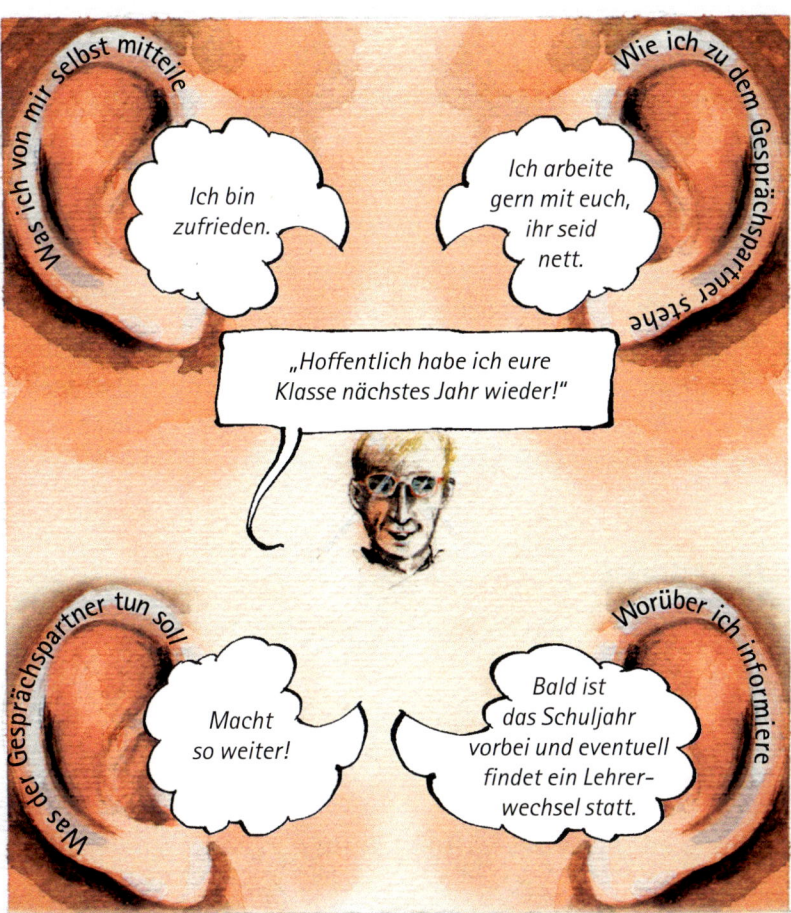

1. Besprich mit deiner Klasse, welche der vier folgenden Äußerungen jeweils welchem der vier Ohren entspricht:

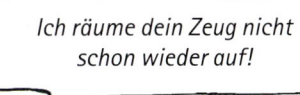

- In deinem Zimmer liegt alles durcheinander.
- Ich bin genervt.
- Räume deine Sachen selbst auf.
- Ich bin sauer auf dich, weil du schlampig bist.

2. Ina kommt in diesem Schuljahr häufig zu spät. Heute Morgen wird sie von Frau Zöllner, ihrer Mathematiklehrerin, beim Betreten des Klassenzimmers mit dem Satz „Der Unterricht beginnt um 7.45 Uhr!" begrüßt.
Schreibe zu jeder Seite des „Vier-Ohren-Modells" einen erläuternden Satz auf.

3. Als Ina um 15.00 Uhr nach Hause kommt, hat Frau Zöllner bereits mit Inas Mutter telefoniert. Diese führt mit ihrer Tochter ein Gespräch über die häufigen Verspätungen. Bildet in eurer Klasse Vierergruppen. Jede Gruppe hat als Bezugsperson entweder Ina oder ihre Mutter. Schreibt nun in der Gruppe einen kurzen Dialog zwischen den beiden, in dem eine der vier Seiten des „Ohren-Modells" im Vordergrund steht. Spielt anschließend eure Dialoge in einem Rollenspiel vor der Klasse. Vergleicht dann die unterschiedlichen Gesprächsverläufe.

Missverständnisse

1. Vergleiche die Antworten von Thomas. Worum geht es Max nach Thomas' Meinung im ersten Beispiel und worum im zweiten Beispiel?

2. Situation A: Claudia und Anna besuchen gemeinsam Janina, wo sie Musik hören und sich unterhalten. Plötzlich sagt Anna zu Claudia: „Ich möchte jetzt nach Hause gehen." Claudia antwortet: „Ich bleibe aber noch." Annas Reaktion: „Ich habe auch nicht gesagt, dass du mitkommen sollst. Ich wollte ja nur sagen, was ich jetzt mache."
Situation B: Ina kommt in die Klasse und stellt fest, dass Max einen neuen Haarschnitt hat. Diese Frisur hat sein Aussehen völlig verändert. „Wie siehst du denn aus?", ruft sie. „Kümmere dich um dein eigenes Aussehen", gibt dieser zurück. „Mensch, ich war doch nur so überrascht, ich habe dich erst gar nicht wiedererkannt. Aber der Schnitt ist toll", sagt sie daraufhin.

Erkläre die Entstehung dieser Missverständnisse, indem du die Begriffe *Selbstmitteilung*, *Appell* und *Beziehungsseite* verwendest.

3. Vergleiche den Dialog von Thomas und Max (☞ S. 206) mit dem folgenden zwischen Anja und Tina. Mit welcher Methode beugt Tina einem möglichen Missverständnis vor?

Tina, wenn ich nur wüsste, wo ich meine Lieblings-CD habe. Sag mal, habe ich sie dir geliehen?

Ja, ich habe deine CD noch. Du hattest sie mir doch für drei Wochen ausgeliehen. Fragst du mich, weil du sie jetzt doch schon zurückhaben willst?

Ach, mir fällt ein Stein vom Herzen. Nein, nein, du kannst sie noch eine ganze Weile behalten. Ich dachte nur, ich hätte sie verloren.

> **Missverständnisse** entstehen oft dadurch, dass ein Gesprächspartner bei einer Äußerung nicht das versteht, was der Sprechende sagen will. Sie könnten vermieden werden, wenn jeder sich darum bemüht zu verdeutlichen, was er meint oder wie er den anderen verstanden hat:
> *„Ich sage dir, was ich meine ...*
> *und du sagst mir, wie du mich verstanden hast,*
> *dann sage ich dir, ob ich es so gemeint habe ..."*

4. Erläutere, warum diese wünschenswerte Form, Missverständnisse zu vermeiden, oft nicht eingehalten wird.

5. Sprecht darüber, wie man Missverständnisse, die bereits aufgetreten sind, mit dem Verfahren von Tina und Anja noch „heilen" kann.

Höflichkeit – brauch' ich nicht?

1. Was verstehst du unter dem Begriff *Höflichkeit*? Schreibe zwei Situationen auf, die deiner Meinung nach von Höflichkeit geprägt sind: „Höflich ist jemand, wenn ...". Jede Situation sollte auf einem gesonderten Blatt stehen. Setzt euch anschließend in kleinen Gruppen zusammen, vergleicht eure Situationen und legt die Blätter zusammen, die eine ähnliche Situation darstellen. Diskutiert eure Ergebnisse dann in der Klasse.

2. Arbeitet in Kleingruppen und wählt eine der folgenden vier Situationen aus. Bearbeitet dazu die nachstehenden Aufgaben und präsentiert eure Ergebnisse. Wählt dazu eine geeignete Darstellungsform.
a) Notiert einige Begriffe, die ausdrücken, wie ihr euch in der jeweiligen Situation fühlen würdet.
b) Führt die Situation in einigen Sätzen weiter.
c) Was wäre „höfliches Verhalten"? Verändert die Situation nach euren Vorstellungen.

Situation 1: Eure Mathematiklehrerin vom letzten Jahr begegnet euch auf dem Gang. Es ist zwar recht voll, weil die Pause gerade angefangen hat, aber ihr geht doch dicht aneinander vorbei. Du grüßt in ihre Richtung, aber sie schaut an dir vorbei, obwohl du ziemlich sicher bist, dass sie dich gesehen hat. Das ist dir nun schon zum zweiten Mal passiert.

Situation 2: Ein Mann im Bus konnte nicht rechtzeitig die Tür erreichen, um auszusteigen. Er beschimpft dich und deine Freunde laut: „So ein Mist. Bloß weil ihr Penner zu faul seid, zur Seite zu gehen, muss ich jetzt eine Station zurücktippeln."

Situation 3: Du sitzt im Zug und willst ein spannendes Buch lesen. Dauernd hörst du die Handy-Gespräche der anderen: „Ey, geile Idee ... ja, weiß nicht ... irgendwie ... is ja cool", „Sabrina, frag doch mal Tante Pamela, was sie zum Geburtstag haben will. Ich hatte an eine Munddusche gedacht ... nein, so was, womit man Essensreste aus den Zähnen entfernen kann ..." usw.

Situation 4: Du besuchst eine neue Mitschülerin zum ersten Mal daheim, denn sie ist krank und du hast deinem Klassenlehrer versprochen, ihr die Unterrichtsmitschriften zu bringen. Als du kommst, ist die Mitschülerin gerade beim Arzt, sodass du auf sie warten musst. Ihr Bruder, der ein Jahr älter ist, redet auf dich ein: „Also, wir kommen aus Hamburg. Das ist was anderes als dieses öde Kaff hier. Da kannst du jeden Film sofort sehen, wenn er herauskommt. Und die Leute sind sowieso viel hilfsbereiter dort, das merkt man ja schon, wenn man hier nur in einen Laden geht und dich die Verkäuferin nicht versteht – na klar, weil sie dich eben nicht verstehen will. Mit meinen besten Freunden telefoniere ich jeden Tag, sonst würde ich glatt eingehen."

Höflichkeit hat etwas mit dem Respekt vor anderen Menschen zu tun:

- Mit der Achtung ihrer Menschenwürde
- Mit dem Wunsch, ihre Gefühle nicht zu verletzen
- Mit der Anerkennung ihrer Bemühungen

Der Sinn vieler Höflichkeitsregeln ist leicht einzusehen, denn sie funktionieren nach dem Motto „Was du nicht willst, das man dir tu, das füg' auch keinem anderen zu."

Häufige Fälle unhöflichen Benehmens sind:

- Nicht grüßen
- Schimpfworte gebrauchen
- Nur von sich zu reden und kein Interesse am anderen zeigen
- Über andere schlecht sprechen und sie herabsetzen
- Andere mit lauten Privatgesprächen am Handy belästigen

3. Du hast sicher im Zusammenhang mit gutem Benehmen schon den Namen „Knigge" gehört. Ermittle im Internet (☞ S. 146 ff.) oder in der Bibliothek, um wen es sich dabei handelt und warum sein Name heute noch als Synonym für gutes Benehmen steht.

4. Arbeitet in Kleingruppen und stellt einen modernen „Schulknigge" zusammen. Welche Höflichkeitsregeln sollten für alle am Schulleben Beteiligten gelten?

5. Wählt einen der in Aufgabe 4 erstellten „Schulknigges" und geht von folgender Annahme aus:

Eure Schule beschließt, den „Schulknigge" im kommenden Schuljahr als Teil der Hausordnung einzuführen. Offen ist noch die Frage, ob Verstöße dagegen bestraft werden sollen. Teilt euch in Pro- und Kontra-Gruppen auf und notiert Argumente, die dafür oder dagegen sprechen. Diskutiert anschließend in der Klasse.

6. Diskutiert, ob wirklich über alles gesprochen werden sollte oder ob es Themen gibt, über die man aus Höflichkeit lieber schweigen sollte.

Adolph Freiherr Knigge (1752–1796)

Diskutieren

Diskussionen – gar kein „richtiger" Unterricht?

1. Diskussionsstunden gelten bei manchen Schülern als „Quasselstunden – kein richtiger Unterricht". Teilt ihr diese Meinung? Begründet. Legt dar, was einen Unterricht eurer Auffassung nach zu einem „richtigen" Unterricht macht.

2. Sicherlich habt ihr schon einmal in der Schule über irgendetwas diskutiert. Sammelt in Kleingruppen:

- Was war das Thema?
- Welches Ziel hatte die Diskussion?
- Was hat euch an Diskussionen in der Schule nicht gefallen?
- Was hat euch an Diskussionen in der Schule gefallen?

3. Schau dir die Karikatur an und beschreibe das Verhalten der einzelnen Tiere.

4. Ordne nun einen der folgenden Begriffe einem der Tiere zu und erläutere, welche Rolle es jeweils in der Diskussion übernimmt:
der Ablehnende • der Alleswisser • der Ausfrager • der Dickfellige • der Überlegene • der Positive • der Redselige • der Schüchterne • der Streitsüchtige

5. Diskutiert darüber, welches Verhalten in einer Diskussion erforderlich ist, damit sie gelingt.

Gesprächsregeln:
- Aktiv zuhören
- Kritik sachlich äußern und Ich-Botschaften formulieren
- Beim Thema bleiben und nicht abschweifen
- Eine geäußerte Meinung begründen und Beispiele anführen

Das Streitgespräch

1. Informiere dich, was man unter plastischer und ästhetischer Chirurgie versteht.

2.

> Segelohren anlegen verboten: Politiker wollen Schönheits-OPs bei Minderjährigen verbieten.

Klärt in der Klasse, wer für Schönheitsoperationen bei Minderjährigen und wer dagegen ist. Setzt euch in Gruppen zusammen und sammelt Gründe, die für oder gegen eine Schönheitsoperation bei Minderjährigen sprechen.

3. Untersucht die folgenden Meinungsäußerungen und ergänzt gegebenenfalls eure Überlegungen.

> *Die Abgrenzung zwischen rein ästhetischen und notwendigen Operationen ist schwieriger als es auf den ersten Blick scheint. Sind die abstehenden Ohren eines Jungen, der in der Schule deswegen gehänselt wird, ein medizinisches oder nur ein ästhetisches Problem?*

> *Statt zur Schönheitsoperation sollten solche Jugendliche lieber zum Psychologen gehen.*

> *Haben Jugendliche eigentlich keine anderen Sorgen?*

> *Wer eine Schönheitsoperation durchführen lässt, ist doch krank und hat gar kein Selbstbewusstsein.*

> *Piercings und Tattoos sind auch erlaubt.*

> *Es gibt viele Ärzte, die Schönheitsoperationen durchführen, obwohl sie gar nicht dafür ausgebildet sind.*

> *Oft geht es nicht um medizinisch notwendige Eingriffe, sondern um echte Schönheitseingriffe wie Brustvergrößerung.*

> *Die Jugendlichen können die Folgen einer solchen Operation nur schwer einschätzen.*

4. Welche dieser Äußerungen führen in einer Diskussion nicht weiter? Begründe deine Meinung.

5. Führt jetzt in der Klasse eine Diskussion zum Thema „Schönheitsoperationen für Minderjährige". Bestimmt einen Moderator, der die Diskussion leitet und auf die Einhaltung der Gesprächsregeln achtet.

Moderieren – „Spickzettel" für Moderatoren

➤ Der Moderator hat das erste Wort: Er nennt das Thema. Oft sagt er auch, wie viel Zeit zur Verfügung steht.

➤ Er hat auch das letzte Wort: Er beendet die Diskussion.

➤ Dazwischen führt er eine Liste, auf der er sich die Wortmeldungen notiert. Gemäß dieser „Rednerliste" erteilt er der Reihe nach das Wort, d. h., er sagt, wer als Nächster sprechen darf.

➤ Er mahnt die Einhaltung der Diskussionsregeln an:
  • Den anderen ausreden lassen
  • Sachlich bleiben
  • Beim Thema bleiben
  • Höflich bleiben
  • Die Rednerfolge respektieren

➤ Er selbst beschränkt sich auf die Leitung der Diskussion und enthält sich der Meinungsäußerung.

➤ Er hat die Zeit im Blick und erinnert rechtzeitig vor dem Ende daran, dass die Rednerliste geschlossen werden muss, d. h. dass keine Wortmeldungen mehr möglich sind.

6. Verschiedene Schulen in Luxemburg haben eine Kleiderordnung für ihre Schule festgelegt. Diskutiert die Vor- und Nachteile einer solchen Kleiderordnung. Versucht dabei, verschiedene Rollen festzulegen, die die Diskussionsteilnehmer einnehmen sollen (z. B. Direktor, Schüler, Eltern, Journalist, Minister ...).

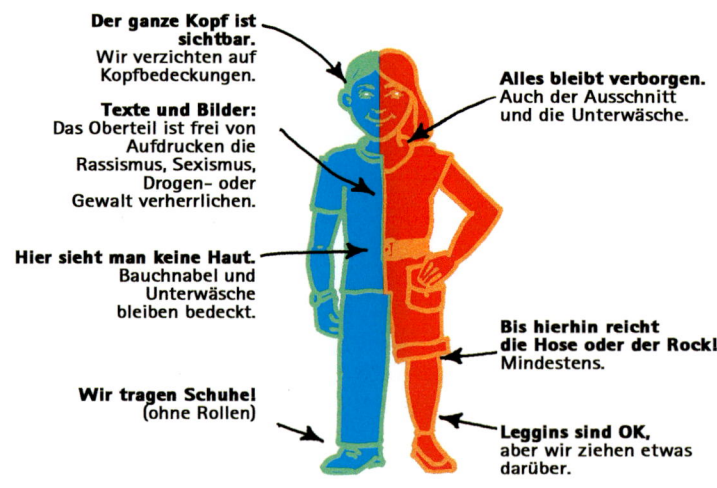

7. Friede, Freude, Eierkuchen? Muss nicht immer sein! Es ist ganz nomal, dass Menschen verschiedene Ansichten und Interessen haben, dass Standpunkte aufeinander prallen und man mit seinen Argumenten den anderen „zu besiegen" versucht. Trotzdem kann man höflich und sachlich bleiben. Der Fußballer, der im Kampfgetümmel die Regeln des fairen Umgangs verletzt, bekommt ja auch die rote Karte.

a) Begründe, warum die folgenden Äußerungen die rote Karte verdienen:
- Du willst ja bloß nicht wandern, weil du eine lahme Ente bist.
- Wenn du so weitermachst, geht mein Vater zum Schulleiter. Die kennen sich von früher.
- Ich will nun mal nicht nach Wien, ist doch egal warum.
- Du redest ja bloß so, weil du mich ärgern willst.
- Du hast ja keine Ahnung!

b) Begründe, warum die folgenden Äußerungen geeigneter sind:
- Ich kann verstehen, dass du das so siehst, aber ich habe für meine Position auch gute Gründe, nämlich ...
- Bitte lass mich aussprechen, ich bin noch nicht fertig.
- Ich kann dir nicht zustimmen, aber ich könnte mir einen Kompromiss vorstellen, nämlich ...
- Ich finde deinen Angriff unsachlich. Hier geht es doch um Argumente, oder?
- Mein Standpunkt ist nicht nur in meinem eigenen Interesse, sondern wäre auch von Vorteil für viele andere Schüler, weil ...
- Ich glaube, dass ich da missverstanden worden bin. Es ging mir nicht darum ..., sondern ich wollte sagen, dass ...

Die Sachdiskussion

1. Nicht jedes Thema kann kontrovers diskutiert[1] werden. Manchmal verlangt eine Frage auch die Klärung eines Sachverhaltes. Eine Untersuchung hat ergeben, dass 77,5 % der Jugendlichen zwischen 12 und 25 Jahren finden, dass das Tragen von Markenkleidung in ist. Besprecht, warum dies für viele Jugendliche so wichtig ist.

[1] *kontrovers diskutieren:* klären, was für oder gegen ein Thema spricht

2. Viele Jugendliche sind in einem sozialen Netzwerk angemeldet. Diskutiert in der Klasse, welche Regeln bei der Kommunikation in einem sozialen Netzwerk eingehalten werden sollten. Haltet diese Regeln auf einem Plakat fest.

3. „Think global – act local", darunter wird verstanden, dass man bei seinem Konsumverhalten und bei seinem Handeln im Alltag dem Umweltschutz Rechnung tragen sollte. Überlegt gemeinsam in der Klasse, was ihr konkret an eurem Handeln in und außerhalb der Schule ändern könnt, um die Umwelt zu schonen.

Rechtschreibung

Groß- und Kleinschreibung

Roland Simon-Schaefer

Liebe nike,

in der entwicklung der kinder gibt es eine phase, also ein bestimmtes alter, da stellen sie die berühmten und auch berüchtigten warum-fragen: „warum scheint die sonne?" „warum ist die blume rot, warum das gras grün?" „warum heißt der tisch ‚tisch'?" „warum müssen die menschen sterben?" mit solchen 5 fragen bringen die kinder ihre eltern oft zur verzweiflung, denn die eltern können die meisten fragen nicht beantworten. offensichtlich laufen die eltern durch die welt, ohne alles zu wissen. aber ihr nichtwissen stört sie nicht, sie finden sich auch zurecht, ohne über alles bescheid zu wissen: „warum ist das gras grün?" – antwort: „weil es grün ist." oder: „weil der himmel blau ist." 10

diese antworten sind nur der äußeren form nach antworten, denn sie beginnen mit „weil", aber in wirklichkeit drücken sie etwas anderes aus: „lass mich in ruhe!" oder: „ich weiß es nicht." oder: „die welt ist wie sie ist. wir wissen nicht, warum sie so ist."

oft allerdings bemühen sich die eltern ernsthaft um eine antwort. dann versu- 15 chen sie vielleicht, ihrem dreijährigen kind das sonnensystem zu erklären oder die funktionsweise des benzinmotors und so weiter. das ist gar nicht so leicht, denn häufig können die kinder schon fragen stellen, deren antworten sie noch gar nicht verstehen, weil sie im denken noch nicht so geübt sind wie die erwachsenen. aber wenn ich mir in erinnerung rufe, welche warum-fragen du 20 mir gestellt hast, als du noch ein kleines kind warst, so fällt mir folgendes auf: du hast selten oder nie warum-fragen gestellt, du hast mich aber häufig nach der bedeutung einzelner wörter gefragt.

du hast mich einmal gefragt, was „bürgersteig" bedeutet, und ich habe dir geantwortet: „bürgersteig bedeutet ‚trottoir'". mit dieser antwort warst du 25 damals zufrieden, weil du damit wusstest, was ein bürgersteig ist. und auch heute kommt dir diese begebenheit keineswegs seltsam vor. aber diese kleine anekdote[1] eignet sich hervorragend für den einstieg in die philosophische frage, die ich an den anfang unserer kleinen anleitung zum philosophieren stellen will. 30

[1] *die Anekdote:* kurze Geschichte, die oft humorvoll gemeint ist (☞ S. 117)

1. Dieser Text ist die Einleitung einer Einführung in die Philosophie. Philosophie bedeutet wörtlich übersetzt so viel wie „Liebe zur Weisheit"; ein Philosoph ist ein „Freund der Weisheit". Bei der Philosophie geht es um ganz grundsätzliche Fragen wie zum Beispiel nach dem Wesen des Menschen oder dem Sinn des Lebens. Aber auch die Sprache kann Gegenstand philosophischer Überlegungen sein. Suche im Kapitel „Schon gelesen" (☞ S. 58 ff.) Texte, in denen über Sprache nachgedacht wird, und gib kurz ihr Thema an.

2. Wenn wir im Alltag über Sprache nachdenken, dann geht es meist nicht um tiefe philosophische Fragen, sondern um Probleme der richtigen Schreibweise. Der Text „Liebe nike" ist hier z. B. fälschlicherweise durchgehend in Kleinschreibung abgedruckt. Lies den Text in der Klasse laut vor. Bei jedem Wort, das großgeschrieben werden muss, stehst du auf. Wenn du einen Fehler machst, übernimmt der Nächste das Vorlesen. Wenn du schriftlich testen willst, wie gut du die Groß- und Kleinschreibung schon beherrschst, dann schreibe den Text richtig in dein Heft.

Bei der Groß- und Kleinschreibung ist zu beachten:
- Wörter aus anderen Wortarten (z. B. Verben, Adjektive, Adverbien) können **als Nomen verwendet werden.** Das nennt man Nominalisierung *(denken – das Denken)*. Kennzeichen der Nomen ist der Artikel, der davor stehen kann. Aber auch unbestimmte Mengenangaben *(etwas Gutes)* und Pronomen *(sein Verschwinden)* können Nomen anzeigen.
- Zeitangaben werden (auch nach Adverbien) großgeschrieben, wenn sie Nomen sind (z. B. *heute Morgen*). Wenn es sich um Adverbien handelt, werden sie kleingeschrieben (z. B. *morgen*); man erkennt sie oft an der Endung *-s* (z. B. *morgens, dienstags, abends*).
- Von **geografischen Namen abgeleitete Wörter mit der Endung *-er*** schreibt man immer groß (z. B. *der Bamberger Dom, der Hamburger Hafen*).
- Titel von Büchern und Texten werden in Texten immer großgeschrieben (z. B. „Als Vaters Bart noch rot war" von Wolfdietrich Schnurre).

3. Übe zusammen mit deinem Banknachbarn die Regeln. Wechselt euch beim Diktieren des folgenden Textes aus Roland Simon-Schaefers Buch ab.

Wie lernen die Kinder überhaupt die Sprache?

Wenn wir diese Frage beantworten, dann können wir anschließend vielleicht die Frage beantworten, wie die Menschen insgesamt zur Sprache gekommen sind.

Wie also lernt ein Kind die Sprache? Es hört die Eltern sprechen und erlebt
5 sogleich, was die Eltern dabei tun. Nun wissen aber die Eltern ihrerseits, dass ihr Kind noch nicht sprechen kann. Sie bemühen sich also, dem Kind die Sprache – besser wäre zu sagen: das Sprechen – beizubringen.

Ich habe gerade „Sprache" durch „Sprechen" ersetzt. Das hat einen wichtigen Grund: Die Sprache, das ist sozusagen ein Gegenstand, zum Beispiel ein Wör-
10 terbuch, in dem alle Wörter einer Sprache alphabetisch geordnet sind. Das Sprechen dagegen ist eine Tätigkeit. Die Eltern bringen ihrem Kind nicht die Sprache bei, indem sie ihm ein Wörterbuch hinhalten, sondern sie bringen ihm das Sprechen bei, indem sie ihm ganz einfache Sprechsituationen vorführen.

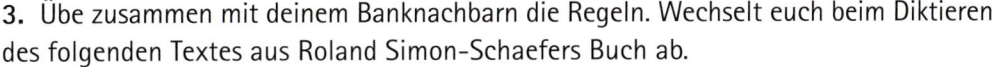

Zusammen- und Getrenntschreibung

1. Entscheide, ob die markierten Ausdrücke getrennt oder zusammengeschrieben werden. Schlage im Wörterbuch nach. Achte auch auf die Groß- und Kleinschreibung.

Sag „Äh" zu mir

„Sprich gefälligst in ganzen Sätzen!", „Stottere nicht so rum!" So sollte man seine Kinder nicht maß/regeln. Derart rüde Ermahnungen sind ebenso häufig wie augen/scheinlich nutzlos: Kein Mensch spricht stets flüssig, zusammen/hängend oder redet durchweg druck/reif. Und dafür gibt es offenbar gute Gründe, wie eine neue Studie bekannt/gibt. Forscher haben fest/gestellt, dass ⁵ Unterbrechungen im Satzfluss – erkennbar an Wörtern wie „mmh" oder „äh" – nicht irre/führen, sondern wichtige Hilfen beim Sprechen/lernen sein können. Des/weiteren zeigten Babys im Laborversuch eine deutlich erhöhte Aufmerksamkeit, nachdem sie einen Stammellaut vernommen hatten. Zum Beispiel sind, wenn Kinder neue Wörter kennen/lernen, Stammellaute ¹⁰ gar/nicht fehl am Platz. Angenommen, ein Vater unternimmt mit seiner Tochter einen Ausflug in den Zoo und sagt zu dem Kind, wenn sie an der neu/angelegten und riesen/großen Safarilandschaft vorbei/kommen und dort halt/machen: „Das ist ein – äh – Nashorn". Offenbar erwartet schon ein zwei/jähriges Kind, dass das aller/wichtigste Wort nach dem „Äh" folgt, also direkt nach ¹⁵ dem kurz/zeitigen Stocken in der Rede. „Je besser ein Kind vorher/sagen kann, wann ein wichtiges Wort folgt, desto besser kann es eine Unterhaltung verstehen", sagt der Forscher Richard Aslin. Angeblich funktioniert so etwas selbst in der weit/verbreiteten Kommunikation mit Tieren. So reagierten Hunde verlässlicher auf einen fest/stehenden Befehl, wenn er nicht unvermit- ²⁰ telt gegeben, sondern von einem Einführungswort eingeleitet wird: „Und sitz!", „Und fass!" sei wirkungsvoller als „Sitz!" oder „Fass!".

Bei Wörtern, die unmittelbar benachbart und aufeinander bezogen sind, muss man entscheiden, ob sie eine Wortgruppe oder eine Zusammensetzung bilden.

1. Bestandteile von **Wortgruppen** schreibt man **getrennt**, sie bilden keine feste Sinneinheit:
   a) Dazu gehören fast alle Verbindungen aus Verb + Verb: *Hans muss **tanzen üben**.*
   Ausnahmen sind Verbindungen mit *lassen*, *bleiben* und das Wort *kennenlernen*. Diese können sowohl getrennt als auch zusammengeschrieben werden (*hängenlassen/hängen lassen; liegenbleiben/liegen bleiben* und *kennenlernen/kennen lernen.*).
   b) Alle Verbindungen mit *sein (vorbei sein, zufrieden sein)* schreibt man auch auseinander.
   c) Verbindungen aus Adverb und Verb werden getrennt geschrieben: *beiseite legen, zugute kommen*
   →

2. *Zusammensetzungen* schreibt man dagegen **zusammen**, da die darin enthaltenen Wörter eine neue Sinneinheit bilden, d. h., die Bestandteile haben ihre Merkmale als frei vorkommende Wörter verloren:
*Auch während der Schulzeit darf der Stress nicht **überhandnehmen**.*
*Er hätte sich über die Situation **kranklachen** können.*

   a) Die meisten Zusammensetzungen sind trennbar, d. h., man schreibt sie nur im Infinitiv, im Partizip I und im Partizip II zusammen:
   entlanggehen: Er ist die Straße entlanggegangen. Aber: *Er geht die Straße entlang.*

   b) Manche Zusammensetzungen von Verben mit Nomen, Adjektiven, Präpositionen oder Adverbien sind so fest miteinander verbunden, dass sie in allen Formen untrennbar sind:
   Der Lehrer maßregelt den Schüler. (Nicht: *Der Lehrer regelt den Schüler maß.*)
   Das Auto durchbricht die Leitplanke.

3. Manchmal können **identische Einheiten sowohl** als **Wortgruppe als auch** als **Zusammensetzung** auftreten, je nachdem, was gemeint ist. Als Prüfmethode zur Unterscheidung zwischen Wortgruppe und Zusammensetzung kann die Betonungsprobe dienen:
frei sprechen (**beide Bestandteile gleich betont → Wortgruppe:** *Vor großem Publikum konnte er nicht frei sprechen.*); *freisprechen* (**Hauptakzent auf 1. Bestandteil → Zusammensetzung:** *Das Gericht musste den Angeklagten aus Mangel an Beweisen freisprechen.*)
Kann das Adjektiv gesteigert oder ergänzt werden, wird getrennt geschrieben: *Dieser Abschied ist uns leichter gefallen.*

2. Schreibe Sätze mit folgenden Wörtern oder Wortgruppen. Begründe deine Entscheidung für die Getrennt- oder Zusammenschreibung. Auch die Groß- und Kleinschreibung musst du beachten.

Zusammengesetzte Verben ☞ S. 29

a) not + landen
b) leid + tun
c) schlaf + wandeln
d) beisammen + sitzen
e) zurecht + kommen
f) bloß + stellen
g) schlecht + sehen
h) frei + sprechen
i) kennen + lernen
j) davon + kommen

3. Bei den Beispielen h), i) und j) wirst du feststellen, dass es zwei Möglichkeiten gibt. Ändert sich der Sinn durch die unterschiedliche Schreibung? Welche verschiedenen Betonungen stellst du fest, wenn du diese unterschiedlichen Wörter laut aussprichst?

4. Erkläre die unterschiedliche Bedeutung folgender Wortpaare.

• gut schreiben – gutschreiben
• sicher gehen – sichergehen
• zusammenschreiben – zusammen schreiben
• wohl durchdacht – wohldurchdacht

5. Entscheide, welche Wörter getrennt- und welche zusammengeschrieben werden. Bei manchen geht beides.

- fußballspielen – Fußball spielen
- spazierenfahren – spazieren fahren
- irgendjemand – irgend jemand
- mit Hilfe – mithilfe
- dabei sein – dabeisein
- zu Gunsten – zugunsten
- liegenbleiben – liegen bleiben
- maschineschreiben – Maschine schreiben
- kennenlernen – kennen lernen
- schwarzfahren – schwarz fahren

6. Finde die Fehler in folgenden Sätzen in Bezug auf Getrennt- und Zusammenschreibung. Manche Sätze können aber auch richtig sein.

- Jörg hörte das Fenster zu schlagen. – Ein großer Junge begann zuschlagen.
- Wir können Ihnen die Zimmerreservierung zusagen. – Der Gast bat den Hotelmanager das nochmals zusagen.
- Maria spielt gerne Streiche. Sie liebt es, anderen die Jackenärmel zu zunähen. – Gestern ließ sie ihre Freundin Marcos Hosenbein zunähen.
- Lisa konnte nicht zu geben, Peters Heft versteckt zu haben. Sie wurde aufgefordert es ihm wiederzugeben.
- Es gibt immer gleichbleibende Dinge.

Fremdwörter, Lehnwörter, Erbwörter

1. Stell dir vor, deine Englischlehrkraft würde nach den Sommerferien Folgendes zu euch sagen: „Zur Restitution eurer anglistischen Kompetenz nach acht Wochen Absenz downloade ich euch ein paar Trainingsmodule zum forcierten autodidaktischen Updaten der Grammatik." Wie wäre deine Reaktion?

2. Übersetze den Satz. Welche Fremdwörter waren für dich leicht zu ersetzen, welche bedurften einiger Überlegung, welche können deiner Meinung nach nicht ersetzt werden? Begründe deine Entscheidungen.

3. Manche Menschen benutzen gerne und häufig Fremdwörter, auch wenn diese gar nicht nötig wären. Was glaubst du, warum sie das tun? Erläutere deine Einschätzung.

4. Kampf dem Fremdwort um jeden Preis? Im 17. Jahrhundert gab es eine Gesellschaft, deren Ziel es war, Fremdwörter durch deutsche Wörter zu ersetzen. Sie machte ein paar Vorschläge, die du im Folgenden findest. Ordne korrekt zu:

1. Bonbon
2. Klavier
3. Pyramide
4. Fenster
5. Fieber
6. Nase

a) Gesichtserker
b) Zitterweh
c) Süßchen
d) Griffbrett
e) Tageleuchter
f) Spitzsäule

Was hältst du von diesen Eindeutschungen? Begründe deine Einschätzung.

5. Schreibe alle Fremdwörter heraus, die im folgenden Text vorkommen. Die meisten werden im Text eingedeutscht. Schreibe die im Text genannten deutschen Entsprechungen jeweils daneben. Ermittle anschließend mithilfe von Wörterbüchern die Bedeutung der Fremdwörter, die im Text nicht „übersetzt" sind. Bilde mit jedem dieser Wörter einen Satz, der die Bedeutung verdeutlicht.

„Die zunehmende Anglisierung ist kontraproduktiv", murrt Annette Schavan, die Bildungs- und Forschungsministerin, die die „deutsche" Sprache bedroht sieht. Hätte sie statt „zunehmend" das Wörtchen „inkremental" benutzt, wäre der gesamte Satz ausländisch. Genauer: eingedeutschtes Latein und Französisch.
5 Und was ist mit ihrem Vornamen? Der ist die französische Verkleinerungsform von „Anna".
In diesem Sinne ist die deutsche Sprache seit je „bedroht" – durch die sukzessive Invasion, äh, durch das stete Eindringen fremdländischer Vokabeln, nein, Wörter. Das halbe Deutsch ist schon mal griechischer und lateinischer Her-
10 kunft. Im 18. Jahrhundert wurde Französisch „parliert", während der napoleonischen Besatzung drang das Welsche gar in den Volksmund ein. „Bluse" kommt von *blouson* und „mausetot" ist nichts anderes als *mort si tôt*.
Jiddisch kam hinzu (*Schickse, Tacheles, Ganove*), Italienisch (*Espresso, Gigolo*), Russisch (*Roboter[1], Datsche*) und zum Schluss, als veritabler, äh, als wahrer Tsunami,
15 das Englische.
Geschadet hat das der deutschen Sprache nicht …

Josef Joffe, Die Zeit

[1] *der Roboter:* das Wort stammt aus dem Tschechischen

6. Stellt die Meinungen von Schavan und Joffe zum Thema „Anglizismen" in eigenen Worten einander gegenüber. Diskutiert die Meinungen in der Klasse.

Erbwort:
• Gehört zum ursprünglichen Bestand des Deutschen

Lehnwort:
• Aus einer anderen Sprache übernommenes Wort
• Schreibweise und Lautung wird dem Deutschen so angepasst, dass man sie meist nicht mehr als Wort einer fremden Sprache erkennt (*Fenster* < lat. *fenestra*)

Fremdwort:
• Aus einer anderen Sprache übernommenes Wort
• Schreibweise der Herkunftssprache wird beibehalten (*Jeans*)
• International gebrauchte Fachbegriffe, da sie meist auf griechische, lateinische oder englische Grundwörter zurückgehen (*Astrophysik, Feed-Back*)
• Gilt auch für Neologismen, das heißt Neubildungen (*Hair-Stylist*)

Bastian Sick

Über das Intrigieren [sic] fremder Wörter

In Gelsenkirchen gibt es nicht bloß Schalke, sondern auch ein Amphibien-
theater. So sagt meine Nachbarin, und die muss es wissen. Meine Bemühungen um die deutsche Sprache seien zwar ehrenvoll, sagt sie, aber letztlich
doch eine Syphilisarbeit. „Konkurenz ist für uns ein Fremdwort", steht im
Schaufenster eines Berliner Textilgeschäfts zu lesen, und man glaubt es dem 5
Besitzer sofort, wenn man berücksichtigt, wie er das Wort „Konkurrenz"
geschrieben hat. Fremdwörter stellen uns immer wieder vor besondere Herausforderungen. Man kann sie verkehrt buchstabieren, ihre Bedeutung miss-
interpretieren, sie falsch aussprechen und vor allem kann man sie leicht ver-
wechseln. Während der Fußball-WM hörte und las man häufig das Wort 10
„Stadium", wenn „Stadion" gemeint war. Meine Freundin Sibylle ist im Ver-
wechseln von Fremdwörtern eine wahre Virtuosin. Sie würde vermutlich sagen: eine Virtologin. Immer wieder bringen sie die verflixten Fremdwörter
„in die Patrouille". Von ihrem Onkel, der wie ein Eremit in seinem Häuschen
in der Toscana lebt, behauptet sie hartnäckig, er lebe wie ein Emerit. Und 15
über sich selbst sagt sie, dass sie hin und wieder etwas „implosiv" reagiere.
Schon als Kind sei sie „ziemlich resistent" gewesen. Ich weiß nicht, wie Sibylle als Kind war, aber ich vermute, sie meint „renitent". Verwechselte Fremdwörter findet man ständig und überall. Ein Klassiker sind die „karikativen
Zwecke", die den karitativen Spendenaufruf zur sprachlichen Karikatur wer- 20
den lassen.

7. Schlage die Bedeutung folgender Fremdwörter nach und notiere gegebenenfalls
ihren Artikel:

Amphitheater • Sisyphusarbeit • Syphilis • Konkurrenz • interpretieren • integrieren •
intrigieren • Stadium • Stadion • Virtuosin • Virologe • konzentriert • Patrouille • Eremit
• Emerit • impulsiv • resistent • renitent • karitativ • Karikatur • karikieren

8. Bilde den Plural der folgenden Fremdwörter und bestimme das Genus. Kontrolliere
deine Ergebnisse mithilfe eines aktuellen Rechtschreibwörterbuchs.

Baby	Antibiotikum	Lexikon	Atlas	Visum
Praktikum	Solo	Kobra	Universum	Status
Kaktus	Krokus	Museum	Album	Risiko
Konto	Firma	Ritus	Indiz	Rhythmus

9. a) Ergänze den Artikel und dekliniere die Nomen.

Pizza • Status • Charakter • Athlet • Theater • Gymnasium • Café • Kaffee

b) Notiere die Stammzeiten der Verben. Was stellst du fest?

engagieren • sortieren • chatten • managen • renovieren • surfen

Die Wortbedeutung erschließen und genau erfassen

1. Viele Wörter kannst du dir erschließen, wenn du die Bedeutung häufig vorkommender Bestandteile kennst.

a) Erschließe:

- anti- = gegen: *Antiserum, antieuropäisch, Antialkoholiker, Antiterroreinheit*
- mini- = klein: *minimieren, Miniatur, minimalistisch, Minijob*
- tri- = drei: *Trio, Trias, Triathlet, Trinität, Trilogie, Triole, Triennale*
- kreieren = erschaffen: *kreativ, Kreation, Kreativurlaub, Kreatur*
- human = menschlich, menschenfreundlich: *inhuman, humanitär, Humanmedizin, Humanität*

b) Finde selbst Zusammensetzungen mit folgendem Bestandteil und trage sie in dein Heft ein. Dazu kannst du ein Wörterbuch benutzen, wenn dir keine Wörter mehr einfallen.

- mono-: ?
- -manie: ?
- mikro-: ?
- hydro-: ?
- -kratie: ?
- auto- : ?
- -logie: ?
- geo- : ?

2. Genau erfasst?

a) Diskutiert, welcher der treffende Gegenbegriff ist.

- mutig: verschlossen, ängstlich, vorsichtig
- Verteidigung: Vorstoß, Krieg, Angriff
- spannend: langweilig, humorvoll, langgezogen
- professionell: schlecht, laienhaft, ungeübt
- gesund: schwach, müde, krank

b) Bilde zu den jeweils nicht zutreffenden Wörtern deren Gegenbegriff.

3. Hier stimmt etwas nicht. Unterstreiche die Fehler und korrigiere sie.

die Rythmen	der Styl	das Dicktat	die Diskusion
der Karakter	negatief	die Litteratur	der Genetif
der Mytos	die Balade	die Medezin	die Katedralle
der Termometer	triumfieren	agressif	arogand

Augenblicke

Rose Ausländer
„Während ich Atem hole"

Während ich Atem hole
hat die Luft sich verfärbt
Laub und Gras trocknen in anderer Tonart
am Himmel hängt eine Fahne aus Stroh

Christian Morgenstern

Eine Minute

Aufgaben: Seite 229

Dampfschiffkai im Sturm und dichtem Nebel.
EIN PASSAGIER, EIN FREMDER HERR, STIMMEN

*Man hört die Dampfsirenen eines großen Schiffes dreimal, gleich darauf fernes Rasseln
von Ankerketten. Ein Herr mit Handtasche kommt von links gelaufen.*

5 DER PASSAGIER Donnerwetter! Donnerwetter! Heda! Hollah! Verflucht und
verdammt! Holla, Bootsmann! Was? Nicht mehr möglich? Es
muss möglich sein. Ich zahle doppelt – dreifach –. Was? Herr-
gott, er dreht doch erst noch. Ich muss noch an Bord, ich muss
– mein Gepäck – ja natürlich – Himmelschockschwerenot ist

10 das eine Niederträchtigkeit – was fang ich nur an – ach was –
das bisschen Seegang – der Teufel soll dieses Rindvieh von
Kellner holen – na, hör mal, hör mal, Junge, das ist nett, das
lob ich mir – und morgen der Vortrag – ich bin vollkommen
geliefert – es ist aber doch wirklich! – Eine Minute war's, sage

15 und schreibe *eine* Minute – na, Glück muss der Mensch
haben, Glück, Glück, Glück –

EIN FREMDER HERR *von rechts:* Sie wollten noch mit? *Weist hinaus.*

DER PASSAGIER Denken Sie, *eine* Minute! Es ist, um verrückt zu werden. Die
Kerle hätten mich aber auch noch übersetzen können. Jetzt

20 kann ich zwei Tage in dem Nest hier warten oder doppelt so
viel für Eisenbahnbilletts ausgeben. Es ist einfach zum Ver-
zweifeln!

DER FREMDE Meinen Sie? *Er zieht ein zusammengefaltetes Zeitungsblatt aus der
Brusttasche.* Haben Sie schon die Morgenausgabe der Hambur-

25 ger Nachrichten gelesen?

DER PASSAGIER Wieso? Warum?

DER FREMDE *überreicht ihm das Blatt:* Vielleicht interessiert Sie die Nummer?

DER PASSAGIER Sehr freundlich. Aber Sie berauben sich. Ich kann sie ja in
jedem Gasthaus bekommen. Und wenn jetzt augenblicklich –

DER FREMDE 30 Immerhin.

DER PASSAGIER *nimmt sie, etwas verwundert:* Nun denn, wie Sie wollen, mein
Herr. Meinen besten Dank.

DER FREMDE Keine Ursache. *Er grüßt und geht nach links ab.*

DER PASSAGIER *blickt ihm kopfschüttelnd nach, dann gedankenlos auf die Zeitung in*

35 *seiner Hand:* Was soll ich denn damit! *Faltet sie unwirsch auseinander, stutzt leicht.* Was ist das? Furchtbares Schiffsunglück;
fettgedruckt. Wo denn schon wieder? O Gott! Vor Christian-

sand? Da wär' ich ja auch vorbeigekommen. *Liest weiter.* Wie denn? Diana – so hieß doch auch mein Schiff. Was – ist – denn – das? Ah, eine alte Nummer, die mir der Mensch *sieht nach* – 14. Januar? Na natürlich, heut haben wir ja den 13. Was ist denn das nur? *Vertieft sich in den Text, entsetzt.* Aber – was – ist – denn – das – nur!! Wort für Wort – ! Bin – ich – denn – wahnsinnig – geworden? *Ein Windstoß entführt das Blatt aufs Meer.*

DER PASSAGIER *lässt sich auf die Bank fallen, bedeckt das Gesicht mit beiden Händen, wie irr:* Um – Gottes – willen –

Es dunkelt stärker und stärker.

Am Rande des Kais, unhörbar und von dem in sich Versunkenen unbemerkt, geht der Fremde, von links zurückkommend, an ihm vorüber und verschwindet, nach einem kurzen Blick auf ihn, lautlos, wie er gekommen.

Der Vorhang fällt.

Eisbrechende Fährschiffe im Hafen von New York, Holzstich (1862)

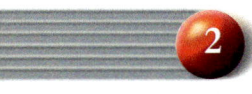

Heinz Liepman

Eine Gerichtsverhandlung in New York

Ich war vor zwei Monaten in New York angekommen und lebte mit zwei Freunden, die wie ich von Deutschland gekommen waren, in einem dunklen schäbigen Zimmer, das uns 5 Mr. Murphy, ein fetter, jähzorniger Ire, vermietet hatte. Wir hatten kein Geld und keine Jobs und lebten von Gelegenheitsarbeiten. Mr. Murphy war ein Witwer mit fünf Kindern, und Jimmy war der Jüngste. Das Haus, wo wir wohnten, war eine der riesigen Mietskasernen in dem armseligen, überbevölkerten Viertel 10 der Stadt im Süden Manhattans, in dem die erste Generation der Einwanderer lebte – Griechen, Iren, Juden, Franzosen, Deutsche, Russen und Italiener.

Als wir ungefähr drei Monate bei Mr. Murphy gewohnt hatten, wurde Jimmy krank. Von Anfang an sah es ziemlich hoffnungslos aus. Kurt, der früher ein prominenter Kinderarzt in Berlin gewesen war, ging zu Mr. Murphy. „Mr. Mur- 15 phy", sagte er. „Sie wissen, dass ich Jimmy nicht behandeln darf, da ich das amerikanische Staatsexamen noch nicht abgelegt habe. In vier Monaten wird es soweit sein, aber darauf kann Jimmy nicht warten. Sie müssen sofort einen Arzt holen."

„Können wir ihn nicht in ein Krankenhaus bringen?", fragte Mr. Murphy. 20 „Hier zu Hause können wir nicht für ihn sorgen. Ich muss zur Arbeit gehen – wegen der anderen Kinder …"

„Jimmy kann nicht transportiert werden. Machen Sie sich deswegen keine Sorgen. Wir drei werden aufpassen. Nur zum Arzt!"

Jimmy stöhnte in seinen Fieberträumen. Sein blondes Haar klebte an seiner 25 schweißnassen Stirn.

Der Arzt kam zweimal, ein dünner, alter Italiener mit einem Monokel[1] und zittrigen Händen. Er kam morgens um zehn und noch einmal am Nachmittag. Gegen Mitternacht stieg das Fieber, und der Atem begann zu rasseln. Kurt schickte Mr. Murphy wieder zum Arzt, aber nach einer Weile kam er allein 30 zurück. „Er will nicht kommen", flüsterte er, Tränen hilfloser Wut in den Augen. „Ich habe seinen letzten Besuch noch nicht bezahlt. Er will erst das Geld sehen …"

Die niedrige Stube war voll mit Menschen. Die Brüder und Schwestern Jimmys standen schlaftrunken und angstvoll im Schatten. Ein paar Nachbarn – eine 35 dicke Italienerin, ein alter Jude mit silbrigem Bart, ein polnischer Priester – standen bei der Tür, flüsterten, zählten Münzen, schüttelten die Köpfe.

Mr. Murphy starrte auf das röchelnde Kind, er drehte sich zu Kurt um und flüsterte wild: „Sie sind doch ein Arzt! Um Gottes willen, lassen Sie das Kind nicht sterben!" Auf einmal sahen alle auf Kurt. Sein Gesicht war blass. 40

Ich wusste, was in ihm vorging. In ein paar Monaten würde er sein Examen machen und ein neues Dasein beginnen. Auf der einen Seite stand das Gesetz,

---

[1] *das Monokel:* anstelle einer Brille getragenes einzelnes, rundes optisches Glas

war leuchtende Zukunft, Frieden, Wohlstand – und auf der anderen Seite war Undank gegenüber dem Land, das ihm eine neue Heimat bot, Bruch des
45 Gesetzes und Vertrauens und, wenn er erwischt würde, neue Heimatlosigkeit, neues Elend. Dazwischen aber ein leidendes Kind, schweißüberströmt, geschüttelt von Fieber und Schmerzen …

Zehn Tage lang kämpfte Kurt um das Leben von Jimmy Murphy. Er schlief selten und wurde dünn und hager: Aber dann war die Krisis vorüber und das
50 Kind gerettet. Und nun beginnt die eigentliche Geschichte. An dem Tag, an dem Jimmy zum ersten Mal aufstehen durfte, kamen zwei Detektive und verhafteten Kurt. Der alte italienische Arzt hatte Anzeige erstattet. Am gleichen Tag ging eine seltsame Bewegung durch unser Haus und unsere Straße. Die Russen, die Italiener, die Juden, die Iren und die Deutschen steckten die Köpfe
55 zusammen, und ihre grauen, alten Gesichter waren rot und zornig. Am nächsten Morgen ging kein einziger dieser Männer zur Arbeit. Sie gingen zum City-Court, dem Gericht der Stadt New York. Ich war selbst dabei. Sie füllten den Gerichtssaal, es müssen ihrer über hundert gewesen sein, und als Kurt aufgerufen wurde, drängten sie sich alle vor, und der Richter blickte erstaunt von sei-
60 nem Podium herunter auf die merkwürdige, schweigende Menge von Männern, Frauen und Kindern.

„Schuldig oder nicht schuldig?", fragte der Richter.

Aber bevor Kurt den Mund öffnen konnte, riefen hundert Stimmen: „Nicht schuldig!" „Ruhe!", donnerte der Richter. „Ich werde den Saal räumen lassen,
65 wenn ich noch einen Laut höre …" Er wandte sich wieder an Kurt. „Angeklagter, plädieren Sie für schuldig oder …" Und dann stockte er auf einmal und blickte auf die schweigenden alten Leute, die müden runzligen Gesichter, die gebeugten Rücken.

„Was wollt denn ihr?", fragte der Richter ganz unzeremoniell,
70 und als mehrere auf einmal zu sprechen begannen, wies er auf Mr. Murphy, der direkt hinter Kurt stand.

„Sie da!"

Und dann begann Mr. Murphy zu sprechen, und der Richter sagte gar nichts und sah von einem der alten Leute zum ande-
75 ren. „So sind wir hierher gekommen", endete Mr. Murphy, „die Nachbarn meine ich damit. Wenn Sie unseren Doktor verurteilen, wir sind hier, um für ihn zu bürgen. Und wir haben gesammelt, falls er eine Geldstrafe bekommt, für das, was er begangen hat – nämlich meinem Kind das Leben gerettet.
80 Wir haben sechsundachtzig Dollar gesammelt …"

Der Richter erhob sich und lächelte. Es sah merkwürdig aus, wie dieser Mann im schwarzen Talar plötzlich lächelte und von seinem Podium zu Kurt hinunterstieg und seine Hand ausstreckte. „Ich drücke Ihnen die Hand", sagte der Richter mit

Der Timesquare in New York 1929

leiser Stimme. „Sie werden einmal einen guten Amerikaner abgeben." Dann 85
stieg er rasch auf sein Podium zurück und klopfte mit dem Hammer auf den
Tisch. Alles erhob sich. „Sie haben gegen das Gesetz verstoßen", sagte der
Richter, „um einem höheren Gesetz zu gehorchen. Ich spreche Sie frei und –
und Ihnen allen danke ich, dass Sie gekommen sind, um für den Angeklagten
zu zeugen. – Nächster Fall!" 90

Heinrich von Kleist

Sonderbarer Rechtsfall in England

Aufgaben: Seite 229

Heinrich von Kleist, 1777–1811

Man weiß, dass in England jeder Beklagte zwölf Geschworene von seinem Stande zu Richtern hat, deren Ausspruch einstimmig sein muss, und die, damit die Entscheidung sich nicht 5 zu sehr in die Länge verziehe, ohne Essen und Trinken so lange eingeschlossen bleiben, bis sie eines Sinnes sind. Zwei Gentlemen, die einige Meilen von London lebten, hatten in Gegenwart von Zeugen einen sehr lebhaften Streit miteinander; der eine drohte dem andern, und setzte hinzu, dass ehe vierundzwanzig Stunden vergingen, ihn sein 10 Betragen reuen solle. Gegen Abend wurde dieser Edelmann erschossen gefunden; der Verdacht fiel natürlich auf den, der die Drohungen gegen ihn ausgestoßen hatte. Man brachte ihn zu gefänglicher Haft, das Gericht wurde gehalten, es fanden sich noch mehrere Beweise, und elf Beisitzer verdammten ihn zum Tode; allein der zwölfte bestand hartnäckig darauf, nicht einzuwilligen, 15 weil er ihn für unschuldig hielte.

Seine Kollegen baten ihn, Gründe anzuführen, warum er dies glaubte; allein er ließ sich nicht darauf ein, und beharrte bei seiner Meinung. Es war schon spät in der Nacht, und der Hunger plagte die Richter heftig; einer stand endlich auf, und meinte, dass es besser sei, einen Schuldigen loszusprechen, als elf Un- 20 schuldige verhungern zu lassen; man fertigte also die Begnadigung aus, führte aber auch zugleich die Umstände an, die das Gericht dazu gezwungen hätten. Das ganze Publikum war wider den einzigen Starrkopf; die Sache kam sogar vor den König, der ihn zu sprechen verlangte; der Edelmann erschien, und nachdem er sich vom Könige das Wort hatte geben lassen, dass seine Aufrich- 25 tigkeit nicht von nachteiligen Folgen für ihn sein sollte, so erzählte er dem Monarchen, dass, als er im Dunkeln von der Jagd gekommen, und sein Gewehr losgeschossen, es unglücklicherweise diesen Edelmann, der hinter einem Busche gestanden, getötet habe. „Da ich", fuhr er fort, „weder Zeugen meiner Tat, noch meiner Unschuld hatte, so beschloss ich, Stillschweigen zu beobach- 30 ten [sic]; aber als ich hörte, dass man einen Unschuldigen anklagte, so wandte ich alles an, um einer von den Geschwornen zu werden; fest entschlossen, eher zu verhungern, als den Beklagten umkommen zu lassen." Der König hielt sein Wort, und der Edelmann bekam seine Begnadigung.

Rose Ausländer, **Während ich Atem hole** *(Seite 222)*

1. Vervollständigt auf einem Zettel den Satz „In diesem Augenblick …". Fasst eure Sätze zu einem Klassengedicht zusammen. Überlegt, wie ihr dieses Gedicht eindrucksvoll vortragen könnt. Baut Standbilder (☞ S. 231) zu einzelnen Passagen, die euren Vortrag ergänzen.

2. Vervollständige das Gedicht „Während ich Atem hole" von Rose Ausländer um eine weitere Strophe. Wähle als ersten Vers die Kapitelüberschrift.

3. Sammelt eure Strophen auf einem Plakat, das ihr im Klassenzimmer aufhängen könnt. Sucht dafür passende Illustrationen zu euren Strophen und überlegt euch eine künstlerisch schöne Gestaltung.

Christian Morgenstern, **Eine Minute** *(Seite 224)*

1. Verändere den Schluss des Kurzdramas. Lass den Fremden noch einmal auftreten und ihn eine abschließende Bemerkung zu dem Mann sprechen. Arbeite mit einem Partner zusammen.

2. Für den ersten Sprechtext des Passagiers sind keine Regieanweisungen (☞ S. 232) gegeben. Erstellt diese in Partnerarbeit und begründet anschließend sowohl die eigentlichen Anweisungen als auch die Stellen, an die ihr diese eingefügt habt.

3. Erläutere den Titel und stelle den Bezug zur Handlung her.

Heinz Liepman, **Eine Gerichtsverhandlung in New York** *(Seite 226)*

1. Markiere im Text, welche Hinweise du auf den zeitlichen Hintergrund des Geschehens bekommst. Suche weitere Informationen über diese Zeit in einem Lexikon oder im Internet.

2. Stelle dar, was du über die einzelnen Figuren erfährst.

3. Arbeite heraus, in welches Dilemma Kurt gerät.

4. Beschreibe, wie sich die Nachbarn vor und nach der Gerichtsverhandlung verhalten, und erkläre ihre Reaktion.

5. Begründe, warum es beim Gerichtsprozess zu einem Freispruch kommt. Wie bewertet ihr dieses Urteil? Diskutiert darüber in der Klasse.

Heinrich von Kleist, **Sonderbarer Rechtsfall in England** *(Seite 228)*

1. Stelle das Geschehen in deinen eigenen Worten dar.

2. Erkläre und beurteile das Verhalten des zwölften Geschworenen.

3. Überprüfe, ob es sich bei dem vorliegenden Text um eine Anekdote (☞ S. 117) handelt.

PROJEKT

Einen Text szenisch erarbeiten

Bereitet den Text von Christian Morgenstern in Kleingruppen nach den folgenden Vorschlägen szenisch auf. Jeweils zwei Gruppen wählen die gleiche Präsentationsform. Im Anschluss an die Arbeitsphase werden die Ergebnisse der Klasse vorgestellt, miteinander verglichen und diskutiert.

- Erarbeitet eine szenische Lesung (S. 231) des Textes. Beachtet dabei die Regieanweisungen und die sich verändernde Gemütsverfassung des Passagiers. Erprobt unterschiedliche Lesehaltungen und tragt euer Ergebnis anschließend vor der Klasse vor.
- Setzt den Text pantomimisch um (siehe unten auf der Seite). Für euer Spiel habt ihr genau eine Minute lang Zeit. Überlegt euch bei der Vorbereitung, welche mimischen und gestischen Elemente ihr verwendet, welche Körperhaltungen die Figuren einnehmen und wie sie sich bewegen.
- Errichtet zwei Standbilder (S. 231) zum Text. Beide Standbilder sollen sowohl den Passagier als auch den Fremden zeigen. Sucht euch dazu zwei aussagekräftige Momente der Handlung heraus und modelliert die Figuren so, dass sie auch etwas von ihrer inneren Verfassung verraten.

Eine Pantomime erarbeiten

Um eine kurze Szene oder einen Text pantomimisch darzustellen, sind mehrere Aspekte zu beachten:

- Der Blick richtet sich vor allem auf die darzustellenden Personen. Diese muss man deshalb zuvor genau studieren und ihre charakteristischen Merkmale und deren mögliche Veränderungen erproben.
- Für die pantomimische Umsetzung der Handlungsweise oder des Charakters einer Person stehen dem Darsteller folgende Mittel zur Verfügung: Mimik, Gestik, Körperhaltungen und Bewegungen.
- Die pantomimischen Mittel können auf den Betrachter oft anders wirken, als sie gedacht sind. Deshalb ist es notwendig, bei der Erarbeitung einer Pantomime verschiedene Möglichkeiten zu erproben und sie mit Beobachtern innerhalb der Gruppe in ihrer tatsächlichen und beabsichtigten Wirkung zunächst zu diskutieren.

Ein Standbild bauen

In einem Standbild wird entweder ein bestimmter Moment aus einem Text festgehalten oder es soll für den gesamten Text stehen. Folgende Aspekte müssen überlegt werden:

- Die Ausdrucksmittel beim Standbild sind Körperhaltung, Mimik und „eingefrorene" Gestik. Hinzu kommt die Stellung der einzelnen Figuren zueinander und die dadurch gestaltete „stumme" Kommunikation.
- Erprobt verschiedene Standbilder und diskutiert deren jeweilige Wirkung. Begründet eure Veränderungen, auch Details!
- Standbilder dürfen nicht zu kompliziert aufgebaut sein, denn bei der Präsentation muss ein solches Standbild mindestens eine Minute lang gehalten werden, damit die Betrachter die Möglichkeit haben, eure Ideen zu erkennen.

Szenisches Lesen

Ziel des szenischen Lesens ist es, einen Text möglichst ausdrucksstark vorzutragen. Durch die Betonung soll der Sinn des Textes verdeutlicht und damit dem Zuhörer ein erster Hinweis auf die Deutung gegeben werden. Zur szenischen Lesung gehört auch ein leichtes „Anspielen" des Textes. Das bedeutet, dass während des Lesens bereits Elemente von Mimik und Gestik sparsam eingesetzt werden. Gerade beim szenischen Lesen ist es sinnvoll, mehrere Lesevarianten zu erproben und deren unterschiedliche Wirkungen zu diskutieren. Das szenische Lesen kann durch die Markierung des Textes (Vortragszeichen) vorbereitet werden.

/	Sprechpause	↘	Stimme senken (z. B. oft bei Punkten)
◯	Einzelwörter hervorheben	——	laut
)	Zeilen verbinden	·······	leise
↗	Stimme heben		

Erzählende Texte szenisch darstellen

1. Arbeite heraus, was du in folgendem Abschnitt über die handelnden Personen erfährst.

„Ich war vor zwei Monaten in New York angekommen und lebte mit zwei Freunden, die wie ich von Deutschland gekommen waren, in einem dunklen schäbigen Zimmer, das uns Mr. Murphy, ein fetter, jähzorniger Ire, vermietet hatte. Wir hatten kein Geld und keine Jobs und lebten von Gelegenheitsarbeiten. Mr. Murphy war ein Witwer mit fünf Kindern, und Jimmy war der Jüngste. Das Haus, wo wir wohnten, war eine der riesigen Mietskasernen in dem arm- 5 seligen, überbevölkerten Viertel der Stadt im Süden Manhattans, in dem die erste Generation der Einwanderer lebte – Griechen, Iren, Juden, Franzosen, Deutsche, Russen und Italiener."

Während erzählende Texte (**Prosa**) in erster Linie für Leser geschrieben sind, richten sich **Dialogtexte** (z. B. Theaterstücke) vorwiegend an Zuschauer oder Zuhörer. Sie verzichten in der Regel auf einen Erzähler und beschränken sich in ihrer schriftlichen Form auf die Wiedergabe der Gespräche zwischen den handelnden Personen (**Dialoge**) oder die laut geäußerten Gedanken der Personen (**Monologe**). **Regieanweisungen** geben Hinweise für die Aufführung.

2. Versuche nun folgendes Gespräch fortzusetzen, indem du die Informationen aus dem Text berücksichtigst.

Ich-Erzähler: „Guten Tag, ich habe gehört, hier wäre noch ein Zimmer frei. Meine beiden Freunde und ich suchen eine Bleibe. Wir sind gerade mit dem Schiff aus Europa gekommen." *Mr. Murphy:* „Und dann kommt ihr ausgerechnet zu mir? Wer hat euch denn hergeschickt?"

[1] *die Requisite:* beweglicher Gegenstand, der bei einer Theatervorführung oder in einem Film benötigt wird

3. Um diese Szene darstellen zu können, benötigst du nicht nur handelnde Figuren, sondern auch ein Umfeld, in dem sich die Figuren bewegen. Überlege, welche Einrichtungsgegenstände, Kostüme und Requisiten[1] du für die Szene brauchst.

4. Verfasse auch die passenden Regieanweisungen.

Um die Vorstellung einer zweiten Wirklichkeit auf der Bühne zu geben, treten die Figuren in **Kostümen** auf. Sie bewegen sich vor einer **Kulisse** und benutzen **Requisiten**. Wenn sich ein Darsteller besonders an das Publikum wenden will, tritt er an die (Bühnen)-**Rampe**. Besondere Bedeutung kommt dem Gesichtsausdruck (**Mimik**) und der Körpersprache (**Gestik**) zu. Ein stummes Spiel heißt **Pantomime**.

5. Verfasse einen Rollenmonolog, in dem du Kurts Dilemma (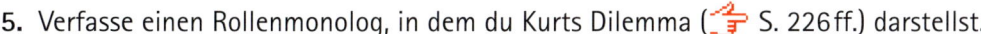 S. 226 ff.) darstellst.

Rollenmonologe schreiben

Ein Rollenmonolog ist ein Selbstgespräch einer Figur. Durch dieses Selbstgespräch lernt der Zuhörer die Handlungen, deren Hintergründe, Gedanken und Gefühle kennen:

- Rollenmonologe werden in der Ich-Form geschrieben.
- Rollenmonologe werden aus der Rolle heraus geschrieben, also das, was geäußert wird, muss zu der jeweiligen Person, wie wir sie im Text kennengelernt haben, passen.

Rollenmonologe können auch im Rahmen einer szenischen Lesung an geeigneter Stelle eingebaut werden. Durch einen zusätzlichen Leser oder durch eine andere Sprechhaltung sollte allerdings deutlich werden, dass es sich dabei um zusätzliche Texte handelt.

6. Setzt euch in Gruppen zusammen und teilt die folgenden Szenen zum Text „Eine Gerichtsverhandlung in New York" untereinander auf. Überlegt, welche Szenen einen Dialog erfordern und welche eher als Monolog gestaltet werden können. Schreibt eure Szene mit den Regieanweisungen.

> **Erklärung**
> Szenen werden auch als *Auftritte* bezeichnet, weil eine neue Szene oft damit beginnt, dass eine weitere Figur auftritt, oder damit endet, dass eine Figur abtritt.

Gespräch des Arztes mit Mr. Murphy	Gespräch der Nachbarn nach Kurts Verhaftung	Gerichtsverhandlung
Gespräch der Nachbarn vor Kurts Verhaftung	Mr. Murphys Verteidigungsrede vor Gericht	Anklage gegen Kurt

7. Haltet fest, wie ihr die Teile der Erzählung darstellen wollt, die ihr nicht auf der Bühne aufführen könnt. Überlegt auch, welche Requisiten ihr für eine Aufführung braucht.

> **Dialogisierung eines Erzähltextes:** Um einen erzählenden Text „vorspielen" zu können, muss man für die Handlung wichtige Aussagen des Erzählers so umformen, dass sie für den Zuschauer nicht verloren gehen. Da der Text nach dieser Umformung vorwiegend aus Dialogen besteht, spricht man auch davon, den Text zu dialogisieren.
> Dabei werden die Aussagen des Erzählers
> - in die Dialoge eingebaut oder
> - durch Anweisungen für die handelnden Personen umgesetzt.

8. Fügt nun die einzelnen Szenen und Kurts Rollenmonolog (☞ S. 233/Aufgabe 5) zu einem Drama zusammen. Beginnt mit der Exposition. Entscheidet, an welcher Stelle ihr den dramatischen Konflikt beginnen lasst. Überlegt, wie die Lösung des Konflikts aussehen kann.

> Die **Exposition** ist der Teil einer Geschichte oder eines Dramas, in dem das Thema, der Handlungsort und die wichtigsten Figuren genannt werden.
> Der **dramatische Konflikt** entsteht beim Aufeinanderprallen gegensätzlicher Interessen oder Handlungsziele.
> Am Ende sollte die **Lösung des Konflikts** das Geschehen abrunden.

PROJEKT

Eine Theateraufführung planen

- ➤ Überlegt, wen ihr zur Vorstellung einladen wollt. Haltet fest, was ihr für die Aufführung benötigt. Ihr könnt auch mögliche Sponsoren anschreiben.
- ➤ Sammelt Ideen, wie ihr das Bühnenbild gestalten wollt. Beschafft euch die notwendigen Requisiten und ordnet sie.
- ➤ Entwerft ein Programmheft.
- ➤ Verteilt die Rollen und überlegt euch, wer die verschiedenen Aufgaben übernehmen soll.
- ➤ Die Qualität einer Theaterführung hängt entscheidend davon ab, wie gut und ausdrucksstark die Schauspieler die Regieanweisungen (☞ S. 232) umsetzen. Deshalb gibt es sowohl beim Film als auch beim Theater einen Regisseur, der die Spielweise der Schauspieler kontrolliert und notfalls verbessert. Entscheidet, wer bei eurer Aufführung Regie führen soll.
- ➤ Nun beginnen die Proben. Ein Text muss auf der Bühne ausdrucksstark vorgetragen werden. Lest zunächst eure Texte mehrmals laut vor. Achtet dabei auf das Sprechtempo, die Betonung, die Atmung und die Pausen. (☞ Szenisches Lesen S. 231)
- ➤ Wenn ihr den Text beherrscht, müsst ihr überlegen, wie ihr nicht nur eure Stimme, sondern auch Mimik und Gestik richtig einsetzen könnt, um Gefühle und Stimmungen der handelnden Personen für die Zuschauer zu verdeutlichen.
- ➤ Probt nun mit Kulissen, Requisiten und Kostümen.

Demonstrativ-, Relativ- und Indefinitpronomen

Beruf: Maskenbildner

„Die Nase darf nicht zu groß werden, sonst sieht sie aus wie die von einem Hund." Mit einem Pinsel, **der** sehr fein ist, zeichnet Stefanie Gredig die Umrisse eines Katzennäschens auf die Nasenspitze einer Tänzerin. Dann strichelt sie mit
5 roter und gelber Fettschminke ein Fellmuster, **welches** Stirn und Wangen der jungen Frau bedeckt. Zum Schluss tupft sie **einige** schwarze Barthaare hinein. Aber erst als Maskenbildnerin Stefanie Gredig ihrer „Katze" eine Perücke aufsetzt, **die** aus gefärbtem Büffelhaar besteht und spitze Ohren hat,
10 blinzelt ihr aus dem Schminkspiegel „Sillabub" entgegen.

Sillabub ist eine der **vielen** Katzen aus dem Musical „Cats", **das** im Theater am Potsdamer Platz in Berlin aufgeführt wird.

Eigentlich könnten Maskenbildner auch „Haarbildner"
15 heißen, denn Frisieren ist in **diesem** Beruf mindestens so wichtig wie Schminken. Ob Mähne oder Glatze, ob rot-blond oder dunkelbraun, ob Schnurrbart, Vollbart oder gar **kein** Bart – wie ein Mensch wirkt, (**der** die Bühne betritt), hängt nämlich entscheidend von seiner Haartracht ab. (…) Also müssen Maskenbildner **etliche**
20 Perücken und **zahlreiche** Bärte knüpfen oder historische Frisuren herstellen. Einige müssen aber auch Masken entwerfen und modellieren oder Gesichtsteile anfertigen – eine Pinocchio-Nase zum Beispiel, die auf **keinen** Fall abfallen darf.

Doch damit nicht genug: Maskenbildner brauchen auch Ideen. Vor allem wer
25 Spezial-Effekte in Szene setzen will, muss sich auf seine Fantasie statt auf Lehr-bücher verlassen. Oder auf die Tipps der Kollegen hören – denn die verraten so **manchen** Trick. Etwa, wie sie in der Metzgerei Rindfleisch kauften, um damit klaffende Wunden zu modellieren. Oder wie sie mit schlichtem Spülmittel den Schaum vor dem Maul einer Leopardenmaske lebensecht hinkriegten.
30 **Wer** jetzt immer noch Maskenbildner werden will, **den** werden auch die Arbeitszeiten nicht abschrecken. Theater-Maskenbildner arbeiten fast immer abends, am Wochenende und feiertags. Und **wen** es zum Film zieht, **der** muss sich auf lange Wartezeiten beim Drehen einstellen.

„**Viel** Geduld ist in **diesem** Beruf ganz wichtig", sagt Stefanie Gredig, „und
35 die Liebe zum Detail." Klar. Schließlich wollen die Zuschauer nicht nur hören, sondern auch sehen, **was** die Cats-Darsteller am Schluss singen: dass Katzen **keine** Hunde sind.

1. Bei markierten Wörtern handelt es sich um Pronomen. Bestimme sie mithilfe des Merkkastens. Lege dazu eine Tabelle in deinem Heft an.

Das **Demonstrativpronomen** (hinweisendes Fürwort) weist auf jemanden oder etwas ganz besonders hin. Es begleitet das Nomen oder steht an dessen Stelle und wird deshalb dekliniert.
Folgende Demonstrativpronomen werden unterschieden:
1. der, die, das: *Was für ein toller Schauspieler! Und mit **dem** darf ich auf der Bühne stehen!*
2. dieser, diese, dieses: ***Diese** Aufführung hat mich viel Kraft gekostet.*
3. jener, jene, jenes: ***Jener** britische Regisseur hat mir alles abverlangt.*
4. derjenige, diejenige, dasjenige: *Das ist **derjenige**, der jetzt so viel Erfolg hat.*
5. solcher, solche, solches (oder solch ein/einer/eine): *Einen **solchen** Schauspieler gibt es kein zweites Mal.*

Das **Indefinitpronomen** (unbestimmtes Fürwort) wird verwendet, wenn etwas verallgemeinert oder nicht näher identifiziert wird. Es steht an Stelle eines Nomens oder eines Artikels und wird dekliniert.
Die Indefinitpronomen sind:
1. man, jemand, niemand, irgendeiner, jeder: ***Niemand** von uns hat die Aufführung in New York gesehen.*
2. etwas, alles, nichts, irgendetwas: *In der Zeitung steht **nichts** Neues.*
3. einige, manche, andere, mehrere, alle, viele, etliche: *Wir haben schon **einige** gute Schauspieler gesehen.*

Das **Relativpronomen** leitet einen Relativsatz ein. Es stimmt in Genus und Numerus mit seinem Bezugswort im Hauptsatz überein. Der Kasus hängt davon ab, welches Satzglied (Subjekt, Objekt) das Relativpronomen im Nebensatz ist.
Die Relativpronomen sind:
1. der, die, das: *Der Schauspieler, **dem** wir begegnet sind, ist sehr berühmt.*
2. welcher, welche, welches: *Das Schauspielhaus, in **welchem** wir kürzlich waren, wird nun renoviert.*
3. wer, was: ***Wer** noch keine Eintrittskarte hat, muss sich beeilen.*
Wer bzw. *was* wird benutzt, wenn kein Bezugswort da ist oder das Bezugswort ein Indefinitpronomen, ein Demonstrativpronomen oder ein Superlativ ist (*das, dasjenige, dasselbe, alles, manches, etwas, einiges, nicht, viel, weniges, das meiste*): *Das, **was** du da behauptest, kann nicht stimmen. Das ist das Beste, **was** mir je passiert ist.*
Was wird auch verwendet, wenn sich das Relativpronomen auf einen ganzen Satz bezieht: *Alles, **was** wir gesehen haben, hat uns gut gefallen.*

2. Bestimme, in welchem Kasus die Relativpronomen in folgendem Ausschnitt stehen. Die Relativsätze sind hervorgehoben.

„Man weiß, dass in England jeder Beklagte zwölf Geschworene von seinem Stande zu Richtern hat, **deren Ausspruch einstimmig sein muss**, und die, damit die
5 Entscheidung sich nicht zu sehr in die Länge verziehe, ohne Essen und Trinken so lange eingeschlossen bleiben, bis sie eines Sinnes sind. Zwei Gentlemen, **die einige Meilen von London lebten**,
10 hatten in Gegenwart von Zeugen einen sehr lebhaften Streit miteinander; der eine drohte dem andern, und setzte hinzu, dass, ehe vierundzwanzig Stunden vergingen, ihn sein Betragen reuen solle. Gegen Abend wurde
15 dieser Edelmann erschossen gefunden; der Verdacht fiel natürlich auf den, **der die Drohungen gegen ihn ausgestoßen hatte**.“

3. Bestimme, um welche Pronomen es sich bei den hervorgehobenen Wörtern im folgenden Text handelt.

Was macht eine gute Theater-Rezension aus?

Man nennt es gern „Theater-Kritik“. **Mancher** ist dabei versucht, Noten, Zensuren zu geben. Es soll „Kritiker“ geben, die für Kollegen schreiben.
Andere schreiben nicht gern für mehr als zwei Prozent der Leser.
Es ist unprofessionell, eine Theateraufführung zu besprechen und sich dabei
5 darauf abzustützen, ob es **einem** gefallen oder nicht gefallen hat.
Es ist unprofessionell zu sagen: „Ich gehe einfach hin, gucke mal und schreibe dann was.“
Man sollte schon den Schimmer einer Ahnung davon haben, was Theater ist und wie es gemacht wird. **Wer** seriös über lokale oder sonstige Politik schrei-
10 ben will, muss auch mehr wissen als Otto Normalverbraucher[1].
Kernsatz:
Es gibt zwar **keine** Regel, **kein** Raster[2] für die Aufführungsrezension. Aber es gibt **viele** mögliche Bausteine, die man kennen und dann je nach Bedarf angemessen verwenden sollte.

4. Überlege, ob du die Pronomen durch andere Wörter ersetzen kannst.

Erklärung
Das Wort *Rezension* geht auf das Lateinische *recensere* zurück und heißt *sorgfältig prüfen*.

[1] *Otto Normalverbraucher:* ein durchschnittlicher Mensch

[2] *das Raster:* das Muster, das Schema

5. Erkläre, warum die hervorgehobenen Wörter *der, die* und *das* im folgenden Text keine Relativpronomen sind.

In einer Kurzbeschreibung zum Theaterstück „Creeps" von Lutz Hübner heißt es: „The world is waiting for you!" Mit dieser Ankündigung lädt ein TV-Sender drei Mädchen zum Casting für die Moderatorenstelle der neuen Music-Show „Creeps" ein. Maren, **das** Nervenbündel mit Öko-Tick, Petra, **der** Kumpeltyp aus Chemnitz, und Lilly, **die** Modepuppe aus reichem Hause, werden von dem ₅ zynischen Redakteur der Sendung in einen immer härteren Wettkampf getrieben – bis sie allmählich den tatsächlichen Grund für dieses Casting herausbekommen. Ein packendes Theaterstück, spannend zu lesen und vielfach auf den Bühnen zu sehen.

6. Auch Schüler einer achten Klasse haben sich mit dem Theaterstück „Creeps" auseinander gesetzt und im Anschluss an ihre Lektüre eine Rezension verfasst. Dabei äußern sie recht unterschiedliche Meinungen. Hier sind einige Ausschnitte aus ihren Rezensionen. Füge die fehlenden Pronomen hinzu.

• Alle Charaktere sind sehr verschieden dargestellt (Art, Auftreten, Aussehen ...). _____ sieht, wie verschieden Menschen sein können und was passiert, wenn _____ aufeinandertreffen. Trotzdem sind sich die drei Mädchen in _____ Hinsicht ähnlich und in ihren Aussagen an _____ Stellen kaum auseinanderzuhalten.

• Die Sprache im Buch war für _____ in der Klasse störend und albern, da _____ englische Wörter benutzt werden. Der Rest der Klasse fand es auflockernd und lustig, weil _____ ihrer Meinung nach satirisch gemeint war. Der Sprachgebrauch war unrealistisch, weil kaum ein normaler Mensch so spricht, wie in _____ Buch. Hier ein Beispiel: „KM ist doch real hardboiled!" So ein „Denglisch"[1] benutzen nur _____ Jugendliche.

• Ich verstehe nicht, wie _____ _____ Theaterstück so heftig ablehnen kann. Wir haben das Stück im Deutschunterricht gelesen und ohne Ausnahme fand _____ es gut! Das Stück ist witzig und gleichzeitig tragisch. Die drei Mädchencharaktere fanden wir absolut überzeugend und glaubwürdig.

• Das Buch Creeps hat eigentlich _____ mit den bekannten Castingshows aus dem Fernsehen zu tun. Am Ende wird _____ Gewinner ermittelt. Realistisch (im Bezug auf die Castingshows aus dem Fernsehen) ist, dass die Mädchen streiten und ein andauernder Konkurrenzkampf besteht. Des Weiteren wird auch gut beschrieben, wie weit _____ Jugendliche gehen, um einen Hauch von Berühmtheit zu erlangen.

[1] *Denglisch:* Bezeichnung für ein mit englischen Ausdrücken völlig durchsetztes Deutsch

Verben mit Präpositionen

1. Viele Verben verlangen bestimmte Präpositionen, mit denen sie feste Verbindungen eingehen ( S. 263 ff.). Lies folgenden Text und ergänze die fehlenden Präpositionen.

GRIPS: Über uns

Das Wort GRIPS bedeutet in der norddeutschen Umgangssprache vor allem „schnelle Auffassungsgabe", „wacher Verstand". GRIPS ist Vernunft mit Witz; es ist Denken, das Spaß macht. GRIPS ist auch der Name, den wir unserem Theater gegeben haben. Es begann, angeregt _____ die Studentenbewe-
5 gung in den sechziger Jahren, _____ einem für (West-)Deutschland völlig neuen, nämlich in der Gegenwart spielenden, realistischen Theater für Kinder. Nachdem es jahrelang durch Kritiker und konservative Politiker angefeindet worden war, setzte es sich _____ den deutschen Bühnen durch, ist heute international verbreitet und gilt als das berühmteste Kinder- und Jugendtheater
10 der Welt. Heute spielt das GRIPS Theater gleichermaßen _____ Kinder, Jugendliche und Erwachsene.

2. In einem Motivationsbrief begründet eine angehende Schauspielstudentin ihren Berufswunsch. Korrigiere die Fehler.

Sehr geehrte Dame, sehr geehrter Herr,
Schon seit meiner frühen Kindheit interessiere ich mich am Theater. Deswegen möchte ich mich für einen Platz an der Hochschule für Kunst und Theater bewerben.
Schon in meiner Grundschulzeit strebte ich dazu, auf die Bühne zu gelangen. Beim Schulfest spielte ich Dornröschen, und die meisten Zuschauer waren erfreut mit meinen Leistungen. Auf dem Gymnasium setzte ich meine Tätigkeit fort. Gemeinsam mit einigen Mitschülern gelang es mir, den Widerstand der Schulleitung für alles Künstlerische zu brechen und das Schultheater wieder aufs Leben zu erwecken. Darüber hinaus nahm ich auf zahlreichen Praktika im Zusammenhang mit dem Theaterwesen teil.
Seit kurzer Zeit darf ich mich wegen meines Abiturs freuen und nun sehne ich mich auf eine Karriere als Schauspielerin. Da ich gehört habe, dass die Ausbildung an Ihrer Hochschule mit den besten gehört, bitte ich Sie für ein persönliches Gespräch, in dessen Verlauf ich meine Wahl noch begründen kann.
Ich hoffe um eine baldige Antwort und bedanke mich auf Ihr Interesse.

Mit freundlichen Grüßen
Emma Schwarz

Der Wissensspeicher

1. Sprechen und Zuhören

Wenn Menschen sich miteinander verständigen, wird dies als Kommunikation bezeichnet. Wir können mündlich und schriftlich miteinander kommunizieren und verwenden dazu sprachliche Zeichen (Buchstaben, Wörter, Sätze, Texte usw.) und nichtsprachliche Zeichen (Bildsymbole, Piktogramme, Mimik und Gestik usw.).

☞ S. 205 ff. ### 1.1 Gelingende und misslingende Kommunikation

Damit Kommunikation **gelingt**, muss das, was der Sprecher sagen will, mit dem, was der Hörer versteht, übereinstimmen.

Hilfreich ist **aktives Zuhören**: dem Sprecher Aufmerksamkeit schenken und durch Nachfragen sichergehen, dass man etwas richtig verstanden hat (Ich-Botschaften).

Falls Kommunikation **misslingt**, sollten sich Sprecher und Hörer darüber verständigen, wo die **Missverständnisse** liegen.

Das **Vier-Ohren-Modell** der Kommunikation erklärt Missverständnisse dadurch, dass ein und dieselbe Nachricht ganz unterschiedlich verstanden werden kann, je nachdem, auf welchem Ohr man hört:

- Selbstmitteilungs-Ohr: Was sagt jemand über sich aus?
- Appell-Ohr: Wozu will er mich bewegen?
- Beziehungs-Ohr: In welcher Beziehung stehen wir seiner Meinung nach zueinander?
- Sach-Ohr: Worüber will er informieren?

S. 208 **Höflichkeit** ist mehr als das Einhalten von bestimmten Benimmregeln, bedeutet vor allem

- den anderen als Mensch zu achten,
- die Gefühle eines anderen nicht zu verletzen,
- fremde Sitten und Gebräuche zu respektieren.

S. 210 ff. **1.2 Formen mündlicher Kommunikation**

Die **Diskussion** hat verschiedene Ziele, z. B.:

- Sammlung von Informationen (Sachdiskussion)
- Sammlung von Ideen
- Herbeiführung von Entscheidungen
- Meinungsaustausch
- Kampf der Meinungen um den Sieg (Streitgespräch)

Wichtige **Diskussionsregeln** sind:

- sachlich bleiben
- den anderen ausreden lassen
- nur dann reden, wenn man sich auch zu Wort gemeldet hat

Wenn in einer Diskussion ein Standpunkt dargelegt und mit Begründungen abgesichert wird, spricht man von **Argumentieren.** Die Begründungen werden auch Argumente genannt. Durch Belege oder Beispiele kann man sie bekräftigen.

S. 151 ff. **1.3 Kurzreferate halten – Informationen präsentieren**

Zur Vorbereitung eines jeden Kurzreferats ist die **Informationssuche** notwendig. Zwei von zahlreichen Möglichkeiten, sich zu informieren, sind

- die Bibliothek,
- das World Wide Web: z. B. über Suchmaschinen.

Um Informationen sicher mündlich zu vermitteln, ist eine sinnvolle Gestaltung des **Stichwortzettels** notwendig:

- nur das Wichtigste aufnehmen
- übersichtlich beschriften
- Blätter oder Karteikarten durchnummerieren

Diejenigen, die einem Referat **zuhören,** sollten sich Notizen machen:

- zwei Spalten auf dem Blatt vorsehen
- Stichwörter notieren
- Symbole verwenden (z. B. Fragezeichen, Ausrufezeichen, Folgepfeile usw.)

2. Schreiben

2.1 Schreiben als Prozess
Der Schreibprozess besteht aus den Phasen:
- Themenerfassung durch genaues Lesen des Themas
- Stoffsammlung, z.B. durch Brainstorming, Cluster, Mind-Map
- Stoffgliederung
- Schreibplan
- Schreiben
- Überarbeiten, z.B. in der Schreibwerkstatt

S. 149 ## 2.2 Standardisierte Texte verfassen
Standardisierte Texte sind Texte, die einem ganz bestimmten Muster folgen und
wenig Gestaltungsfreiheit zulassen.
Dazu gehört der **sachliche Brief**:

Was? (Inhalt):
- Anfragen, Anträge, Beschwerden usw.
- Adressat: eine Person, mit der man nicht befreundet ist; Behörden, Firmen etc.

Wie? (Aufbau):
- Kopf: Absender, Adressat, Anliegen in Kurzform, Datum
- Hauptteil: Anliegen, Begründung
- Schluss: Grußformel, Unterschrift

Sprache:
- sachlich
- höflich

S. 155 ## 2.3 Appellative Texte verfassen
Appellative Texte wollen jemanden zu etwas bewegen.
Was? (Inhalt):
- Suchanzeige, Aufruf, Werbung
- Adressat: meist mehrere Personen gleichzeitig, oft Unbekannte

Wie? (Aufbau, Gestaltungstechnik):
- Text- und Bildkombination
- gut lesbare Schrift
- auffallendes Layout

Sprache:
- kurze Sätze
- Ausrufe
- direkte Anrede

S. 13 ff. **2.4 Erzählen**

Erzählungen wollen jemanden unterhalten.

Was? (Inhalt):

- Fantasiegeschichte, Erlebniserzählung, Ausgestaltung eines Erzählkerns, Parallelgeschichte ...
- äußeres Geschehen
- Gedanken und Gefühle

Wie? (Aufbau und Erzähltechniken):

- Anfang, Hauptteil, Schluss
- Spannungsaufbau und -kurve
- Erzählperspektive: Er-Perspektive, Ich-Perspektive
- Erzählerrede, Figurenrede
- Erzählerbericht, szenisches Erzählen, Rückblenden
- Schilderungen

Sprache:

- Präteritum, Vorzeitiges im Plusquamperfekt, szenisches Präsens

S. 120 ff. **2.5 Texte zusammenfassen / eine Inhaltsangabe schreiben**

Textzusammenfassungen wollen jemanden über den Inhalt eines Textes informieren.

Was? (Inhalt):

- verkürzter Inhalt
- W-Fragen beantworten
- Zusammenhänge darstellen

Wie? (Aufbau und Darstellungstechnik):

- Basissatz: Autor, Textsorte, Titel, Thema
- verkürzen und zusammenfassen
- Zusammenhänge verdeutlichen
- sachlich: keine Spannung, keine persönlichen Wertungen
- direkte Rede zusammenfassend wiedergeben oder in indirekte Rede verwandeln

Sprache:

- Präsens, Vorzeitiges im Perfekt
- sachlich, standardsprachlich
- indirekte Rede: Konjunktiv I, Ersatzform Konjunktiv II bzw. *würde* + Infinitiv

S. 194 ff. **2.6 Beschreiben**

Beschreibungen wollen informieren.

Was? (Inhalt):

- einen Vorgang
- Aussehen (und Funktion) eines Gegenstands
- Äußeres und evtl. Charakter einer Person

Wie? (Aufbau und Darstellungstechnik):

- Einleitung, Hauptteil, Schluss, z. B. Vorgangsbeschreibung: Voraussetzungen, Verlauf, Ergebnisse
- Reihenfolge: Vorgangsbeschreibung: chronologisch / Bild-, Gegenstands- und Personenbeschreibung: vom Allgemeinen zum Speziellen
- Zusammenhänge verdeutlichen
- sachlich: keine Spannung, keine persönlichen Wertungen

Sprache:

- Präsens, Vorzeitiges im Perfekt
- sachlich, standardsprachlich
- Fachwörter

S. 98 ff. ## 2.7 Berichten

Berichte wollen informieren.

Was? (Inhalt):

- einen bestimmten Sachverhalt oder ein Ereignis möglichst knapp und sachlich wiedergeben
- W-Fragen beantworten

Wie? (Aufbau und Darstellungstechnik):

- Einleitung: Wer? Wann? Wo? Was? (kurz)
- Hauptteil: Was genau? Wie? Warum? Wer (Zeugen)?
  Darstellung der Ereignisse in ihrer zeitlichen und/oder logischen Abfolge
- Schluss: Welche Folgen?
- sachlich: keine Spannung, keine persönlichen Wertungen

Sprache:

- Präteritum, Vorzeitges im Plusquamperfekt
- sachlich, standardsprachlich

3. Sprachgebrauch und Sprachreflexion

3.1 Wortarten und Flexion

Der Wortschatz einer Sprache ist nach Wortarten gegliedert. Diese werden in **veränderbare (flektierbare)** und **unveränderbare (unflektierbare)** unterteilt.

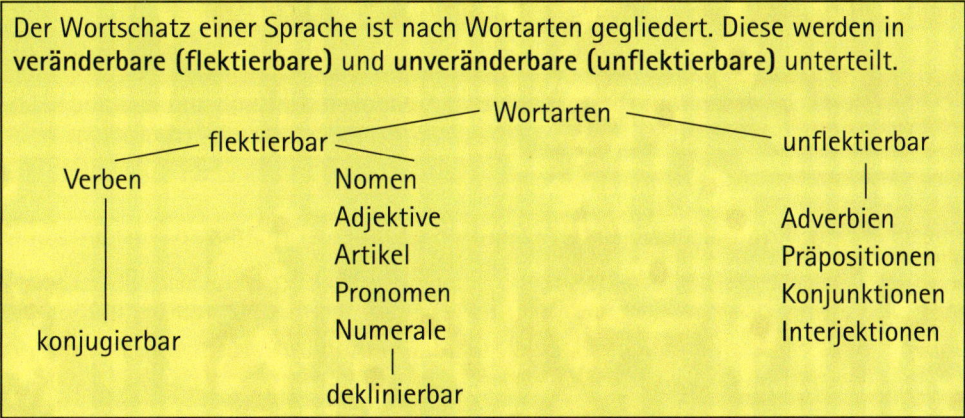

⊃ S. 27 ff. Verben:

Verben, die Träger der „Satzaussage" sind, nennt man Vollverben. Sie drücken eine Tätigkeit (*zeichnen*), einen Zustand (*liegen*) oder einen Vorgang (*abstürzen*) aus. Jeder vollständige Satz enthält ein Verb. Verben kommen in unterschiedlichen Formen vor. Die Grundform (*schreiben*) nennt man **Infinitiv**.

Die konjugierte (gebeugte oder auch finite) Form gibt an, wer oder was etwas tut (*ich schreibe, du schreibst ...*). Deshalb nennt man diese Form des Verbs auch **Personalform**. Im Gegensatz dazu stehen die nicht gebeugten (= infiniten) Formen Infinitiv und **Partizip I und II** (*denkend* und *gedacht*). Diese Formen werden vor allem zur Bildung der Vergangenheitsformen (*sie hatte gesehen*), des Passivs (*siehe Aktiv/Passiv*) oder als Adjektive eingesetzt (*das gestohlene Bild, das weinende Kind*).

S. 101 ff. Darüber hinaus treten Verben im Deutschen in drei **Modi** auf: Indikativ (*Paula lernt*), S. 128 ff. Konjunktiv I/II (*Man sagt, Paula lerne.*) und Imperativ (*Lerne so viel wie möglich!*).

Man unterscheidet die Vollverben auch noch danach, ob sie ein Akkusativ-Objekt nach sich ziehen oder nicht. Verben mit einem Akkusativ-Objekt heißen **transitive** Verben (*Maria schreibt einen Brief*.). Alle anderen Verben sind **intransitiv** (*Hanna lacht.*).

Außerdem gibt es im Deutschen noch sechs **Modalverben**: *können, müssen, wollen, sollen, dürfen, mögen*. Sie treten in Verbindung mit Vollverben auf.

⊃ S. 30 ff. Mit **Aktiv/Passiv** wird die Perspektive benannt, aus der ein Geschehen dargestellt wird: im Aktiv aus der Sicht der handelnden Person oder Ursache (*Der Sturm hat die Häuser abgedeckt*), im Passiv aus Sicht der betroffenen Sache (*Die Häuser wurden vom Sturm abgedeckt.* = Vorgangspassiv, *Die Häuser sind abgedeckt.* = Zustandspassiv).

Es gibt im Deutschen sechs **Tempora** (Zeiten, Singular: Tempus), die sich auf drei Zeitstufen verteilen: Gegenwart: Präsens; Vergangenheit: Perfekt (vorzeitig zum Präsens), Präteritum und Plusquamperfekt (vorzeitig zum Präteritum); Zukunft: Futur I und Futur II. Bis auf Präsens und Präteritum handelt es sich bei den Tempora um zusammengesetzte Zeitformen. Die Vergangenheitstempora werden – je nach Verb – mit den **Hilfs-verben** *haben* oder *sein* gebildet (*er hat gearbeitet; sie ist gereist*). Die Futurformen werden mit dem Hilfsverb *werden* gebildet (*Hans wird dich besuchen.*).

Nomen:

Sie bezeichnen Lebewesen und Dinge (Konkreta), Gedanken, Gefühle und Zustände (Abstrakta). Der Artikel als Begleiter zeigt das grammatische Geschlecht (Genus) an.

S. 51 ff. ### Adjektive:

Sie beschreiben Dinge, Lebewesen und Gefühle genauer, können also Auskunft über deren Aussehen, Zustand und Verhalten geben. Adjektive, die direkt bei einem Nomen stehen und dieses näher bestimmen, werden ebenso wie das Nomen dekliniert: *des schönen Kindes.* Sie können auch gesteigert werden (**Komparation**): *schön, schöner, am schönsten, das schönste Kind.*

Artikel:

Er begleitet Nomen und gibt im Singular dessen grammatisches Geschlecht (Genus) an. Man unterscheidet den bestimmten (*der, die, das*) und den unbestimmten (*ein, eine, ein*) Artikel. Im Plural lautet der bestimmte Artikel immer *die*, der unbestimmte Artikel entfällt.

S. 235 ff. ### Pronomen:

Je nach Art stehen sie allein oder auch in Verbindung mit Nomen. Folgende Arten von Pronomen gibt es: Personalpronomen (*ich, dir, euch, uns ...*), Possessivpronomen (*mein, unser, sein, ihr ... Haus*), Interrogativpronomen (*wer?, wessen Kleid?, welcher Mann? ...*), Demonstrativpronomen (*der, diese, jene, derjenige, solche*), Relativpronomen (*welcher, das, die, was*), Indefinitpronomen (*man, jemand, einer, keiner ...*).

Numeralia:

Als **Numeralia** (Singular: **Numerale**) bezeichnet man all die Wörter, die eine bestimmte oder unbestimmte Zahl oder Menge angeben. Dazu gehören auch die Kardinal- und Ordinalzahlen. Kardinalzahlen geben eine bestimmte Anzahl an und werden in der Regel nicht dekliniert (*ein, zwei, drei ...*). Ordinalzahlen legen eine bestimmte Reihenfolge fest. Da sie beim Nomen stehen, können sie dekliniert werden (*der erste Platz, auf dem zweiten Platz*).

Adverbien:

Sie sind Wörter, die die Umstände eines Geschehens oder einer Aussage näher bestimmen. Man unterscheidet Adverbien des Ortes (*hier, unten ...*), der Zeit (*heute, oft, jetzt ...*), der Art und Weise (*kaum, gern, sehr ...*) und des Grundes (*deshalb, trotzdem ...*).

S. 239 ff. ### Präpositionen:

Sie geben an, in welchem Verhältnis Dinge, Lebewesen oder Vorgänge zueinander stehen. Sie stehen immer in Verbindung mit einem Nomen oder Pronomen, dessen Kasus sie bestimmen (*auf dem Dach*). Präpositionen werden nicht gebeugt und können mit dem bestimmten Artikel verschmelzen (*im Kino = in dem Kino*).

Konjunktionen:
Man unterscheidet beiordnende/nebenordnende (*denn, aber, und ...*) und unterordnende Konjunktionen (*als, obwohl, damit ...*).

Interjektionen:
Dabei handelt es sich um Ausrufewörter: *ach, oh, oho*. Sie sind nicht flektierbar.

3.2 Satz und Satzglieder

Im Deutschen unterscheidet man folgende drei **Satzarten**:
- Aussagesatz (*Claudia geht gerne ins Kino.*)
- Fragesatz (Wortfrage: *Wer bist du?* oder Satzfrage: *Kommst du heute ins Freibad?*)
- Ausrufe- und Aufforderungssatz (*Komm nicht so spät nach Hause!*)

Eine **Satzreihe** ist die Verbindung von Hauptsätzen. Ein **Satzgefüge** ist die Verbindung von Haupt- und Nebensätzen, erkennbar an der Stellung des konjugierten Verbs (Endstellung im Nebensatz).

Das **Satzglied** ist die grammatische Gliederungseinheit des Satzes. Satzglieder können aus einem einzelnen Wort, aber auch aus einer Wortgruppe bestehen. Man erkennt sie daran, dass man sie im Satz verschieben kann (**Verschiebe- oder Umstellprobe**), ohne dass er grammatisch falsch wird. Satzglieder sind z.B. das Subjekt, das Objekt, das Prädikat, die adverbiale Bestimmung.

Es gibt im Deutschen vier verschiedene Arten von **Objekten**: Genitiv-, Dativ-, Akkusativ- und Präpositionalobjekt. Die Objekte werden durch das Prädikat bestimmt. Es handelt sich um selbstständige Satzglieder, die mithilfe der Umstell- und Ersatzprobe ermittelbar sind.

Das **Attribut** ist ein Satzgliedteil, kein selbstständiges Satzglied. Als Beifügung erläutert es ein Bezugswort und kann nur zusammen mit seinem Bezugswort verschoben werden. Es kann vor oder nach dem Bezugswort stehen.
Beispiele:
- *das **schöne** Buch* (Adjektiv)
- *der **erleuchtete** Platz* (Partizip)
- *der Baum **an dem Fluss*** (präpositionaler Ausdruck)
- *Die Biene, **eine fleißige Arbeiterin**, sammelt Nektar.* (Apposition)
- *das Fahrrad **meines Bruders*** (Nomen im Genitiv)
- *Das Buch, **das ich mir ausgeliehen habe**, gefällt mir gut.* (Relativsatz)

☞ S. 77 ff. ### 3.3 Wortschatz und Wortbedeutung

Als **Standardsprache** wird die Sprache bezeichnet, die die Normen eines korrekten, stilistisch hochstehenden Sprachgebrauchs erfüllt. Im Gegensatz dazu weist die **Umgangssprache** Abweichungen von der Norm auf, z.B. Elemente aus anderen Stilebenen, aus dem Dialekt, Jugendsprache usw.

Ein **Fremdwort** ist ein Wort, das aus einer anderen Sprache übernommen wurde, bei dem meist Aussprache und Schreibweise der Herkunftssprache erhalten geblieben sind. Das **Lehnwort** ist ein aus einer fremden Sprache entlehntes Wort, das sich lautlich und in der Flexion der einheimischen Sprache angepasst hat (*Fenster* ← lat. *fenestra*).

Bedeutungswandel meint die historische Veränderung dessen, was ein Wort bezeichnet (z. B. *Zeitung* ursprünglich *Ereignis, Nachricht,* später *Druckerzeugnis*).

☞ S. 214 ff. **3.4 Rechtschreibung und Zeichensetzung**
Groß- und Kleinschreibung:
Bei der Groß- und Kleinschreibung ist zu beachten:
- Der **Satzanfang** wird grundsätzlich großgeschrieben – unabhängig von der Wortart.
- Nomen werden großgeschrieben.
- Wörter aus anderen Wortarten (z. B. Verben, Adjektive, Adverbien) können **als Nomen verwendet werden**. Das nennt man Nominalisierung *(denken – das Denken)*. Kennzeichen der Nomen ist der Artikel, der davor stehen kann. Aber auch unbestimmte Mengenangaben *(etwas Gutes)* und Pronomen *(sein Verschwinden)* können Nomen anzeigen.

Zusammen- und Getrenntschreibung:
(1) Bestandteile von **Wortgruppen** schreibt man **getrennt**, sie bilden keine feste Sinneinheit:
a) Dazu gehören fast alle Verbindungen aus Verb + Verb:
- *Peter muss jeden Tag **schreiben üben**. Hans muss jeden Tag **tanzen üben**.*
Ausnahmen sind Verbindungen mit *lassen, bleiben* und das Wort *kennenlernen*. Diese können sowohl getrennt als auch zusammengeschrieben werden (*hängenlassen/hängen lassen; liegenbleiben/liegen bleiben* und *kennenlernen/kennen lernen*).
b) Alle Verbindungen mit *sein (fertig sein, vorbei sein, zufrieden sein)* schreibt man ebenfalls auseinander.
(2) *Zusammensetzungen* schreibt man dagegen **zusammen**, da die darin enthaltenen Wörter eine neue Sinneinheit bilden, d. h., die Bestandteile haben ihre Merkmale als frei vorkommende Wörter verloren:
- *Auch während der Schulzeit darf der Stress nicht **überhandnehmen**.*
- *Er hätte sich über die Situation **kranklachen** können.*
a) Die meisten Zusammensetzungen sind trennbar, d. h., man schreibt sie nur im Infinitiv, im Partizip I und im Partizip II zusammen:
- *entlanggehen: Er ist die Straße entlanggegangen.* Aber: *Er geht die Straße entlang.*
b) Manche Zusammensetzungen von Verben mit Nomen, Adjektiven, Präpositionen oder Adverbien sind so fest miteinander verbunden, dass sie in allen Formen untrennbar sind:
- *Der Lehrer maßregelt den Schüler.* (Nicht: **Der Lehrer regelt den Schüler maß.*)
- *Das Auto durchbricht die Leitplanke.*

(3) Manchmal können **identische Einheiten sowohl** als **Wortgruppe als auch** als **Zusammensetzung** auftreten, je nachdem was gemeint ist. Als Prüfmethode zur Unterscheidung zwischen Wortgruppe und Zusammensetzung kann die Betonungsprobe dienen:

- *fr<u>ei</u> spr<u>e</u>chen* (beide Bestandteile gleich betont → **Wortgruppe:** *Vor großem Publikum konnte er nicht frei sprechen.)*; *fr<u>ei</u>sprechen* (**Hauptakzent auf 1. Bestandteil** → **Zusammensetzung:** *Das Gericht musste den Angeklagten aus Mangel an Beweisen freisprechen.)*

s-Schreibung:
Den stimmhaften s-Laut schreibt man mit einfachem s: *der Hase.*
Der stimmlose s-Laut wird nach einem kurzen Vokal –ss geschrieben: *hassen*; nach langem Vokal bzw. Diphthong –ß: *heiß.*

das-dass-Schreibung:
das ist entweder ein Artikel, ein Demonstrativpronomen oder ein Relativpronomen. Ist die Ersatzprobe mit *dieses* oder *welches* möglich, steht *das. dass* ist eine Konjunktion, die einen Nebensatz einleitet. *Das ist das Wichtigste, dass es dir wieder besser geht. Das Haus, das uns gehört …*

Homonyme, Homografe:
Ein Problem beim Verständnis von Texten und auch bei der Rechtschreibung stellen die gleichlautenden Wörter dar, die aber unterschiedliche Bedeutung haben. Man nennt sie **Homonyme.**

Beispiel:

Bank		*Kiefer*	
Sitzbank	Geldinstitut	Baum	Teil des Kopfes

Außerdem muss man die Homophone und die Homografen unterscheiden.
Homophone: Wörter, die gleich klingen, aber unterschiedlich geschrieben werden:
Wal – Wahl

Homografe: Wörter, die gleich geschrieben werden, aber unterschiedliche Bedeutung haben und auch unterschiedlich ausgesprochen bzw. betont werden.

Tenór	*Ténor*
Singstimme, Person mit dieser Stimmlage	Inhalt, Sinn, Haltung, Einstellung
Die Arie des Tenors war sehr schön.	*Der Tenor seines Briefs war wohlwollend.*

Letztlich kann man nur aus dem Sinnzusammenhang entscheiden, welche Bedeutung gemeint ist.

Schreibung von Fremdwörtern:

Häufig gebrauchte Fremdwörter können sich nach und nach **der deutschen Schreibweise** angleichen. Manche fallen als solche gar nicht mehr auf, wie z.B. *Telefon* statt *Telephon*. In vielen Fällen sind seit der Rechtschreibreform zwei Schreibweisen nebeneinander gültig, z.B. *Frisör* neben *Friseur*.

Besonders in den **Fachsprachen** und in der **Bildungssprache** behält man in der Regel die ursprüngliche Schreibweise bei: *Computer* statt *Kompjuter* oder *Philosophie* statt *Filosofie*.

S. 80 ff. **Kommasetzung:**

Das **Komma** steht bzw. Kommas stehen:

- bei Aufzählungen, wenn die einzelnen Glieder der Aufzählung nicht durch *und* oder *oder* verbunden sind (*Äpfel, Birnen, Pfirsiche und Bananen*)
- bei der Anrede (*Paul, kommst du endlich?*)
- bei Datums- und Zeitangaben (*Wir sehen uns am Freitag, den 13. Oktober, um 20.00 Uhr.*)
- bei Ausrufen (*Ach, das ist aber schade!*)
- vor und nach Einschüben:
  - Appositionen (*Tim, ein guter Schüler, lernt leicht.*)
  - Partizipien (*Sie konnte, durch den Kakao erfrischt, wieder gut lernen.*)
- zwischen Hauptsatz und Nebensatz (*Claudia arbeitete, während Rebecca schlief.*)
- zwischen Hauptsatz und Hauptsatz, wenn diese nicht durch *und* oder *oder* verbunden sind (*Tim schlief, Dennis bastelte und Simone hörte Musik.*)
- vor erweiterten Infinitiven:
  - wenn diese mit *um, ohne, statt, anstatt, außer* oder *als* eingeleitet werden. (*Sie öffnete das Fenster, um frische Luft hereinzulassen.*)
  - wenn diese von einem Nomen abhängen. (*Der Versuch, ihr zu helfen, gelang.*)
  - wenn im übergeordneten Satz ein Stellvertreterwort auf den Infinitiv hinweist. (*Sie freute sich lange darauf, ihre Eltern endlich wiederzusehen.*)

⊃ S. 13 ff. # 4. Umgang mit Texten und Medien

4.1 Erzähltexte untersuchen

Folgende Fachbegriffe weisen auf **Untersuchungsaspekte** hin:

- **Erzählerrede**
  Erzähler berichtet über die Figuren als Er-Erzähler oder als Ich-Erzähler.
- **Figurenrede**
  Gedanken der Personen oder Figuren werden unmittelbar wiedergegeben.
- **Perspektiven**
  Außenperspektive: Darstellung des äußeren Geschehens; Innenperspektive: Darstellung der Gedanken und Gefühle der Figuren.
- **Erzählerbericht**
  Erzählweise eines literarischen Textes, bei der das Geschehen deutlich von einem Erzähler dargestellt wird. Im Gegensatz dazu erweckt die **szenische Darstellung** den Eindruck der Unmittelbarkeit.
- **Zeitraffung**
  Die Erzählzeit (= der zeitliche Umfang, der benötigt wird, um eine Geschichte zu erzählen) ist kürzer als die erzählte Zeit (= der Zeitraum, über den sich eine Erzählung erstreckt).
- **Zeitdehnung**
  Die Erzählzeit ist länger als die erzählte Zeit.
- **Rückblende**
  Darstellung von Vergangenem, das für das Verständnis des Geschehens wichtig ist.

S. 167 ff. ## 4.2 Mit Gedichten umgehen

Will man **selbst** ein Gedicht **schreiben**, kann man folgendes Vorgehen zugrunde legen:

- Ideen finden durch Cluster
- auf eine stimmige Reihenfolge achten
- Strophen thematisch ordnen
- Wiederholungen zur Hervorhebung einsetzen
- mit Doppelbedeutungen spielen

Lyrisches Ich

Das lyrische „Ich" ist das „Ich", das im Gedicht vorkommt. Es darf nicht mit dem Verfasser verwechselt werden.

Sprachliche Bilder

- Im Gegensatz zum **Vergleich**, bei dem Ding und Bild durch das Wörtchen *wie* in Beziehung gesetzt werden (*Blitze schossen wie Speere vom Himmel.*),
- steht bei der **Metapher** das Bild für das Ding (*Speere schossen vom Himmel.*).
- **Synästhesien** sind Bilder, in denen mehrere Sinneseindrücke verschmelzen (*kaltes Licht, helle Klänge*).
- **Personifikation / Personifizierung** meint die Vermenschlichung von Unbelebtem (*Die Bäume sind weise.*).

Reimarten

Kreuzreim: a b a b / c d c d / usw.

Paarreim: a a / b b / c c / usw.

umschließender Reim: a b b a / c d d c / usw.

Versmaß

Kombination von unbetonten Silben (Senkungen) und betonten Silben (Hebungen). Häufig sind: **Jambus** (unbetont, betont), **Trochäus** (betont, unbetont), **Anapäst** (unbetont, unbetont, betont), **Daktylus** (betont, unbetont, unbetont). Die Anzahl der Betonungen in einer Zeile bestimmt das Versmaß oder **Metrum**.

Klänge

- **Alliteration:** Mehrere Wörter, die nahe beieinanderstehen, fangen mit dem gleichen Laut an (*Des Wassers weiche Wellen*).
- **Anapher:** Mehrere Sätze oder Zeilen beginnen mit dem gleichen Wort (*Ob Prosa oder Poesie/Ob Mord – ob Heldentaten*).

S. 92 ff. ### 4.3 Umgang mit Balladen

Die **Ballade** ist eine literarische Form, die epische, dramatische und lyrische Elemente vereinigt. Im Unterschied zu Kunstballaden entstanden Volksballaden ursprünglich aus Volksliedern.

S. 232 ff. ### 4.4 Umgang mit szenischen/dramatischen Texten

Dramatische Texte sind häufig gegliedert in:

Akte (Aufzüge): Gliederungseinheit eines Theaterstücks, so benannt, weil ursprünglich vom Öffnen und Schließen des Bühnenvorhangs begrenzt, und **Szenen** (Auftritte): kleinste Gliederungseinheiten eines Theaterstücks oder Drehbuchs, vom Auf- und Abtreten einer Person begrenzt.

Die **Regieanweisung** gibt Hinweise darauf, was die Figuren in einem Theaterstück tun sollen und wie die Bühne aussehen soll. In der **Figurenrede** sprechen die Darsteller teils in **Dialogen** (Zwiegesprächen), teils in **Monologen** (Selbstgesprächen, längeren Redeanteilen einer Person).

S. 66 ff. ### 4.5 Umgang mit Sachtexten

Das verstehende Lesen von Sachtexten ist eine wichtige Voraussetzung, um sich zu bestimmten Themen zu informieren.

Vor dem Lesen eines Sachtextes ist folgendes Vorgehen sinnvoll:
- sich das eigene Vorwissen klarmachen
- Erwartungen klären
- Fragen an den Text stellen
- wenn mehrere Texte zur Auswahl stehen, Reihenfolge herstellen:
  - von Überblicksdarstellungen zum Speziellen
  - vom Aktuellen zum Älteren